Student Activities Manual
for

¡ARRIBA!

Holly J. Nibert
Western Michigan University

Student Activities Manual for

¡ARRIBA!

Comunicación y cultura

SIXTH EDITION

Eduardo Zayas-Bazán
Emeritus, East Tennessee State University

Susan M. Bacon
Emerita, University of Cincinnati

Holly J. Nibert
Western Michigan University

Prentice Hall
Boston Columbus Indianapolis New York San Francisco Upper Saddle River Amsterdam
Cape Town Dubai London Madrid Milan Munich Paris Montréal Toronto Delhi
Mexico City São Paulo Sydney Hong Kong Seoul Singapore Taipei Tokyo

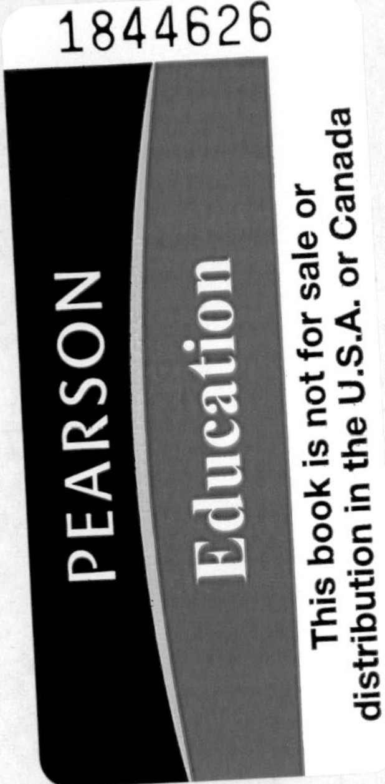

Executive Editor, Elementary Spanish: Julia Caballero
Editorial Assistant: Samantha Pritchard
Executive Marketing Manager: Kris Ellis-Levy
Senior Marketing Manager: Denise Miller
Marketing Coordinator: Bill Bliss
Development Editor: Celia Meana
Development Editor for Assessment: Melissa Marolla Brown
Senior Managing Editor for Product Development: Mary Rottino
Associate Managing Editor (Production): Janice Stangel
Senior Production Project Manager: Nancy Stevenson
Executive Editor, MyLanguageLabs: Bob Hemmer
Senior Media Editor: Samantha Alducin
Media/Supplements Editor: Meriel Martínez
Associate Design Director: Leslie Osher
Art Director: Miguel Ortiz
Senior Manufacturing & Operations Manager, Arts & Sciences: Nick Sklitsis
Operations Specialist: Cathleen Petersen / Brian Mackey
Full-Service Project Management: Melissa Sacco, PreMediaGlobal
Composition: PreMediaGlobal
Printer/Binder: Bind-Rite Graphics
Cover Printer: Lehigh-Phoenix Color
Publisher: Phil Miller

This book was set in10/12 Minion.

10 9 8 7 6 5 4 3 2 1

Prentice Hall
is an imprint of

www.pearsonhighered.com

ISBN-10: 0-205-74045-6
ISBN-13: 978-0-205-74045-1

Contents

Preface

Drawing on the organization, pedagogy, and special features of the student text, the Student Activities Manual for *¡Arriba! Comunicación y cultura*, Sixth Edition, is a completely integrated manual that offers a wide range of practice opportunities for the vocabulary, grammar, and culture topics presented in the student textbook. It includes traditional "workbook" activities as well as audio- and video-based activities.

This edition of the activities manual has been carefully crafted so that it is completely coordinated with the student textbook. Its organizational structure is exactly parallel to that of the text, making it easy for students and instructors alike to find all of the practice materials on a given topic. Each chapter of the manual is divided into three sections: *Primera parte, Segunda parte,* and *Nuestro mundo.* Each *parte* is further subdivided according to the sections of the text, with *¡Así lo decimos!* to strengthen vocabulary usage and *¡Así lo hacemos!* to practice grammar points in the order in which they appear in the chapter. We have gone to great lengths to ensure that the practice activities in the manual correspond not only in sequence, but also in scope and difficulty to the topics introduced in the parallel sections of the student text.

Other features in this edition of the manual include the following:

- New and improved listening comprehension activities focus on processing meaning in context.
- A *¿Cuánto saben?* assessment section after each *parte* coordinates with the communicative goals outlined in the text. The *¿Cuánto saben?* activities provide students with the ability to review the material introduced in the text and track their progress toward reaching the stated goals.
- A new *Perfiles* section offers activities relating to *Mi experiencia* and *Mi música,* according to the corresponding section of the textbook chapter. These activities provide students the opportunity to understand more fully the culture of the Hispanic world.
- The *Observaciones* section offers a series of activities relating to the *¡Arriba!* episodic video, *¡Pura vida!* These activities follow the process approach, providing pre-viewing, during-viewing, and post-viewing activities to increase student comprehension of each of the video segments.
- The *Nuestro mundo* section also parallels the corresponding section of the text. The *Panoramas* section challenges students to develop their knowledge of the cultural topics presented in the textbook. The *Páginas* section allows the student to experience more information about the writers or writing styles found in the text. Finally, the *Taller* permits students to synthesize their own ideas about topics explored in the chapter while expanding their writing skills through guided composition.

Student Activities Manual
for
¡ARRIBA!

Nombre: ______________________ Fecha: ______________________

1 Hola, ¿qué tal?

Primera parte

¡Así lo decimos! Vocabulario (Textbook pp. 4–5)

Saludos y despedidas

01-01 **¡Así es la vida!** Reread the brief dialogs in your textbook and select the answer that best completes each statement.

1. María Luisa está ______ .
   a. muy bien b. más o menos c. muy mal

2. Jorge está ______ .
   a. mal b. bien c. fenomenal

3. La profesora se llama ______ .
   a. Juana b. la profesora López c. Roberto Gómez

4. El estudiante se llama ______ .
   a. encantado b. la profesora López c. Roberto Gómez

5. Lupita y Juan usan (*use*) ______ .
   a. presentaciones b. saludos c. despedidas

01-02 **Respuestas.** Select the most logical response in each exchange between María Luisa and a professor.

1. Buenos días, profesora.
   a. Buenos días.
   b. Más o menos.
   c. Lo siento.

2. Me llamo María Luisa.
   a. De nada.
   b. Hasta luego.
   c. Mucho gusto.

3. Buenas noches, María Luisa.
   a. Buenos días, profesora.
   b. Hasta mañana, profesora.
   c. Lo siento.

4. ¿Cómo estás, María Luisa?
   a. Hola.
   b. Hasta pronto.
   c. Muy bien, gracias.

5. Gracias, profesora.
   a. Más o menos.
   b. De nada, María Luisa.
   c. Muy mal.

6. Mucho gusto, profesora.
   a. Más o menos.
   b. Igualmente.
   c. Todo bien.

Nombre: ______________________ Fecha: ______________________

01-03 ¿Formal o informal? Indicate whether each expression is more appropriate in a formal or an informal social setting.

1. ¿Cómo estás? a. formal b. informal
2. ¿Cómo te llamas? a. formal b. informal
3. ¿Cómo se llama usted? a. formal b. informal
4. ¿Qué pasa? a. formal b. informal
5. ¿Cómo está usted? a. formal b. informal
6. ¿Qué tal? a. formal b. informal

01-04 ¡Hola! ¿Qué tal? Listen to each statement or question and select the most logical response.

1. a. Mucho gusto. Soy Alfredo Rivera. b. De nada. c. Muy bien.
2. a. Buenas noches. b. Encantado. c. Bien, gracias.
3. a. Encantada. b. Gracias. c. Muy bien, gracias.
4. a. Gracias. b. De nada. c. Me llamo Felipe.
5. a. Adiós. b. Todo bien. c. Lo siento.
6. a. Más o menos. b. Nos vemos. c. Lo siento.

01-05 Conversaciones. You often overhear conversations on your university campus. Listen to each conversation and indicate whether it is formal or informal.

1. formal informal
2. formal informal
3. formal informal
4. formal informal
5. formal informal
6. formal informal

Nombre: ______________________ Fecha: ______________________

01-06 Presentaciones. Complete the conversation between Sr. Pérez and Eduardo appropriately with words from the word bank. Use the dialogs presented in the textbook as models.

bien	Encantado	llamo	menos
buenos	llama	luego	Mucho

SR. PÉREZ: Hola, (1) buenos días. ¿Cómo se (2) llama usted?

EDUARDO: Me (3) llamo Eduardo Orozco.

SR. PÉREZ: (4) Mucho gusto. Soy el señor Pérez.

EDUARDO: (5) Encantado. ¿Cómo está usted?

SR. PÉREZ: Muy (6) bien, gracias. ¿Y usted?

EDUARDO: Más o (7) menos. Adiós, Sr. Pérez.

SR. PÉREZ: Hasta (8) luego.

-1

01-07 Diálogos. Using models presented in the textbook, write two different dialogs, one formal and one informal, between two people. Be creative and be sure to use a variety of expressions.

Diálogo A: Formal

Pablo: Hola. ¿Como está usted?

Maria: Muy Bien. ¿Como se llama usted?

Pablo: Me llamo Pablo Garcia

Maria: Encantado – Please to meet you

Pablo: Igualmente – likewise

Diálogo B: Informal

Tomas: ¿Que Pasa? Me llamo Tomas

Ann: Mucho gusto. Me llamo Ann

Ann: Hasta mañana

Tomas: Adiós

Nombre: ______________________ Fecha: ______________________

Letras y sonidos: Spanish Vowels (Textbook p. 6)

01-08 ¿Similares o diferentes? Listen to each pair of words and indicate whether the underlined letters sound similar or different in English versus Spanish.

English / Spanish

1. class / clase — similares — diferentes
2. equal / igual — similares — diferentes
3. me / mi — similares — diferentes
4. ideal / ideal — similares — diferentes
5. minus / menos — similares — diferentes
6. goose / gusto — similares — diferentes

01-09 Las vocales del español. Listen to each Spanish word and select all vowel sounds that occur in it.

1. a e i o u
2. a e i o u
3. a e i o u
4. a e i o u
5. a e i o u

¡Así lo hacemos! Estructuras

1. The Spanish alphabet (Textbook p. 8)

01-10 Letras y palabras. Match each Spanish letter with the word that contains it.

1. ge ______	a. señor
2. equis ______	b. muy
3. eñe ______	c. verdad
4. i griega ______	d. López
5. zeta ______	e. luego
6. uve ______	f. hasta
7. cu ______	g. México
8. hache ______	h. que

Nombre: ______________________ Fecha: ______________________

01-11 Ciudades del mundo hispano. Give the name of each city that is spelled out below. Be sure to capitalize the first letter of each city.

1. ce, a, ere, a, ce, a, ese

   caracas

2. eme, a, de, ere, i, de

   Madrid

3. eme, o, ene, te, e, uve, i, de, e, o

   Montevideo

4. ce, u, zeta, ce, o

   Cuzco

5. ge, u, a, de, a, ele, a, jota, a, ere, a

   guadalajara

6. ese, e, uve, i, ele, ele, a

   sevilla

7. uve, e, ere, a, ce, ere, u, zeta

   veracruz

8. ge, u, a, i griega, a, cu, u, i, ele

   guaiyaquil

01-12 Nombres. Names in another language can be challenging. Listen to your new Spanish-speaking friends say and spell out their names for you. Write down each letter you hear.

1. ____ ____ ____ ____

2. ____ ____ ____ ____ ____ ____ ____ ____

3. ____ ____ ____ ____ ____ ____ ____ ____ ____

4. ____ ____ ____ ____ ____ ____ ____ ____ ____

-4

Nombre: ______________________ Fecha: ______________________

01-13 ¿Cuáles son las letras? Write the words you hear spelled out, to form expressions used in conversation. Be sure to capitalize the first letter of each expression.

1. Hasta mañana.
2. ______________________.
3. ¿ Que tal ?

-3

2. The numbers *0–100* (Textbook p. 10)

01-14 Matemáticas. Complete each math problem by writing out the missing numbers as words in Spanish.

Modelo: once + *dos* = trece

1. once – nueve = dos
2. treinta + ~~ochenta~~ sesenta = noventa
3. ochenta – ~~ochenta~~ setenta = diez
4. tres × dieciséis = cuarenta y ocho
5. quince ÷ tres = cinco
6. dos × veinte = cuarenta
7. cien – cincuenta y uno = cuarenta y nueve
8. doce ÷ seis = dos
9. once + veintiuno = treinta y dos
10. ocho ÷ cuatro = dos

-2

01-15 Más matemáticas. Write the numbers you hear as digits and complete each math problem accordingly.

+ (más)	– (menos)	× (por)	÷ (entre)	= (son)

Modelo: Catorce más quince son…
14 + *15* = *29*

1. ochenta 80 + doce 12 = ~~Que~~ noventa y ~~uno~~ dos 92
2. ______ – ______ = ______
3. ______ × ______ = ______
4. 8 × 9 = 72
5. 99 ÷ 3 = 33
6. 28 + 27 = 55

-6

Nombre: ______________________ Fecha: ______________________

01-16 Números de teléfono. Spell out all phone numbers listed on the following business cards. Be sure to follow the Spanish custom of dividing phone numbers into groups of two digits, as in the model.

Eduardo Soto España
Director Ejecutivo
Comisión de Intercambio Educativo
Entre Estados Unidos y Venezuela
(Fullbright Commission)
Palomo 305 - 3º
Tel. 39-24-97/39-38-55
2013 - 6047
Caracas
José Sigüenza Escudero
Tomasa Miranda de Sigüenza
C/ El Molino, 11
Teléfono 39 21 37
QUEL (Logroño)
Aníbal Ruiz Pérez
Departamento de Matemáticas
Universidad de Puerto Rico,
Río Piedras
José Bernardo Fernández
SERVICIO DE VIAJES RODRÍGUEZ TRAVEL SERVICE
Antonio Rodríguez
DIRECTOR GENERAL
PASEO DE CABALLOS 371
58300 MONTERREY,
MÉXICO
TELS. 21-14-75 Y
21-14-93
TELEX 4902384 HOTME

Modelo: Miguel Ángel Navarro Pérez, Tel. 91-17-44
noventa y uno, diecisiete, cuarenta y cuatro

1. José Sigüenza Escudero y Tomasa Miranda de Sigüenza
treinta y nueve veintiuno treinta y siete
2. Eduardo Soto España 39-24-97/39-38-55
treinta y nueve veinticuatro noventa y nueve
3. Antonio Rodríguez 21-14-75 Y 21-14-93
veintiuno catorce sententa y ~~cinco~~ siete

3. The days of the week, the months, and the seasons (Textbook p. 13)

01-17 ¿En qué mes del año...? Match the list of holidays with the months of the year when they take place.

1. el día de la Independencia de EE. UU. E
2. Halloween F
3. el día de San Valentín A
4. la Navidad (*Christmas*) B
5. el día de Acción de Gracias (*Thanksgiving*) D
6. el día de Martin Luther King, Jr. G
7. el día de la Madre (*Mother*) H
8. el día del Padre (*Father*) C

a. febrero
b. diciembre
c. junio
d. noviembre
e. julio
f. octubre
g. enero
h. mayo

01-18 Los días, los meses y las estaciones. Find these words for the days of the week, the months, and the seasons in the following puzzle. Search horizontally, vertically, and diagonally, both forward and backward.

abril	domingo	jueves	noviembre	primavera
agosto	invierno	martes	otoño	verano

O O G N I A O L R C I B D A Z

U M Q W A G T L L I R B A R U

O E N C D Z N E I R R O S B I

S E M S E F O R M A D I T R E

A N A S D A V N O T O Ñ O O S

U E R E I J I S N A N V N P O

C H R T S X E T R N C A M Z F

Y I L R B C M O E C R A N E D

S B G A R H B A I E M A S Y E

D I O M E A R E V A M I R P I

T G T S R L E G N A Y T E K O

R E S A V A T E I X I F A L P

B R O T F A S A H C L C O H C

I A G A B U J U E V E S S P T

L M A N U I O G N I M O D D C

01-19 Los días de la semana. Write in Spanish the day that completes each sequence.

Modelo: viernes, *sábado*, domingo

1. martes, miércoles, jueves
2. domingo, lunes, martes
3. miércoles, jueves, viernes
4. lunes, martes, miércoles
5. jueves, viernes, sábado
6. sábado, domingo, lunes

Nombre: ______________________ Fecha: ______________________

01-20 El calendario de Paula. Write the day of the week that corresponds to each event you hear, according to Paula's planner below.

lunes	día de los Presidentes
martes	clase de español
miércoles	examen de literatura
jueves	día de San Valentín
viernes	concierto (*concert*)
sábado	fiesta de Ricardo
domingo	restaurante con la familia

1. Hoy es jueves.
2. Hoy es martes.
3. Hoy es sábado.
4. Hoy es miércoles.
5. Hoy es lunes.
6. Hoy es viernes.

-6

01-21 ¿En qué estación es? Write the month you hear, followed by its corresponding season in the Northern Hemisphere.

Modelo: septiembre
septiembre otoño

	MES	ESTACIÓN
1.		
2.		
3.	agosto	
4.		
5.	actubre	
6.	mayo	

-6

Nombre: ______________________ Fecha: ______________________

01-22 ¿Cuál es la fecha? Use numbers to abbreviate each date you hear, according to the Spanish word order of day, then month.

Modelo: el treinta de octubre
30/10

1. 04 / 03
2. 12 / 9
3. 05 / 06
4. ____ / 01
5. 02 / ____
6. ____ / ____

¿Cuánto saben? (Textbook p. 17)

01-23 ¿Saben el alfabeto y los días, los meses y las estaciones del año? You will hear the names of days of the week, months, or seasons spelled out. Fill in each blank with the correct corresponding word.

1. domingo
2. invierno
3. ____________
4. ____________
5. ____________
6. primavera

01-24 ¿Saben los números 0–100? Solve each math problem by writing out the answer as a word in Spanish.

Modelo: 50 − 25 = *veinticinco*

1. 53 + 14 = sesenta y siete.
2. 66 − 33 = treinta y tres.
3. 33 × 3 = noventa y nueve.
4. 10 + 14 = Veinticuatro.
5. 20 × 5 = cien.

Nombre: ______________________________ Fecha: ______________________

01-25 ¿Comprenden bien? Select the answer that best completes each statement, based on the conversation you hear.

1. Alberto está ______ .
   a. mal b. más o menos c. bien

2. Victoria está ______ .
   a. muy bien b. mal c. bien

3. Hoy es ______ .
   a. jueves b. martes c. miércoles

4. Hoy es ______ .
   a. el 30 de julio b. el 25 de marzo c. el 30 de septiembre

5. Hoy es un día de ______ .
   a. otoño b. primavera c. verano

01-26 ¿Saben contestar por escrito (*in writing*)? Listen to five brief statements or questions and write an appropriate response in Spanish for each one.

1. ______________________________
2. ______________________________
3. ______________________________
4. ______________________________
5. ______________________________

01-27 ¿Saben contestar oralmente (*orally*)? Listen to five statements or questions and give an appropriate oral response in Spanish for each one.

1. ...
2. ...
3. ...
4. ...
5. ...

Nombre: ______________________________ Fecha: ______________________

Perfiles (Textbook p. 18)

Mi experiencia: Soy bilingüe

01-28 Según Óscar Ponce Torres. Reread this section of your textbook and give the answer that best complete each statement.

Aventura	experience	New York City	proud
bilingual	international business	opportunities	Puerto Rico

1. Óscar Ponce Torres lives in ______________________.
2. His family is from ______________________ originally.
3. Óscar speaks both Spanish and English; he is ______________________.
4. Óscar is ______________________ of his heritage.
5. He studies ______________________ at NYU.
6. Being bilingual brings about many professional and social ______________________.
7. For Óscar, being bilingual and bicultural is his life ______________________.
8. Óscar identifies with the theme of the song "Mi corazoncito" by ______________________.

Mi música: "Mi corazoncito" (Aventura, EE. UU.)

01-29 Asociar datos. Read about this group in your textbook and follow the directions to listen to the song on the Internet. Then match each item with the best description.

1. Aventura ______
2. "Mi corazoncito" ______
3. *K.O.B. Live* ______
4. "Romeo" Santos ______
5. la bachata ______
6. la letra (*lyrics*) de Aventura ______

a. en español y en inglés
b. tipo de música romántica
c. grupo de Nueva York
d. álbum con "Mi corazoncito"
e. canción popular de Aventura
f. miembro del grupo Aventura

Nombre: ______________________________ Fecha: ______________________

Segunda parte

¡Así lo decimos! Vocabulario (Textbook pp. 20–21)

En la clase

01-30 ¡Así es la vida! Reread the brief dialog in your textbook and match each character with an associated concept.

1. la profesora García ______ a. No escucha bien.
2. Miguel ______ b. Necesita su computadora.
3. Paulina ______ c. No tiene estudiantes preparados (*prepared*).
4. Ramón ______ d. No tiene la tarea.

01-31 En la clase. Select the word that does not fit in each group based on meaning.

1. a. la calculadora b. el libro c. el/la estudiante d. la computadora
2. a. la silla b. el hombre c. la mesa d. la pizarra
3. a. la universidad b. el/la estudiante c. la profesora d. la mujer
4. a. el bolígrafo b. la mochila c. el lápiz d. el papel
5. a. el libro b. el cuaderno c. el diccionario d. el reloj
6. a. el mapa b. la calculadora c. el teléfono móvil d. la computadora

01-32 Antónimos. Match each item with its opposite.

1. oscuro ______ a. caro
2. grande ______ b. hombre
3. blanco ______ c. pequeño
4. mujer ______ d. negro
5. barato ______ e. claro

Nombre: ______________________ Fecha: ______________________

01-33 El profesor López. Professor López gives directions to his class in Spanish. Give the Spanish equivalent of each of his instructions using the *ustedes* form of the verb.

Modelo: Write in Spanish.
Escriban en español. Ustedes form on pg. 21

1. Answer in Spanish. contesta en español; Contesten en español.
2. Listen. escuchas; Escuchan.
3. Go to the board. ir a la junta; Vayan a la pizarra.
4. Study. se estudia; Estudien.
5. Read the dialog. leer el diálogo; Lean el diá logo.
6. Close your book. cierra su libro; Cierren el libro.

01-34 La profesora de español. A Spanish teacher is giving instructions in class. Match each statement with the picture that best illustrates it.

1. 

b

2. 
c

3. 

e

4. 

d

5. 
f

6. 
a

a. José, abre el libro en la página 23.
b. Juan, contesta en español: ¿Cómo estás?
c. Escriban en el cuaderno.
d. Repitan, por favor: ¡Mucho gusto!
e. Ve a la pizarra y escribe: Yo me llamo Paula.
f. Escuchen el vocabulario.

Nombre: ________________________________ Fecha: ______________________

01-35 ¿Qué hay en la clase? Professor Sosa teaches in the classroom next to yours. Write six sentences to identify various items in her classroom.

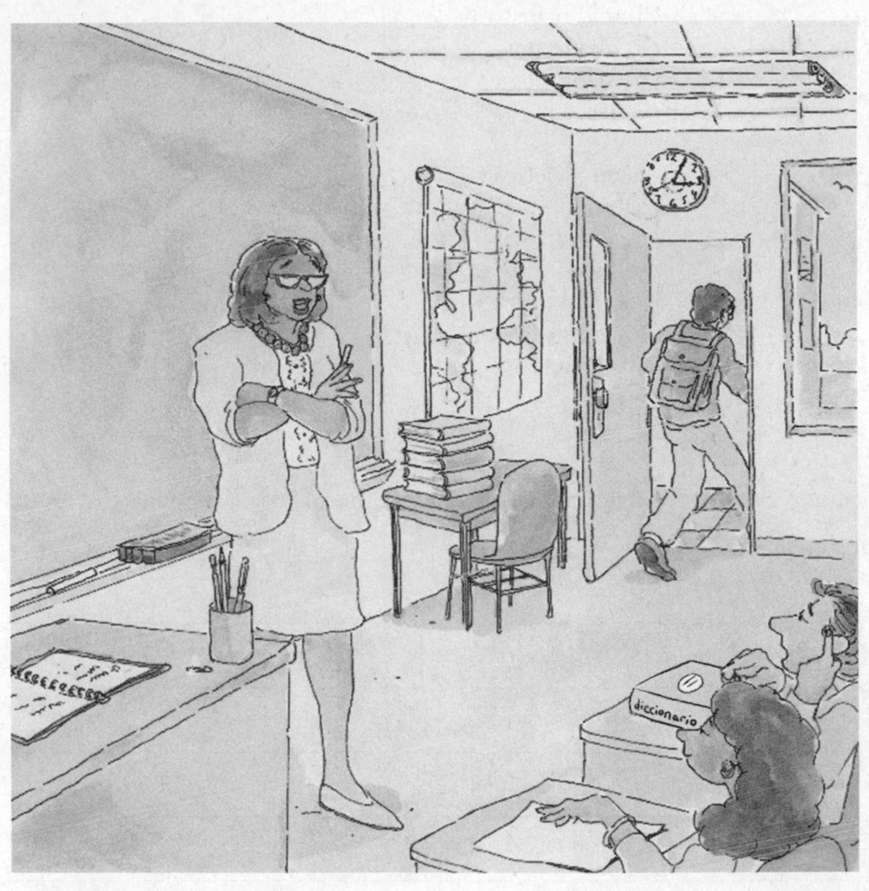

Modelo: *Hay una pizarra.*

1. Hay una silla - there is a chair
2. cinco libros sobre la mesa - five books on the table
3. reloj en la pared - clock on the wall
4. el mapa en la pared - map on the wall
5. estudianta que sale de la clase - student leaving class
6. la puerta está abierta - the door is open

Nombre: ______________________ Fecha: ______________________

01-36 Una clase de español. Professor Ramirez is reviewing material with students in her Spanish class. Listen and select all answers that complete each statement accurately. You may need to listen more than once.

1. La profesora está ______ .
   a. bien
   b. muy bien
   c. mal

2. La mochila es ______ .
   a. verde
   b. roja
   c. azul

3. ______ es verde.
   a. El cuaderno
   b. La silla
   c. El bolígrafo

4. Tomás tiene tres ______ .
   a. cuadernos
   b. relojes
   c. lápices

5. Pedro deletrea (*spells*) ______ .
   a. reloj
   b. mesa
   c. papel

6. En la clase, hay diecisiete ______ .
   a. libros
   b. sillas
   c. mesas

01-37 Descripción de una clase. Write five sentences to describe one of your classrooms this semester.

Modelo: *Hay treinta estudiantes.*

1. Hay siete estudiantes
2. El profesor nombre es Jeff
3. no hay relojes
4. hay quince escritorio
5. la clase tiene dos white boards

Nombre: ________________________ Fecha: ________________________

¡Así lo hacemos! Estructuras

4. Subject pronouns and the present tense of *ser* (Textbook p. 24)

01-38 Los sujetos. Choose the subject pronoun that best corresponds to each person or group of people.

		a.	b.	c.
1.	María Luisa	a. yo	b. usted	c. ella
2.	Susana y yo	a. ellos/as	b. nosotros/as	c. yo
3.	Jorge y Ramón	a. ellos	b. nosotros	c. ustedes
A 4.	las profesoras	a. ellas	b. ustedes	c. ellos
5.	tú y yo	a. nosotros/as	b. ellos/as	c. ustedes
6.	Eduardo	a. él	b. ella	c. tú
C 7.	Lucía, Mercedes y Teresa	a. ustedes	b. ellos	c. ellas
8.	Anita, Carmen, Alicia, María y José	a. ustedes	b. ellos	c. ellas

01-39 Manuel Rivera. Manuel is a university student from southern Spain. Complete his description with the correct forms of **ser.**

¡Hola! Yo (1) ___soy___ Manuel Rivera y (2) ___soy___ de Sevilla. Mi papá (3) ___es___ colombiano y mi mamá (4) ___es___ española. Mis padres (5) ___son___ profesores. Yo (6) ___soy___ estudiante en la universidad. ¿De dónde (7) ___eres___ tú? ¿Cómo (8) ___es___ tu clase de español?

01-40 Personalidades. Some new friends are curious about other people in your life. Answer their questions with a correct subject pronoun and form of **ser.** Be sure to follow the model closely. Most of the adjectives included are cognates in English and will be discussed later in this chapter.

Modelo: ¿Cómo es María?
Ella es inteligente.

1. ___El es___ bueno (*good*).
2. ___Yo soy___ impaciente.
3. ___Ella es___ extrovertida.
4. ___Nosotros son___ interesantes.
5. ___[illegible]___ simpáticos (*nice*).
6. ________________ tímidas.
7. ___Nosotros son___ inteligentes.
8. ___Yo soy___ trabajador/a (*hard-working*).

Nombre: ______________________________ Fecha: ______________________

5. Nouns and articles (Textbook p. 27)

01-41 El artículo definido. For each noun, write the appropriate definite article (**el, la, los, las**) in Spanish, based on the gender and number of the noun.

Modelo: *la* clase

1. ________ cuaderno
2. ________ profesora
3. ________ pizarras
4. ________ diccionarios
5. ________ día
6. ________ papeles
7. ________ calculadora
8. ________ mapa
9. ________ lápices
10. ________ sillas

01-42 El artículo indefinido. For each noun, write the appropriate indefinite article (**un, una, unos, unas**) in Spanish, based on the gender and number of the noun.

Modelo: *una* clase

1. ________ señora
2. ________ profesor
3. ________ pizarras
4. ________ libros
5. ________ clases
6. ________ universidad
7. ________ mesa
8. ________ mapas
9. ________ papel
10. ________ relojes

Nombre: ______________________ Fecha: ______________________

01-43 ¿Necesitas...? Your parents want to make sure that you have everything you need for your classes. Answer their questions, following the model and the words in parentheses.

Modelo: ¿Necesitas unos lápices? (Sí) or (No)
Sí, necesito unos lápices. or *No, gracias. Tengo unos lápices.*

1. ¿Necesitas el libro de español? (No)

   No, gracias. Tengo un el libro de español.

2. ¿Necesitas una calculadora? (Sí)

   Sí, necesita yo calculadora

3. ¿Necesitas unos bolígrafos? (No)

   No, gracias. Tengo unos bolígrafos.

4. ¿Necesitas unos cuadernos? (Sí)

   Sí, necesito unos cuadernos.

5. ¿Necesitas una mochila? (Sí)

   Sí, necesita una mochila.

01-44 En la mochila de Laura. Complete Laura's description of the contents of her backpack. For each blank, provide the correct form of a definite (**el, la, los, las**) or indefinite (**un, una, unos, unas**) article, according to the context. Be sure to watch for agreement in gender and number.

¿Qué hay en mi mochila? Tengo (1) unos papeles importantes. Tengo (2) la tarea preparada para (*prepared for*) mañana. También (*also*) tengo (3) una cuaderno rojo y (4) una cuaderno blanco. (5) el cuaderno rojo es grande y (6) un cuaderno blanco es pequeño. Tengo (7) unos lápices, pero (*but*) necesito (8) unos bolígrafos. ¿Qué hay en tu mochila?

6. Adjective forms, position, and agreement (Textbook p. 30)

01-45 Los artículos y los adjetivos. Fill in the blanks with the correct forms of the articles and the adjectives given in parentheses. Watch for agreement in gender and number.

Modelos: *la* pizarra *negra* (el/negro)
unas pizarras *negras* (un/negro)

1. __la__ computadora ____________ (el/caro)
2. __los__ estudiantes ____________ (el/simpático)
3. ________ señoras ____________ (el/trabajador)
4. ________ profesor ____________ (el/aburrido)
5. ________ profesoras __unas__ (un/inteligente)
6. ________ clase __una__ (un/pequeño)
7. ________ libro __un__ (un/interesante)
8. ________ bolígrafos __unos__ (un/azul)

01-46 Del singular al plural. Change each sentence from singular to plural. Be sure to watch for agreement in gender and number, and follow the model closely.

Modelo: El cuaderno amarillo es pequeño.
Los cuadernos amarillos son pequeños.

1. La mesa pequeña es negra.

   ____

2. La mochila gris es barata.

   ____

3. El reloj grande es caro.

   ____

4. El cuaderno azul es bueno.

   ____

5. El estudiante inteligente es trabajador.

   ____

01-47 Del plural al singular. Change each sentence from plural to singular. Be sure to watch for agreement in gender and number, and follow the model.

Modelo: Son unas señoras tímidas.
Es una señora tímida.

1. Son unas señoritas idealistas.

Es una senorita idealist

2. Son unos señores extrovertidos.

Es uno señor extrovertido

3. Son unas clases interesantes.

Es una

4. Son unos mapas grandes.

____

5. Son unos libros fascinantes.

____

01-48 Identidades. Use the words provided and the correct forms of the verb **ser** to create complete sentences or questions. Change the forms of all articles, nouns, and adjectives to agree with the subjects or subject pronouns given.

Modelo: Ana / ser / un / mujer / optimista
Ana es una mujer optimista.

1. nosotras / ser / un / profesor / interesante

____

2. Juan y Felipe / ser / un / hombre / introvertido

____

3. Julia / ser / un / mujer / misterioso

____

4. ¿ser / ustedes / un / estudiante / trabajador?

____

5. ¿ser / Elena / un / señor / simpático?

____

01-49 Objetos y descripciones. Describe the items in a classroom by following the cues provided. Watch for agreement in gender and number.

Modelo: You see: 2 / anaranjado
You hear: mochilas
You write: *Hay dos mochilas anaranjadas.*

1. 1 / gris ______________________
2. 10 / amarillo ______________________
3. 21 / negro ______________________
4. 25 / barato ______________________
5. 3 / caro ______________________

01-50 Tus descripciones. Use a variety of adjectives to create sentences that accurately describe people, places, and things you know. Be sure to watch for correct agreement in gender and number.

1. mi clase de español
____
2. la universidad
____
3. mi teléfono celular
____
4. el/la estudiante ideal
____
5. el hombre o la mujer ideal
____

¿Cuánto saben? (Textbook p. 32)

01-51 ¿Saben el verbo *ser*? Match each statement with the appropriate form of **ser** to complete it.

D 1. Los estudiantes ______ idealistas.	a. Eres
C 2. El profesor ______ impaciente.	b. somos
E 3. Yo ______ tímido.	c. es
B 4. Mis amigos y yo ______ estudiantes.	d. son
A 5. ¿ ______ tú estudiante?	e. soy

Nombre: ______________________ Fecha: ______________________

01-52 ¿Saben usar los artículos y los adjetivos? Complete Carla's introduction appropriately using words from the word bank.

aburridas	interesantes	las	un
inteligente	la	trabajadora	una

Hola. Me llamo Carla. Soy (1) Una estudiante (2) trabajadora en (3) la universidad. Mi amigo (*friend*) Luis es (4) un estudiante (5) Inteligente. Nosotros somos (6) interesantes, ¡pero (7) las clases son (8) aburridas!

01-53 ¿Saben contestar por escrito (*in writing*)? Listen to five questions about classroom objects and people. Write a truthful, complete response in Spanish for each question you hear. Be sure to use correct agreement with verbs and adjectives.

1. ______________________
2. ______________________
3. ______________________
4. ______________________
5. ______________________

01-54 ¿Saben contestar oralmente (*orally*)? Listen to five questions about you and aspects of your life. Give a truthful, complete oral response in Spanish for each question you hear. Be sure to use correct agreement with verbs and adjectives.

1. …
2. …
3. …
4. …
5. …

Nombre: ______________________ Fecha: ______________________

Observaciones: ¡Pura Vida! Episodio 1 (Textbook p. 33)

Antes de ver el video

01-55 **¿Qué pasa?** Select the statement that best answers each question.

1. As the people in doña María's home begin to introduce themselves, what would you expect Felipe to say when he meets the group?
   a. Buenos días. Me llamo Felipe. ¿Cómo están?
   b. Treinta y seis días hasta San José.
   c. Hasta pronto.

2. What does Patricio likely say to Felipe when they first meet?
   a. Buenas noches. ¿Cómo están ustedes?
   b. Igualmente. ¡Hasta luego, Felipe!
   c. Hola, Felipe. Mucho gusto. Soy Patricio Rodríguez.

3. What might be the next topic they talk about when describing themselves?
   a. las profesiones
   b. los colores
   c. las frutas exóticas

4. Considering that Silvia is a researcher, what might she say to describe her job?
   a. Hay mapas en la mochila.
   b. Estudio el clima.
   c. Una alemana, grande.

5. When Felipe describes Silvia, what will he most likely say?
   a. ...tú eres linda.
   b. ¡Qué simpática es doña María!
   c. Uruguayo no, argentino...

Nombre: ______________________ Fecha: ______________________

A ver el video

01-56 Los personajes. Match the name of each character with the most appropriate description, based on the content of the episode.

1. biológo y guía en el parque nacional ______	a. Silvia
2. fotógrafo, argentino ______	b. Patricio
3. investigadora del clima ______	c. Marcela
4. tiene el apellido (*last name*) Montero ______	d. Felipe
5. buena y simpática ______	e. Doña María
6. una amiga de Silvia ______	f. Hermés

Después de ver el video

01-57 La acción. Determine whether the following statements are **cierto** (*true*) or **falso** (*false*).

1. Las conversaciones son por la noche.	Cierto	Falso
2. Hermés tiene trabajo (*job*).	Cierto	Falso
3. Patricio estudia plantas y animales.	Cierto	Falso
4. Silvia trabaja en la universidad.	Cierto	Falso
5. Felipe estudia el clima.	Cierto	Falso
6. La guayaba es una fruta tropical.	Cierto	Falso
7. Patricio es de Buenos Aires.	Cierto	Falso
8. La camioneta de Felipe es negra.	Cierto	Falso

Nuestro mundo

Panoramas: La diversidad del mundo hispano (Textbook p. 34)

01-58 ¡A informarse! Based on the information from **Panoramas**, decide whether the following statements are **cierto** or **falso.**

1. No hay civilizaciones avanzadas en el Nuevo Mundo antes de la llegada (*before the arrival*) de los españoles. Cierto Falso
2. En el siglo XVI, la Torre de Oro en Sevilla guardaba armas. Cierto Falso
3. Tikal es parte de México. Cierto Falso
4. El 15% de la población de EE.UU. habla español. Cierto Falso
5. No hay hispanohablantes en Canadá. Cierto Falso
6. El español es la lengua oficial de veintiún países. Cierto Falso

Nombre: ______________________ Fecha: ______________________

Páginas: *Versos sencillos*, "XXXIX" (José Martí, Cuba) (Textbook p. 36)

01-59 Tu poema. Reread the poem from **Capítulo 1** and substitute other nouns and adjectives for the five words in bold to create your own poem. Be as creative as possible using vocabulary from **Capítulo 1**.

Cultivo una rosa **blanca,**

En **julio** como en **enero,**

Para el **amigo** sincero

Que me da (*gives*) su mano (*hand*) franca.

Y para el cruel que me arranca (*yanks out*)

El corazón (*heart*) con que vivo,

Cardo (*thistle*) ni ortiga (*nettle, a prickly plant*) cultivo:

Cultivo una rosa **blanca.**

____

____

____

____

____

____

____

____

____

____

____

Taller (Textbook p. 38)

01-60 Presentación para la clase de español. How well do you and your classmates know each other? Write at least five sentences about yourself to share with others. Include your name (**Me llamo...**), place of origin (**Soy de...**), your birthday (**Mi cumpleaños es el ...**), your favorite color (**Mi color favorito es...**), and some of your inherent qualities (**Soy...**). Be sure to watch for agreement with verbs and adjectives.

Nombre: ______________________ Fecha: ______________

2 ¿De dónde eres?

Primera parte

¡Así lo decimos! Vocabulario (Textbook pp. 42–43)

Las descripciones y las nacionalidades

02-01 ¡Así es la vida! Reread the brief dialogs in your textbook and select all items that are true for each statement.

1. Paco ______.
   a. es moreno b. no tiene preguntas c. es amigo de Chema
2. Paco y Chema ______.
   a. están en Madrid b. están en un café c. están en la capital de España
3. Isabel ______.
   a. es una muchacha rubia b. es de Sevilla c. lleva (*is wearing*) un suéter negro
4. Clara ______.
   a. está con Isabel b. está con Chema c. lleva un suéter negro
5. Carlos ______.
   a. no es joven b. tiene una mochila c. está con la profesora de filosofía
6. Ramón ______.
   a. está con Ángeles b. es moreno c. tiene muchos amigos

02-02 Opuestos (*opposites*). Various descriptions are used to identify people in the café. Match each adjective below with its opposite.

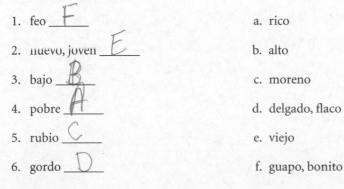

1. feo ______	a. rico
2. nuevo, joven ______	b. alto
3. bajo ______	c. moreno
4. pobre ______	d. delgado, flaco
5. rubio ______	e. viejo
6. gordo ______	f. guapo, bonito

Nombre: ________________________________ Fecha: ________________________

02-03 Amigos opuestos. Two of Chema's university friends, Federico and Eva, are exact opposites. Complete each sentence accordingly, and be sure to watch for correct agreement in gender and number.

Modelo: Federico es alto. Eva es *baja*.

1. Federico es moreno. Eva es rubia.
2. Federico es delgado. Eva es gorda.
3. Federico es feo. Eva es guapa.
4. Eva es rica. Federico es pobre.
5. Eva es joven. Federico es viejo.
6. Eva es perezosa (*lazy*). Federico es entusiasto.

02-04 Nacionalidades. Chema further describes some of his friends and acquaintances at **la Universidad Complutense**. Complete each description with the correct form of the corresponding adjective of nationality. Be sure to watch for agreement in gender and number.

Modelo: Carlos y Clara son de Puerto Rico. Son *puertorriqueños.*

1. Ramón es de España. Es español.
2. La profesora Vargas es de Venezuela. Es venezdana.
3. Federico es de la República Dominicana. Es dominicano.
4. Los padres de Federico son de Cuba. Son cubano.
5. Eva es de Canadá. Es canadiense.
6. Alicia y Ana son de México. Son mexicana.
7. Anita y Juan son de Panamá. Son panameño.
8. Dos profesores de inglés son de Estados Unidos. Son norteamericano.

Nombre: ______________________ Fecha: ______________________

02-05 Un crucigrama. Complete the crossword puzzle with accurate information about Spanish-speaking capital cities and nationalities. Be sure to watch for correct agreement in gender and number.

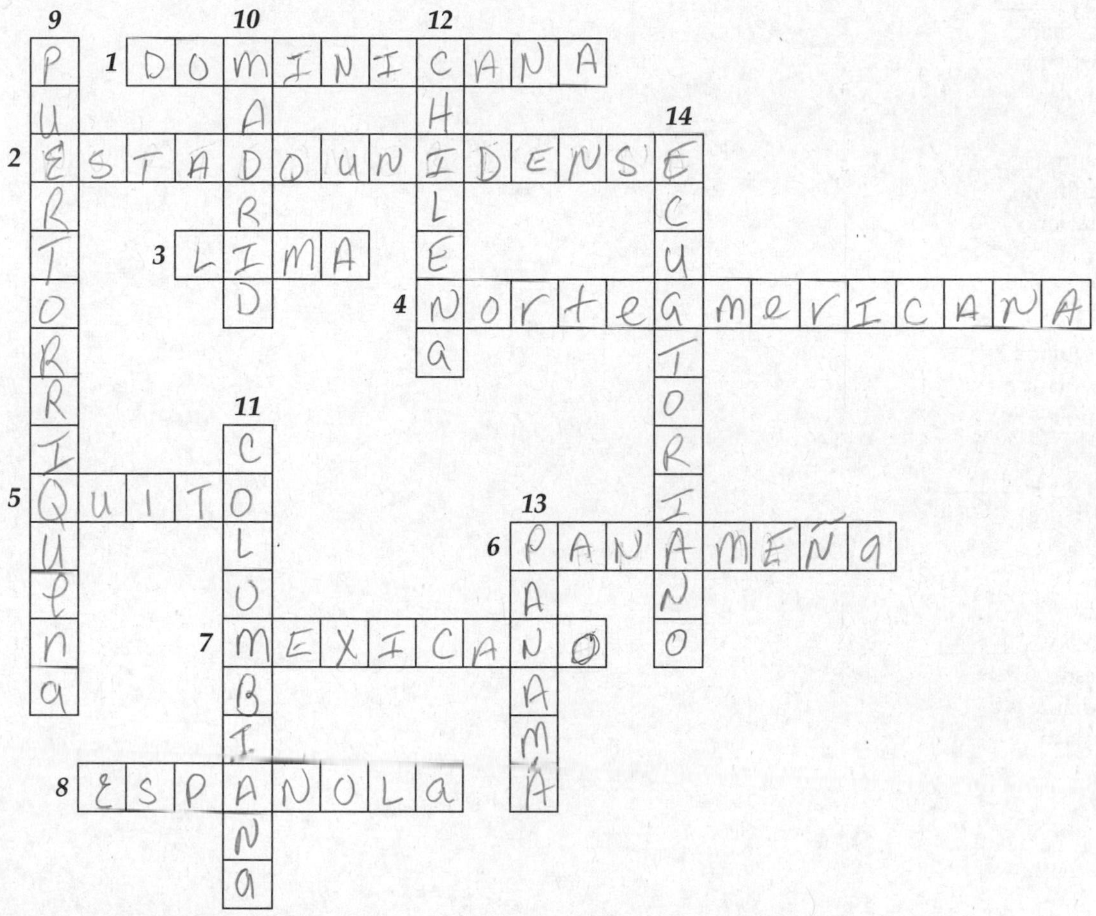

Across

1. Mujer de la República Dominicana
2. Persona de Estados Unidos
3. Capital de Perú
4. Hombre de Norteamérica
5. Capital de Ecuador
6. Mujer de Panamá
7. Hombre de México
8. Mujer de España

Down

9. Mujer de Puerto Rico
10. Capital de España
11. Hombre de Colombia
12. Mujer de Chile
13. Capital de Panamá
14. Hombre de Ecuador

Nombre: ______________________________ Fecha: ______________________

02-06 **Horacio y Natalia.** Listen to the conversation between two new friends, Horacio and Natalia, and select the answer that best completes each sentence.

1. Natalia es ______ .
   a. colombiana
   b. venezolana
   c. española

2. Horacio es ______ .
   a. colombiano
   b. venezolano
   c. español

3. Maribel es ______ .
   a. colombiana
   b. venezolana
   c. española

4. Maribel no es ______ .
   a. estudiante
   b. alta
   c. fea

5. Horacio no es ______ .
   a. profesor
   b. estudiante
   c. entusiasta

¡Así lo hacemos! Estructuras

1. Telling time (Textbook p. 46)

02-07 Emparejar (*Matching*). Match each statement with the correct corresponding time.

1. Es la una en punto de la tarde. C
2. Son las diez y cuarto de la mañana. F
3. Son las nueve y media de la noche. D
4. Son las once y veinticinco de la mañana. A
5. Son las cinco menos cuarto de la tarde. E
6. Son las nueve y cinco de la mañana. B

a. 11:25 A.M.
b. 9:05 A.M.
c. 1:00 P.M.
d. 9:30 P.M.
e. 4:45 P.M.
f. 10:15 A.M.

02-08 ¿Qué hora es? For each clock, write out the time in words. Include one of the following expressions where possible: **de la manana, de la tarde, de la noche**. (Remember that, by definition, "noon" and "midnight" do not take these expressions.)

Modelo: *Son las once de la mañana / de la noche.*

1. Son las seis y diez de la mañana

2. Son las nueve de la mañana

Nombre: ______________________ Fecha: ______________________

3. Es medianoche

4. Son las nueve y veintiuno de la noche

5. Es mediodiá

6. Son las cuarto menos quarto de la tarde

Nombre: ______________________ Fecha: ______________________

02-09 Los programas de televisión. Look at the TV guide of programs in Spain and answer the questions in complete sentences following the model. Convert times to a 12-hour clock, and be sure to include one of the following expressions in each answer: **de la mañana, de la tarde, de la noche.**

CANALES DE TELEVISIÓN
Viernes 16 de noviembre

	TV1	TV2	Canal+	Tele 5	Antena 3
8:00	—	Barrio Sésamo (niños)	Noticias CNN+	—	—
8:30	—	Doraemón, el gato cósmico (niños)	El juego de las lunas	—	—
9:00	Los desayunos de TVE	Daniel el travieso (niños)	Lo+plus (magazine)	—	—
9:20	—	—	—	—	Noticias con Míriam Romero
9:30	—	Empléate a tondo (servicio público)	—	—	El primer café (tertulia)
10:00	Luz María	TV. Educativa: La aventura del saber	Tarzán (película)	Vacaciones en el mar (serie)	—
10:25	—	—	—	—	El cronómetro (concurso)
11:00	—	Viaje a Patagonia (documental)	—	Día a día (magazine)	Como la vida misma (magazine)
11:30	Saber vivir	—	(cine)	—	—
12:00	—	Sorteo 2ª fase UEFA Champions League	—	—	—
12:30	—	Guillermo Tell	—	—	—
12:45	Así son las cosas	—	—	—	Farmacia de guardia (serie)
13:00	—	Garfield y sus amigos	—	—	—
13:30	Noticias	Trilocos	Los 40 principales	—	Paso a paso (serie)
14:00	—	Gargoyles	Más deporte (informativo)	El juego del Euromillón (concurso)	Nada es para siempre (teleserie)
14:30	Corazón de otoño	Cocodrilos al rescate	—	Informativos Telecinco 14'30	Sabrina: Cosas de brujas (serie)
15:00	Telediario-1	Saber y ganar (concurso)	Los líos de Caroline (serie)	—	Noticias 1
15:30	—	—	Pura sangre(documental)	Al salir de clase (serie)	—
15:55	El tiempo	Planeta solitario III (documental)	—	—	El tiempo
16:00	Calle nueva	—	—	—	Sabor a ti (magazine)
16:45	La máscara del zorro (película)	Y tu mamá también (película)	El mismísimo	Pancho Villa (película)	—
17:20	—	A su salud	—	—	—
17:50	—	Fútbol	Phoenix vs. Philadelphia	—	—
18:15	—	Buffy	—	¿Quiere ser millonario? (concurso)	—
19:00	—	La buena vida	—	Hospital General (serie)	Sobreviviente (concurso)

Modelo: ¿A qué hora es el programa "Los desayunos de TVE"?
Es a las nueve de la mañana.

1. ¿A qué hora es la película (*movie*) *Tarzán*?

   Son las diez de la mañana

2. ¿A qué hora es el concurso (*contest*) "Sobreviviente"?

   Son las siete de la noche

3. ¿A qué hora es la serie "Farmacia de guardia"?

   Es uno menos quarto de la tarde

4. ¿A qué hora es la serie "Al salir de clase"?

   Son las tres y media

5. ¿A qué hora es el programa "El tiempo"?

   Son las cuarto menos cinco de la tarde

6. ¿A qué hora es el programa "Noticias con Míriam Romero"?

   Son las nuevo y veinti de la mañana

Nombre: ______________________ Fecha: ______________________

02-10 ¿A qué hora...? You work in your university's Spanish department, helping to direct students to the Spanish advisor's office as they arrive. Listen to the advisor share her schedule for the day and fill in the missing times (in numbers only) and names in the master schedule.

Horas	*Estudiantes*
10:00	*Julia*
1. ________	*Gabriela*
12:00	*2.* ________
3. ________	*Pablo*
4. ________	*Juan*
4:15	*5.* ________
6. ________	*Alicia*

2. Formation of *yes/no* questions and negation (Textbook p. 50)

02-11 Información incorrecta. A classmate is unfamiliar with Latin recording artists and actors but wants to learn more. Respond to each of her questions in the negative using a complete sentence. Then make an affirmative statement, based on the correct information in parentheses. Be sure to follow the model closely in your answers.

Modelo: ¿Es Javier Bardem cubano? (Spanish)
No, Javier Bardem no es cubano. Es español.

1. ¿Es Gloria Estefan puertorriqueña? (Cuban)

   No, Gloria Estefan no es puertorriquena. Es cubana

2. ¿Es Shakira argentina? (Colombian)

   No, Shakira no es argentina. Es colombiana.

3. ¿Es Ricky Martin mexicano? (Puerto Rican)

   No, Ricky Martin no es mexicana. Es puertorriqueno.

4. ¿Es Penélope Cruz venezolana? (Spanish)

   No, Penélope Cruz no es venezolana. Es española.

5. ¿Es Gael García Bernal colombiano? (Mexican)

   No, Gael García Bernal no es colombiano. Es mexicano.

Nombre: ______________________________ Fecha: ______________________

02-12 ¿No es cierto? Your classmate e-mails you some additional queries about Latin recording artists. The word order is inaccurate and difficult to understand. Unscramble the elements to form a statement with a tag question in order to better understand the queries.

Modelo: ¿verdad? / es / Shakira / de Colombia
Shakira es de Colombia, ¿verdad?

1. Juanes / ¿verdad? / se llama / el artista
   Se llama Juanes el artista ¿verdad?
2. es / ¿no es cierto? / Juanes / colombiano
   Es Juanes colombiano, ¿no es cierto?
3. es / de España / Alejandro Sanz / ¿cierto?
   Es Alejandro Sanz de España, ¿cierto?
4. ¿no? / es / Sanz / guapo y moreno
   Es Sanz guapo y moreno, ¿no?
5. ¿no? / son / muy buenos / Juanes y Sanz
   Son Juanes y Sanz muy buenos, ¿no?

02-13 Un amigo en la Internet. A new e-friend from Spain wants to get to know you better and has a list of questions for you. Answer his questions truthfully in complete sentences.

¡Hola!

enviar | enviar más tarde | guardar | añadir ficheros | firma | contactos | nombres de control

De: tu amigo
Asunto: ¡Hola!
Fecha: 19 de abril, 2011

tamaño medio

1. Eres estudiante, ¿verdad?
2. Eres de los Estados Unidos, ¿no?
3. ¿Eres alto/a?
4. ¿Eres rubio/a?
5. ¿Eres extrovertido/a?

1. Sí, es estudiante.
2. Sí, yo americano.
3. Sí, yo alto.
4. Yo, no rubio
5. Sí, yo extrovertido

Nombre: ______________________ Fecha: ______________________

02-14 Información sobre tu amigo. Your new e-friend from Spain wrote you the following sentences with information about his life. Write the complete questions that generated his answers. Be sure to make any necessary changes to word order and to the form of the verb **ser**.

Modelo: *¿Eres alto (tú)?*
No, no soy alto.

1. Eres de las espana ¿no?

Sí, soy de España.

2. ¿Eres extrovertido?

No, no soy activo.

3. ¿Eres es un

Sí, mi universidad es grande.

4. ______________________

No, mis clases no son aburridas (*boring*).

5. ______________________

Sí, mis amigos y yo somos trabajadores (*hard-working*).

02-15 Confirmar. A friend from childhood calls you from her cell phone with news about people and things from your old neighborhood. Due to a poor connection and some disbelief, you're not sure you hear all of her statements accurately. Confirm each one by restating it as a complete question in writing. Be sure to make any necessary changes to the form of the verb **ser**.

Modelo: Paula es rubia.
¿Paula es rubia? or *¿Es rubia Paula?*

1. ______________________
2. ______________________
3. ______________________
4. ______________________
5. ______________________

Nombre: ______________________ Fecha: ______________________

02-16 **No, no y no.** You have an insecure friend whose worries frequently surface in questions. Reassure him that his worries are unfounded by answering each of his questions negatively. Be sure to make any necessary changes to the form of the verb **ser**, and follow the model closely using complete sentences.

Modelo: ¿Es malo mi teléfono móvil?
No, tu teléfono móvil no es malo.

1. ______________________
2. ______________________
3. ______________________
4. ______________________
5. ______________________

3. Interrogative words (Textbook p. 52)

02-17 **¿Cuáles son las preguntas?** You heard the following answers from a student interview, but not the questions. Select the question that prompted each response.

1. Soy de Santiago de Compostela.
   a. ¿De qué país es usted?
   b. ¿De qué ciudad española es usted?
   c. ¿Cómo es usted?

2. Soy alto y rubio.
   a. ¿Quién es el profesor?
   b. ¿Cómo son los amigos?
   c. ¿Cómo es usted?

3. Son por la mañana.
   a. ¿Cuándo tiene usted clases?
   b. ¿Por qué tiene usted clases?
   c. ¿De dónde son los estudiantes?

4. Tengo cinco.
   a. ¿Cuántas clases tiene ahora?
   b. ¿De quién es el libro?
   c. ¿Qué tiene el profesor?

5. Es a las nueve.
   a. ¿A qué hora son las clases?
   b. ¿Qué hora es?
   c. ¿A qué hora es la clase de inglés (*English*)?

Nombre: ______________________ Fecha: ______________________

02-18 Muchas preguntas. You just met a woman named Susana at a party and are trying to get to know her. Based on her answers, complete each question with the most appropriate interrogative word(s) from the word bank.

Cómo	Cuándo	De dónde	De qué	Por qué	Quiénes

1. ¿ Como ______ te llamas?	Me llamo Susana.
2. ¿ Por qué ______ estás ahora en Madrid?	Porque soy estudiante de español.
3. ¿ De donde ______ eres?	Soy de Estados Unidos.
4. ¿ Quienes ______ son tus amigos aquí?	Elena, Ana y Pablo. Son estudiantes también.
5. ¿ De qué ______ ciudad eres?	Soy de Chicago, una ciudad fascinante.
6. ¿ Cuando ______ nos vemos tú y yo otra vez (*again*)?	Bueno, mañana tengo unos minutos por la tarde…

02-19 ¿Qué o cuál(es)? Write either **qué** or **cuál(es)** to complete each additional question for Susana about her classes.

Modelo: ¿A *qué* hora es la clase de español?

1. ¿ Cual ______ de los estudiantes es Pablo?
2. ¿ cuales ______ son tus clases interesantes?
3. ¿ cual ______ hay en la clase de español?
4. ¿ Que ______ es el libro de español?
5. ¿ que ______ día es el examen final?
6. ¿ Que ______ hora es ahora mismo?

02-20 Respuestas lógicas. Listen to each question and select all items that are logical answers.

1. a. Es la capital. b. Se llama Josefina. c. Es bajo y gordo.
2. a. Están muy bien, gracias. b. Son altos y morenos. c. Son entusiastas.
3. a. No, no son españoles. b. Sí, somos de España. c. Sí, somos flacas.
4. a. Son puertorriqueños. b. Sí, son mexicanos. c. Son de San Juan.
5. a. Es una muchacha morena. b. Es una universidad grande. c. Es mi amiga cubana.
6. a. Es de Isabel. b. Es de Panamá, de la capital. c. Son mis padres.

Nombre: ______________________ Fecha: ______________________

02-21 Seleccionar la respuesta lógica. Match each question you hear to the most logical answer.

1. ______	a. Es a las nueve y media.
2. ______	b. Es una señora elegante.
3. ______	c. Es el amigo chileno de Carmen.
4. ______	d. La capital es Bogotá.
5. ______	e. Es de la capital, Bogotá.
6. ______	f. Son jóvenes y muy guapos.

02-22 La amiga de un amigo. You just met Cristina, a friend of a friend, on Facebook. You enjoy interacting with her, and she asks you various questions. Answer them truthfully using complete sentences.

1. ¿Cómo te llamas? Me llamo Terrane
2. ¿Cuál es tu nacionalidad? Yo americano
3. ¿De qué ciudad eres? ______________________
4. ¿Cómo eres? Soy divertido
5. ¿Cómo es tu clase de español? ______________________
6. ¿De dónde es el/la profesor/a de español? ______________________

¿Cuánto saben? (Textbook p. 55)

02-23 Completar ideas. Select all items that logically and grammatically complete each statement.

1. a. ...un país.	b. ...la capital de España.	c. ...una ciudad grande.	d. ...una ciudad pequeña.
2. a. ...morena.	b. ...rubia.	c. ...bonita.	d. ...española.
3. a. ...gordo.	b. ...activo.	c. ...viejo.	d. ...español.
4. a. ...a las diez.	b. ...son las diez.	c. ...por la mañana.	d. ...a la mañana.
5. a. ...flacas.	b. ...pequeña.	c. ...jóvenes.	d. ...delgado.
6. a. ...chileno.	b. ...entusiastas.	c. ...guapos.	d. ...ahora mismo.

Nombre: ______________________ Fecha: ______________________

02-24 ¿Saben qué hora es? Match each statement with the correct corresponding time.

1. Es mediodía. D
2. Son las tres y diez de la tarde. F
3. Son las ocho menos cuarto de la mañana. C
4. Son las ocho y media de la mañana. E
5. Son las ocho menos veinte de la noche. A
6. Es medianoche. B

a. 7:40 P.M.
b. 12:00 de la noche
c. 7:45 A.M.
d. 12:00 de la tarde
e. 8:30 A.M.
f. 3:10 P.M.

02-25 ¿Saben preguntar? Complete each question with an appropriate interrogative word or expression, based on the answer given.

Modelo: ¿*Cómo* se llama tu amigo?
Se llama José.

1. ¿ Como es tu nombre? — Mi nombre es David.
2. ¿ Cuantos clases tienes hoy? — Tengo tres.
3. ¿ Como es tu amigo Miguel? — Es inteligente y extrovertido.
4. ¿A que hora es la clase de español? — Es a las once.
5. ¿ Donde está la profesora? — Está en su oficina.
6. ¿ Por que son las otras personas en su oficina? — Son unos estudiantes de la clase.

02-26 ¿Saben contestar por escrito? Listen to five questions about you and aspects of your life. Write a truthful response in Spanish for each question. Remember to use correct agreement with verbs and adjectives.

1. ______________________
2. ______________________
3. ______________________
4. ______________________
5. ______________________

02-27 ¿Saben contestar oralmente? Listen to five questions about you and aspects of your life. Give a truthful oral response in Spanish for each question. Remember to use correct agreement with verbs and adjectives.

1. …
2. …
3. …
4. …
5. …

Nombre: ______________________ Fecha: ______________________

Perfiles (Textbook p. 56)

Mi experiencia: Nombres, apellidos y apodos

02-28 Según Gladys García Sandoval. Reread this section of your textbook and complete each statement with the best word from the word bank.

Bardem	maternal	paternal	Sanz
Chema	nicknames	Salamanca	surnames

1. Gladys García Sandoval currently lives in ___Salamanca___.
2. Gladys is fascinated by the practice of using two ___surnames___ in Spanish.
3. In the case of the famous actress Penélope Cruz Sánchez, "Sánchez" is her ___maternal___ last name.
4. When a woman marries in Spain, she maintains her ___paternal___ surname.
5. Less typically, a person is known by the maternal surname, which is the case with the famous actor Javier Ángel Encinas ___Bardem___.
6. *Apodos*, or ___nicknames___, are used commonly in Spanish.
7. Some *apodos*, such as ___Chema___ for "José María," show no transparent link to the original names on which they are based.
8. Alejandro Sánchez Pizarro, a well-known Spanish singer, goes by the shortened surname ___Sanz___.

Mi música: "Looking for Paradise" (Alejandro Sanz, España)

02-29 Asociar datos. Read about this musician and song in your textbook and follow the directions to listen on the Internet. Then match each item with its description.

1. Alejandro Sanz ___F___
2. Shakira ___D___
3. Alicia Keys ___A___
4. la letra (*lyrics*) ___C___
5. el tema (*theme*) ___E___
6. la guitarra ___B___

a. Colabora con Sanz en la canción (*song*) "Looking for Paradise".
b. Es el instrumento que toca (*plays*) Sanz en la canción.
c. Es en inglés y en español.
d. Colabora con Sanz en la canción "La Tortura".
e. Es bonito, romántico y universal.
f. Es un cantante (*singer*) español famoso.

Nombre: ______________________ Fecha: ______________________

Segunda parte

¡Así lo decimos! Vocabulario (Textbook pp. 58–59)

¿Qué haces? ¿Qué te gusta hacer?

02-30 ¡Así es la vida! Reread the brief dialogs in your textbook and select all items that answer each question accurately.

1. ¿Quién es Celia?
   a. Es estudiante de lenguas.
   b. Es buena amiga de la secretaria.
   c. Es canadiense.

2. ¿Qué necesita Celia?
   a. Necesita la ayuda de un tutor.
   b. Necesita la ayuda de la secretaria.
   c. Necesita estudiar para un examen.

3. ¿Qué hace Rogelio?
   a. Trabaja como secretario.
   b. Estudia para un examen.
   c. Busca trabajo.

4. ¿Cómo es la secretaria?
   a. Es muy simpática (*nice*) con todas las personas.
   b. Es simpática con Rogelio, pero menos (*less so*) con Celia.
   c. Es simpática con Celia, pero menos con Rogelio.

5. ¿Qué conclusión(es) hay?
   a. La secretaria no trabaja más.
   b. Rogelio habla con Celia.
   c. Celia recibe ayuda.

02-31 Verbos. Match each verb with the most logically associated expression.

1. escuchar E
2. hablar D
3. abrir G
4. vivir A
5. leer F
6. estudiar C
7. asistir B
8. comer H

a. en un apartamento
b. a clases regularmente
c. historia en la universidad
d. español, italiano y francés
e. música clásica
f. libros
g. la puerta
h. una pizza

Nombre: ______________________________ Fecha: ______________________

02-32 Fuera de lugar. Select the word that does not belong in each group.

1. a. Rusia	b. chino	c. japonés	d. ruso
2. a. Corea	b. Canadá	c. Inglaterra	d. Estados Unidos
3. a. español	b. alemán	c. italiano	d. portugués
4. a. hablar	b. leer	c. desear	d. escribir
5. a. aprender	b. comprender	c. estudiar	d. bailar
6. a. comer	b. enseñar	c. beber	d. tomar

02-33 ¿Qué hacer? Listen to the conversation between Manuel and Ana and select the answer that best completes each sentence.

1. Ana está bien, pero Manuel está ______ .
   a. más o menos b. mal c. muy mal
2. Manuel tiene un examen ______ el miércoles.
   a. fácil b. difícil c. temprano
3. El examen de Ana el martes debe ser ______ , en su opinión.
   a. fácil b. difícil c. temprano
4. Ana desea asistir a ______ .
   a. un evento de trabajo b. una clase de portugués c. una fiesta
5. Ana también desea ______ .
   a. aprender japonés b. bailar c. comprar
6. Manuel decide ______ .
   a. estudiar b. bailar en la fiesta c. comer

Nombre: ______________________ Fecha: ______________________

02-34 **¿Te gusta?** Look at each of the following drawings and state whether you like or dislike each activity. Answer with **(no) me gusta + infinitive**, following the model.

Modelo: *Me gusta practicar tenis. or No me gusta practicar tenis.*

1. Me gusta escuchar música
No me gusta escuchar música

3. Me gusta hablar por teléfono
No me gusta hablar por teléfono

2. Me gusta bailar
No me gusta bailar

4. Me gusta estudiar
No me gusta estudiar

Nombre: ______________________ Fecha: ______________________

Letras y sonidos: More on vowels in Spanish (Textbook p. 60)

02-35 ¿Hay desliz (*glide*)? For each word, first listen to its pronunciation. Then select the letter that corresponds to a glide in Spanish (a brief sound combined with a vowel to form one syllable). If there is no glide, select **No hay**.

1. b a i l a r — No hay.
2. d e c i d o — No hay.
3. g u a p o — No hay.
4. s o y — No hay.
5. n u e v o — No hay.
6. e s c u c h a r — No hay.
7. c o l o m b i a n o — No hay.
8. m e d i a n o c h e — No hay.

02-36 ¿Cuál tiene desliz? Listen to each of the following pairs of Spanish words. Decide which word contains a glide, the first one or the second one. Indicate each answer by selecting **uno** or **dos** accordingly.

1. uno dos
2. uno dos
3. uno dos
4. uno dos 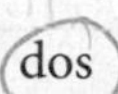
5. uno dos
6. uno dos

¡Así lo hacemos! Estructuras

4. The present tense of regular *-ar* verbs (Textbook p. 62)

02-37 ¿Qué hacen? First decide which verb makes the most sense within the context of each sentence. Then complete the sentence with the correct form of that verb.

Modelo: Yo *ayudo* (ayudar / comprar) a mis padres.

1. Los estudiantes preparan (llegar / preparar) la lección.
2. Yo estudio (estudiar / llegar) español.
3. La muchacha bailas (bailar / estudiar) en discotecas.
4. Nosotros buscamos (buscar / bailar) soluciones.
5. ¿Cuántas lenguas halbas (comprar / hablar) tú?
6. ¿A qué hora llega (enseñar / llegar) el autobús (*bus*)?

Nombre: ______________________ Fecha: ______________________

02-38 ¡A combinar! Combine elements from the three columns to form five logical sentences. Be sure to use each element only once, and conjugate each verb correctly, according to the subject you choose.

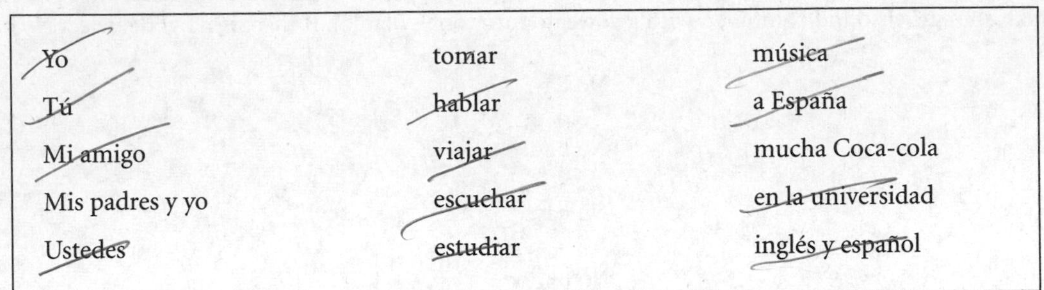

Yo	tomar	música
Tú	hablar	a España
Mi amigo	viajar	mucha Coca-cola
Mis padres y yo	escuchar	en la universidad
Ustedes	estudiar	inglés y español

1. Yo hablo es inglés y español
2. Tu gusto escuchas música
3. Mi amigo viaje a Espana
4. Mis padre y yo tomamos mucha Coca-cola
5. Ustedes estudian en la universidad

02-39 Muchas preguntas. Your aunt tends to ask a lot of questions. Answer each question by providing a correctly conjugated verb in the blank, based on the cue provided. Be sure to follow the model closely.

Modelo: ¿Qué preparas?
Preparo pasta.

1. escucho música peruana.
2. practico tenis.
3. deseo viajar a Hawaii.
4. hablan francés y alemán.
5. ensena dos lenguas.
6. trabajo por la tarde.

Nombre: ______________________ Fecha: ______________________

5. The present tense of regular *-er* and *-ir* verbs (Textbook p. 64)

02-40 ¿Qué hacen ahora? First decide which verb makes the most sense within the context of each sentence. Then complete the sentence with the correct form of that verb.

Modelo: El señor *abre* (decidir / abrir) la puerta.

1. ¿ Comas (Aprender / Comer) tú mucha pizza?
2. Patricia y yo debemos (deber / abrir) estudiar.
3. ¿ Creen (Creer / Decidir) ustedes en fantasmas (*ghosts*)?
4. Adela asiste (asistir / vender) a la clase de chino.
5. Yo escribo (vivir / escribir) una composición.
6. El profesor lee (beber / leer) un libro.

02-41 Mis amigas nuevas. Maribel is writing an e-mail to a high school friend about her new friends at the university. Complete the description with the correct form of each verb.

Mis amigas nuevas Bárbara, Isabel y Victoria (1) viven (vivir) en un apartamento. Ellas (2) aprenden (aprender) inglés en la universidad y (3) asisten (asistir) a clases por la mañana. Bárbara (4) escribe (escribir) inglés muy bien, e Isabel (5) comprende (comprender) bien, pero Victoria menos. Al mediodía, ellas y yo (6) comemos (comer) juntas (*together*) y hablamos de las clases. Ellas (7) creen (creer) que es difícil aprender otra lengua. Y tú, (8) crees (creer) que es difícil?

02-42 ¿Qué actividad? Complete each sentence with the correct form of the verb you hear.

Modelo: Los muchachos ________ mucha televisión.
ver
Los muchachos *ven* mucha televisión.

1. Yo ________________ que son las tres.
2. Los tutores comprenden muy bien la lección.
3. Rafael viven en Nueva York.
4. ¿ ________________ (tú) tus libros al final del semestre?
5. Yo no ________________ mucha televisión.
6. Victoria y yo vevimos mucho café.

Nombre: ______________________ Fecha: ______________________

02-43 Nosotros... Your mother loves language learning and is curious about your Spanish class. Answer each question you hear using the **nosotros** form of the verb and the cues provided. (Do not include the word **nosotros** in your responses.)

1. Sí, comprehemos bien el español.
2. ______________________ mucho vocabulario en la clase.
3. escribimos en la computadora y en papel.
4. ______________________ el *Capítulo 2* del libro.
5. ______________________ a clase los martes y jueves.
6. Sí, ______________________ los libros en diciembre.

02-44 Preguntas y respuestas. Answer each question regarding your university and your Spanish class in a complete sentence.

1. ¿A qué universidad asistes?

   Hoy asisto la umcec.

2. ¿Dónde vives?

   Yo vivomos Germany

3. ¿Aprenden a hablar en la clase de español los estudiantes?

   ____

4. ¿Escribes composiciones en tu clase de español?

   ____

5. ¿Crees que es importante aprender español?

   Sí, creo es importante

6. The present tense of *tener* (Textbook p. 67)

02-45 ¿Qué tiene(n) que hacer? Match each drawing with the most appropriate statement.

1. F

4. A

2. E

5. D

3. B

6. C

a. Tiene que preparar la sopa (*soup*).

b. Tiene que ayudar a su madre.

c. Tiene que llegar más temprano.

d. Tiene que estudiar más.

e. Tienen que comprar un carro nuevo.

f. Tiene que trabajar mucho.

Nombre: ______________________ Fecha: ______________________

02-46 Conjugar *tener*. Complete each statement with the correct form of **tener**.

1. Tú tienes clase los lunes, miércoles y viernes.
2. Mercedes y Lola tienen dos clases por la tarde.
3. Él tiene que estudiar más.
4. Nosotras tienomos que hablar con la profesora.
5. Yo tengo muchos amigos en la universidad.
6. Tú también tienes muchos amigos, ¿verdad?

02-47 Responsabilidades. List three things that you have to do tomorrow and three things that other people have to do.

Modelo: *Yo tengo que estudiar por la tarde.*

1. Yo tengo que comer.
2. Yo tengo que trabajar.
3. Yo tengo que ______________________.
4. Mis padres ______________________.
5. Mi amigo ______________________.
6. El/La profesor/a ______________________.

¿Cuánto saben? (Textbook p. 68)

02-48 ¿Saben conjugar? Fill in each blank with the correct form of the most appropriate verb from the word bank. Use each verb once.

aprender	comer	estudiar	ver
asistir	enseñar	practicar	vivir

Yo (1) ______________ en la universidad. (2) asisto a mis clases regularmente.

(3) aprendo mucho en mis clases porque los profesores (4) ensenan muy bien. Mis

amigos y yo (5) ______________ pizza en la cafetería al mediodía. Después, nosotros (6) vemos

un poco de televisión juntos (*together*), porque (7) ______________ en un apartamento en el campus. A las seis

(8) ______________ tenis. Es una buena vida, ¿verdad?

Nombre: ______________________ Fecha: ______________________

02-49 ¿Saben conjugar *tener*? Complete each sentence with the correct form of **tener**.

1. Anita tiene muchas clases en la universidad.
2. Anita y Lupe tienen que trabajar esta tarde.
3. Yo tengo que ayudar a Anita con su tarea.
4. Nosotros tenemos un examen difícil mañana.
5. Tú también tienes mucha tarea, ¿no?

02-50 ¿Comprenden bien? Select the response that best answers each question you hear.

1. a. Tengo que escribir una composición.
   b. Debemos practicar tenis.
   c. Tienes que aprender lenguas.
2. a. Venden diccionarios.
   b. Vives en una ciudad fascinante.
   c. Viven en una ciudad pequeña.
3. a. Debes escribir y hablar mucho.
   b. Debes estudiar español y chino.
   c. Deben estudiar italiano y japonés.
4. a. Deseo pizza, por favor.
   b. Deseamos comer ahora mismo.
   c. Desean comer a las cinco de la tarde.
5. a. Sí, trabajo los martes y viernes.
   b. No, no trabajamos.
   c. Trabajas mucho en la clase.
6. a. Me gusta leer por la noche.
   b. Te gusta beber por la noche.
   c. Me gusta llegar por la mañana.

02-51 ¿Saben contestar por escrito? Listen to five questions about university life and write a truthful response in Spanish for each question. Remember to use correct agreement with verbs and adjectives.

1. ______________________
2. ______________________
3. ______________________
4. ______________________
5. ______________________

02-52 ¿Saben contestar oralmente? Listen to five questions about university life and give a truthful oral response in Spanish for each one. Remember to use correct agreement with verbs and adjectives.

1. …
2. …
3. …
4. …
5. …

Observaciones: ¡Pura Vida! Episodio 2 (Textbook p. 69)

Antes de ver el video

02-53 ¿Qué pasa? Select the statement that best answers each question.

1. What do you think Marcela likes about Costa Rica?
   a. las ciudades rusas
   b. las personas y sus costumbres (*customs*)
   c. sus ruinas aztecas

2. Hermés is Cuban. What is a possible statement about his family?
   a. Soy salvadoreño.
   b. Mi familia es de los Estados Unidos.
   c. Tengo una hermana (*sister*) en La Habana.

3. Why is Hermés at the hostel?
   a. Desea vivir en Costa Rica y le gusta la gente (*people*) costarricense.
   b. Desea vender productos coreanos.
   c. Estudia el clima.

4. What does Felipe have to do before he can go to Mexico City?
   a. practicar el fútbol (*soccer*)
   b. tomar unas fotos
   c. arreglar (*fix*) su camioneta

Nombre: ________________________________ Fecha: ______________________

A ver el video

02-54 Los personajes. Match each character with his/her country of origin.

1. Silvia ______	a. Costa Rica
2. Patricio ______	b. España
3. Marcela ______	c. México
4. Felipe ______	d. Colombia
5. Doña María ______	e. Cuba
6. Hermés ______	f. Argentina

02-55 Más información. Next to each country, write the name of the city or cities mentioned during the episode.

Países	**Ciudades**
1. Costa Rica	______________________
2. Colombia	______________________
3. México	______________________
4. Cuba	______________________ y ______________________

Después de ver el video

02-56 Preferencias. During this episode, you will hear the characters talk about what they and their friends like or like to do. Listen for expressions such as **me gusta, me encanta, me fascina**, and **me interesa**, and write the name of the person next to his/her preference.

1. ______________________ tener jóvenes alegres (*happy*) en casa (*at home*)
2. ______________________ estar en el hostal
3. ______________________ la gente (*people*) y las costumbres de Costa Rica; la historia
4. ______________________ el fútbol (*soccer*)
5. ______________________ la música y el béisbol (*baseball*)
6. ______________________ hablar con Patricio

Nombre: ______________________ Fecha: ______________________

Nuestro mundo

Panoramas: Descubre a España (Textbook p. 70)

02-57 **¡A informarse!** Based on the information from **Nuestro mundo**, decide if the following statements are **cierto** or **falso**.

1. Hay montañas en Andalucía, en el sur de España. Cierto Falso
2. La Costa Brava está en el sur de España. Cierto Falso
3. El acueducto de Segovia es una estructura nueva en España. Cierto Falso
4. Santiago Calatrava es un pintor (*painter*). Cierto Falso
5. La pesca (*fishing*) en España es muy mala. Cierto Falso
6. Hablan cuatro lenguas diferentes en España. Cierto Falso
7. El turismo es muy importante para la economía española. Cierto Falso
8. La edad (*age*) mínima para beber alcohol en España es 16. Cierto Falso

Nombre: ______________________ Fecha: ______________________

02-58 La geografía de España. Look at the map of Spain and match each place indicated with the most appropriate description.

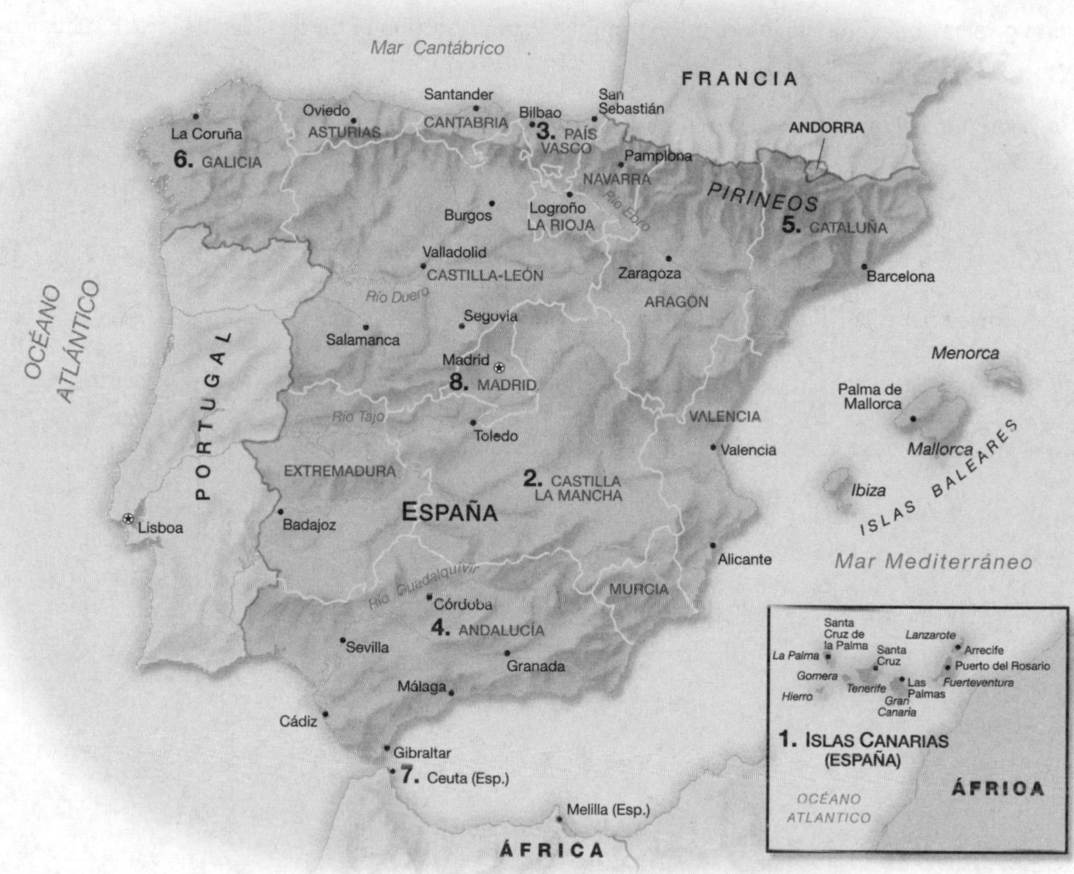

1. F
2. B
3. D
4. A
5. E
6. C
7. H
8. G

a. región famosa por la Alhambra

b. región famosa por Don Quijote

c. región donde hablan gallego

d. región donde hablan eusquera

e. región donde hablan catalán

f. islas en la costa de África

g. capital de España

h. ciudad española en el norte de África

Páginas: "*Cinemundo* entrevista a Pedro Almodóvar" (Textbook p. 72)

02-59 ¿Cierto o falso? Based on the information from the **Páginas** section of the text, decide if each statement is **cierto** or **falso**.

1. El nombre completo del director es Pedro Almodóvar Galindo. Cierto Falso
2. Almodóvar no tiene apodo fuera de (*outside*) su pueblo. Cierto Falso
3. Almodóvar fue (*went*) a Madrid a los 20 años. Cierto Falso
4. Para Almodóvar, su película (*film*) favorita es *Los abrazos rotos.* Cierto Falso
5. En *Los abrazos rotos,* Penélope Cruz tiene dos personalidades. Cierto Falso
6. Las películas de Almodóvar presentan humor y temas (*themes*) sociales. Cierto Falso

Nombre: ______________________ Fecha: ______________________

Taller (Textbook p. 74)

02-60 Una entrevista. Prepare to interview a classmate by writing five questions that you'd like to ask. Aim to complete a student information card for him/her with the information you obtain.

Test

Nombre: ____________ Apellido: ____________ LAST NAME

Nacionalidad: ____________ Edad (*age*): ____________

Ciudad: ____________ City País: ____________ Country

Descripción física: ____________ physical description

Actividades: ____________ Activities

Obligaciones: tengo que trabajar Obligation

1. ______________________________
2. ______________________________
3. ______________________________
4. ______________________________
5. ______________________________

02-61 ¡A escribir! After interviewing a classmate (Activity 02-60), write a brief paragraph about him/her. Be sure to include facts collected on the student information card.

____

____

____

____

____

____

____

____

Nombre: ______________________ Fecha: ______________________

3 ¿Qué estudias?

Primera parte

¡Así lo decimos! Vocabulario (Textbook pp. 78–79)

Las materias académicas y la vida estudiantil

03-01 ¡Así es la vida! Reread the brief dialogs in your textbook and select the best answer to each question.

1. ¿Cómo es el horario de Pedro? a. fácil b. complicado c. tímido
2. ¿Cuál de estas materias no tiene Pedro? a. física b. economía política c. matemáticas
3. ¿Cuántas materias tiene Marcela? a. siete b. cinco c. cuatro
4. ¿Qué escribe Beatriz? a. la tarea b. un libro c. un correo electrónico
5. ¿Qué necesita Ana? a. comprar b. comer c. creer
6. ¿Qué clase tienen Ana y Beatriz a las dos? a. geología b. biología c. historia

03-02 Emparejar (*Matching*). Match each academic subject with the most logically associated concept, person, or thing.

1. la arquitectura E
2. la química H
3. la veterinaria A
4. la geografía C
5. la historia F
6. la física B
7. el arte G
8. la filosofía D

a. los animales
b. Einstein
c. los mapas
d. Aristóteles
e. Frank Lloyd Wright
f. 1776
g. Picasso
h. H_2O

Nombre: ______________________ Fecha: ______________________

03-03 Las carreras. What are these students' majors? Select the most logical field of study, based on each statement.

administración de empresas	educación física	informática
ciencias políticas	estadística	medicina

1. Ana escribe programas para la computadora. La carrera de Ana es ______________.
2. Roberto estudia matemáticas y la probabilidad. La carrera de Roberto es ______________.
3. Carmen estudia biología y química. La carrera de Carmen es ______________.
4. Pedro tiene clase de contabilidad y clase de finanzas. La carrera de Pedro es ______________.
5. Luisa estudia las elecciones y los presidentes de Estados Unidos. La carrera de Luisa es ______________.
6. David tiene clases de pedagogía y clases de deporte obligatorias. La carrera de David es ______________.

03-04 Curiosidad sobre la universidad. Susana is curious about her sister Julia's experiences at college. Listen to each of Susana's questions and select the most logical response given by Julia.

1. a. Estudio mucho los lunes, miércoles y viernes.
   b. Pues, tengo historia, filosofía, economía y biología.
   c. Las clases de economía y biología son difíciles.

2. a. Sí, es bastante complicado, pero me gusta.
   b. No, no estudio los domingos.
   c. Sí, hablo mucho con los profesores.

3. a. Mi profesor de biología es muy exigente.
   b. Sí, tengo que estudiar unas seis horas todos los días.
   c. Estudiamos en el centro estudiantil.

4. a. Necesito un libro de la biblioteca.
   b. Me gusta hablar con mi profesora de historia después de clase.
   c. Me gusta ir a la biblioteca porque hay silencio.

5. a. Son las tres en punto.
   b. Tengo clases por la mañana y por la tarde.
   c. Son simpáticos y muy inteligentes.

6. a. Sí, sí, y muchos son de otros países, como España, Puerto Rico, Francia…
   b. Mi amiga Claudia es cubana.
   c. Sí, tengo muchas materias obligatorias.

Nombre: ______________________ Fecha: ______________________

03-05 Antes de clase. Listen to a conversation between Ricardo and Teresa before class. Then select the word or phrase that best completes each sentence, based on the dialog.

1. Ricardo y Teresa van a la clase de ______ .
   a. derecho b. finanzas c. inglés
2. Ricardo y Teresa creen que su clase es muy ______ .
   a. interesante b. aburrida c. difícil
3. Este semestre Teresa no tiene clase de ______ .
   a. filosofía b. contabilidad c. física
4. Ricardo tiene clases ______ .
   a. solamente por la mañana b. solamente por la tarde c. por la mañana y por la tarde
5. La profesora Corrales es ______ .
   a. fascinante y simpática b. aburrida pero simpática c. difícil de comprender

03-06 ¿Cómo es el horario de clases ideal? Express your opinion of what an ideal class schedule is like by answering each question with a complete sentence in Spanish.

1. En tu horario ideal, ¿qué materias tienes?
   Yo tengo matemáticas y la informática
2. ¿Qué días de la semana son las clases?
   Son los clases lunes y miércoles.
3. ¿Cuándo son las clases: por la mañana, por la tarde o por la noche?
   Las clases son clases en la mañana y uno clase en la tarde y no clase en la noche.
4. ¿Cuántos estudiantes hay en una clase?
   Hay quince estudiantes en mi clase español.
5. ¿Cómo son los profesores?
   los profesores son muy inteligentes

Nombre: ______________________ Fecha: ______________________

¡Así lo hacemos! Estructuras

1. The numbers *101–3.000.000* (Textbook p. 82)

03-07 ¡A calcular! Solve each of the following math problems and select the correct answer in Spanish.

1. (525 − 300) × 2 =
   a. doscientos veinticinco
   b. ochocientos veinticinco
   c. cuatrocientos cincuenta
   d. setenta y cinco

2. (21 ÷ 3) × 100 =
   a. setecientos
   b. doscientos diez
   c. trescientos treinta
   d. setenta

3. 111 + 222 + 333 =
   a. quinientos sesenta y cinco
   b. seiscientos sesenta y seis
   c. setecientos cincuenta y seis
   d. cuatrocientos treinta y tres

4. 7.700 ÷ 7 =
   a. ciento uno
   b. mil uno
   c. mil ciento uno
   d. mil cien

5. 110 × 5 =
   a. quinientos cinco
   b. quinientos cincuenta
   c. cincuenta y cinco
   d. cinco mil quinientos

6. (3.500 × 10) ÷ 2 =
   a. ciento setenta mil
   b. mil setecientos cincuenta
   c. diecisiete mil quinientos
   d. ciento setenta y cinco

03-08 Buscar patrones (*patterns*). Follow the pattern to complete each number sequence. Spell out each result in Spanish.

Modelo: ciento dos, ciento cuatro, ciento seis, *ciento ocho,* ciento diez

1. ciento diez, ciento veinte, ciento treinta, ciento cuarenta, ciento cincuenta
2. cien, doscientos, cuatrocientos, ~~quinientos~~ ochocientas, mil seiscientos
3. ciento once, doscientos veintidós, trescientas trienta y tres, cuatrocientos cuarenta y cuatro, quinientos cincuenta y cinco
4. seiscientos, quinientos uno, ~~trescientos~~ cuatrocientas dos, trescientos tres, doscientos cuatro
5. mil quinientos, tres mil, cuatro mil quinientos, seis mil, setecientos quinientos
6. ciento venticinco mil, ciento cincuenta mil, ciento setenta y cinco mil, doscientos mil, doscientos venticinco mil
7. setecientos mil, ochocientos mil, novecientos mil, un millones, un millón cien mil
8. un millón, dos millones, tres millones

Nombre: ______________________ Fecha: ______________________

03-09 El recuento. The state has asked all institutions of higher learning to take joint inventory of the following items. Spell out each result in Spanish, and be sure to watch for agreement.

Modelo: 2.321 *dos mil trescientos veintiún* cuadernos

1. 1.623 mil seiscientos veintitrés diccionarios
2. 5.566 cinco mil quinientas sesenta y seis mesas
3. 12.314 doce mil trescientas catorce computadoras
4. 599 quinientos noventa y nueve lápices
5. 881 ochocientas ochenta y uno puertas
6. 1.500.000 un millión quinientos mil libros
7. 6.740 seis mil setecientas cuarenta sillas
8. 2.351 dos mil trescientos circuenta y uno marcadores

03-10 Las puntuaciones máximas. Listen to the dialog between Ana María and Diego about the high scores (**la puntuaciones máximas**) they and others have on a popular videogame. Match each name with the correct corresponding high score.

1. Ana María B
2. Diego A
3. José Antonio E
4. María Luisa D
5. Juan Rafael C

a. 53.480
b. 92.730
c. 1.976.520
d. 2.325.960
e. 2.881.400

2. Possessive adjectives (Textbook p. 84)

03-11 La vida estudiantil en la UNAM. Read about university life for the following students at the UNAM, and complete each paragraph with appropriate possessive adjectives.

A. Raúl. ¡Hola! Soy Raúl Ramos, estudiante de la UNAM. Estudio historia. (1) Mis clases son exigentes y muy interesantes. (2) Mi apartamento está cerca de la universidad y vivo con (3) mis amigos.

B. Dos hermanas *(sisters)*. ¡Buenos días! Somos Margarita y Sara Jiménez. Somos hermanas y estudiamos administración de empresas. (4) Sus clases son muy difíciles, y siempre estudiamos con (5) nuestros amigos. (6) Nuestras. universidad es muy grande, pero (7) nuestros profesores son simpáticos y la vida estudiantil aquí es buena.

C. Un buen amigo. Ramón Espinosa es buen amigo de Margarita y Sara. Él estudia informática. (8) Sus clases son complicadas y (9) sus profesores son exigentes. Él siempre trabaja con (10) su computadora.

Nombre: ______________________ Fecha: ______________________

03-12 Posesiones. Your Spanish class set up a booth on Mexican culture for an international fair at your university. You are now cleaning up and returning items borrowed for the display. A classmate reads off a tally list, and you confirm the accuracy of the information. Restate each assertion using an appropriate possessive adjective.

Modelo: La computadora es del profesor, ¿verdad?
Sí, es su computadora.

1. El mapa de México es de Sofía, ¿no?

   ____

2. El libro de fotografías es de ti, ¿cierto?

   ____

3. Las postales (*postcards*) son del profesor, ¿no es así?

   Si son sus postale

4. Las monedas (*coins*) son de mi colección, ¿verdad?

   Si, son tú monedas

5. Las guías (*guide books*) son de Pablo y de Marco, ¿no?

   Si son sus guias

6. Los sombreros (*hats*) son de ti y de tus amigos, ¿no es cierto?

   Si son nuestros sombreros

03-13 Más curiosidad. Susana has more questions for her sister Julia about her college experiences. Listen to each of Susana's questions and select the most logical response given by Julia.

1. a. Mis profesores enseñan bien.
   b. Sus amigos son extrovertidos y muy simpáticos.
   c. Mis amigos son extrovertidos y muy simpáticos.

2. a. No, sus clases son diferentes porque tenemos carreras diferentes.
   b. Sí, mis clases son los martes y jueves.
   c. Sí, mis amigos compran mucho.

3. a. Nuestro club favorito se llama "Cosmos" y vamos los sábados a bailar.
   b. Nuestros exámenes no son fáciles.
   c. Nuestra biblioteca es muy grande y tiene muchos libros.

4. a. Sí, su música es fantástica y bailamos durante horas.
   b. Sí, nuestra universidad tiene muchas cafeterías. Su comida no es siempre buena, pero es barata.
   c. Sí, sus libros son de varias lenguas, como por ejemplo el francés y el alemán.

5. a. No, tu universidad va a ser muy buena también.
   b. Sí, mi experiencia aquí es positiva y estoy muy contenta.
   c. No, nuestros padres llegan el viernes.

Nombre: ______________________ Fecha: ______________________

03-14 Tus experiencias universitarias. Answer the following questions about your university experiences using complete sentences in Spanish.

1. ¿Cuántas materias tienes este semestre/trimestre? ¿Cuáles son?

   Tengo uno materias este

2. ¿Cuál es tu materia favorita? ¿Y tu materia menos favorita?

   Me materia es favorita

3. ¿Qué días de la semana son tus clases?

   Me clases es lunes y mieraoles

4. ¿Asistes a tus clases regularmente (*regularly*)?

   Si, asisto tus clases

   what are you profesors like

5. ¿Cómo son tus profesores?

   ____

6. ¿Cómo es tu universidad en general?

   Mi

3. Other expressions with *tener* (Textbook p. 87)

03-15 Reacciones. Choose the most logical emotional, mental, or physical state for each situation.

1. En el invierno... D
2. En el verano... F
3. Cuando no como... ~~X~~ A
4. Cuando no bebo... E
5. Cuando veo una película de terror... C
6. A las tres de la mañana... G
7. Cuando no voy a tiempo... ~~A~~ H
8. Cuando estoy en el carro... ~~H~~ B

a. tengo hambre.
b. tengo cuidado.
c. tengo miedo.
d. tengo frío.
e. tengo sed.
f. tengo calor.
g. tengo sueño.
h. tengo prisa.

Nombre: ______________________ Fecha: ______________________

03-16 En situaciones diferentes. Listen to statements about various situations. Write a logical response using an expression with **tener** and the subject given.

Modelo: Pablo cree que dos más dos son cuatro.
Pablo *tiene razón.*

1. Yo tengo
2. Nosotros tenemos
3. Usted tiene
4. Tú tienes
5. Julia y Tomás tienen
6. Juan tiene

03-17 Ahora tú. Answer the following questions about age or your reactions in various situations using complete sentences in Spanish.

1. ¿Cuántos años tienes?
   tengo cincuenta y cuatro años
2. ¿Cuántos años tiene tu mejor (*best*) amigo/a?
   Mi mejor amigo e tienes es cincuenta y cuatro
3. ¿A qué hora tienes sueño normalmente?
   Tengo la sueño a las nueve
4. ¿Con qué películas (*movies*) tienes miedo?
   Tengo miedo con Jaws
5. ¿Qué tienes ganas de hacer los sábados?
   Tengo ti jugar al golf / Las sabados tengo ganas
6. ¿Qué *no* tienes ganas de hacer los sábados?
   No me gusta trabajar

Nombre: ______________________ Fecha: ______________________

¿Cuánto saben? (Textbook p. 89)

03-18 ¿Saben usar los adjetivos posesivos y los números? You and some friends are renting a house on campus and want to insure your valuables. An insurance agent asks you several questions during an assessment. Answer each question using an appropriate possessive adjective, and spell out each number in parentheses.

Modelo: ¿Cuánto cuesta tu bicicleta (*bicycle*)?
Mi bicicleta cuesta *novecientos cuarenta y cinco* (945) dólares.

1. ¿Cuánto cuesta tu computadora?

   Tu computadora cuesta tres mil doscientos cincuenta (3.250) dólares.

2. ¿Cuánto cuestan las computadoras de tus compañeros de casa (*housemates*)?

   Sus computadoras cuestan dos mil ciento y veinticinco (2.125) dólares cada una (*each*).

3. ¿Cuánto cuesta la impresora (*printer*) de tu compañero?

   Su impresora cuesta trescientos quince (315) dólares.

4. ¿Cuánto cuesta el televisor de alta definición de ustedes?

   Nuestros televisor cuesta mil cuatrocientos setenta y cinco (1.175) dólares.

5. ¿Cuánto cuestan las calculadoras de ustedes?

   Nuestras calculadoras cuestan cuatrocientos treinta (430) dólares en total.

Nombre: ______________________ Fecha: ______________________

03-19 **¿Saben usar expresiones con *tener*?** Describe the following emotional and physical states using expressions with **tener** and the subjects given.

Modelo: Yo *tengo prisa.*

1. Tú tienes miedo

2. Yo tengo sueño

3. Nosotros 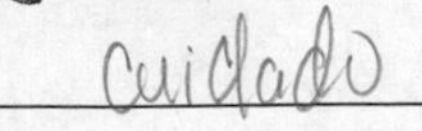 tenemos cuidado

4. Juanito No, tiene razón

5. Uds. tienen razón

6. Ellos tienen ganas de jugar

7. Tú tienes hambre

Nombre: ______________________ Fecha: ______________________

03-20 ¿Comprenden bien? Listen to each question asked by a Spanish instructor, and then match it with the most logical response.

1. __E__ a. Mi artista mexicana favorita es Frida Kahlo.
2. __C__ b. Creo que tu teléfono móvil cuesta doscientos dólares.
3. __A__ c. Estudia informática.
4. __D__ d. Tiene cincuenta y un años.
5. __F__ e. Tengo un examen importante.
6. __B__ f. Tenemos ganas de bailar.

03-21 ¿Saben contestar por escrito? Listen to five questions about your physical states in different situations. Write a truthful, complete response in Spanish for each question you hear. Be sure to use correct agreement with verbs.

1. ______________________________
2. ______________________________
3. ______________________________
4. ______________________________
5. ______________________________

03-22 ¿Saben contestar oralmente? Listen to five questions about your courses this semester. Give a truthful, complete oral response in Spanish for each question you hear. Be sure to use correct agreement with verbs.

1. …
2. …
3. …
4. …
5. …

Nombre: ______________________________ Fecha: ______________________

Perfiles (Textbook p. 90)

Mi experiencia: Mi universidad: La UNAM

03-23 Según Susana Buendía. Reread this section of your textbook and give the best answer to complete each statement. Not all expressions in the word bank will be used.

7.000	23.000	el examen de admisión
168.000	la Facultad de Derecho	pequeñas
un año de servicio social	la Facultad de Filosofía y Letras	privada (*private*)
Café Tacvba	grandes	pública

1. Susana Buendía está en Chiapas para hacer ______________.
2. Su presentación a estudiantes jóvenes es sobre ______________ de la UNAM.
3. La facultad de Susana tiene unos ______________ estudiantes.
4. Todo el sistema universitario tiene unos ______________ estudiantes.
5. Las clases de tipo taller son ______________.
6. La UNAM es una universidad ______________.
7. La matrícula de la universidad es barata, pero ______________ es caro.
8. ______________ es un grupo musical popular entre los estudiantes de la UNAM.

Mi música: "Eres" (Café Tacvba, México)

03-24 Asociar datos. Read about this group in your textbook and follow the directions to listen to the song on the Internet. Then match each item with the best description.

1. Café Tacvba ______
2. la música de Café Tacvba ______
3. *Cuatro caminos* ______
4. el tema de "Eres" ______
5. el ritmo de "Eres" ______

a. álbum con la canción "Eres"
b. combina ritmos modernos y folclóricos
c. grupo mexicano con varios Grammy y Grammy Latinos
d. lento y melancólico
e. el amor romántico hacia otra persona

Segunda parte

¡Así lo decimos! Vocabulario (Textbook pp. 92–93)

Los edificios de la universidad

03-25 ¡Así es la vida! Reread the brief dialogs in your textbook and indicate whether each statement is **cierto** or **falso.**

1. El campus de la UNAM es pequeño. Cierto Falso
2. Los estudiantes nuevos necesitan mirar el mapa. Cierto Falso
3. Marcela tiene que ir a la librería. Cierto Falso
4. Marcela tiene que comprar un diccionario. Cierto Falso
5. La librería está enfrente de la Facultad de Medicina. Cierto Falso
6. La biblioteca está lejos de la librería. Cierto Falso
7. No hay cancha de tenis en el campus. Cierto Falso
8. Rosa y Tomás van a la biblioteca. Cierto Falso

03-26 ¡A emparejar! Match each place on a university campus with the most logically associated activity.

1. el gimnasio ______
2. el auditorio ______
3. el teatro ______
4. la cafetería ______
5. la rectoría ______
6. la Facultad de Ingeniería ______
7. el museo ______
8. el laboratorio de lenguas ______

a. estudiar diseño técnico y matemáticas
b. practicar el español
c. comer una hamburguesa
d. ver arte y leer historia
e. escuchar un concierto de música clásica
f. ver *Romeo y Julieta*
g. hablar con el/la presidente/a de la universidad
h. hacer ejercicio (*exercise*)

Nombre: ______________________ Fecha: ______________________

03-27 La universidad y sus facultades. Find these words for university schools and places in the following puzzle. Search horizontally, vertically, and diagonally, both forward and backward.

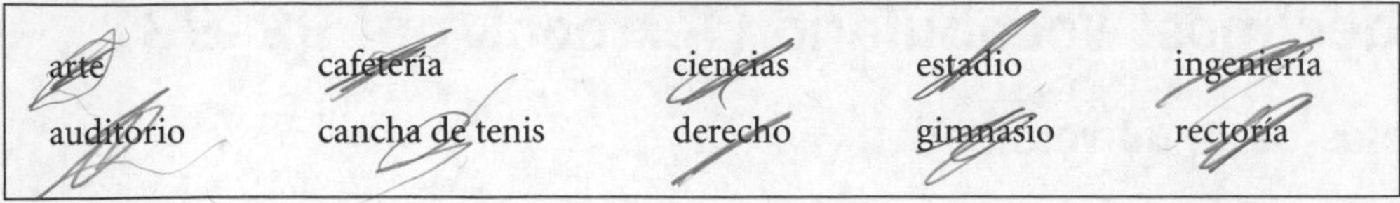

arte
cafetería
ciencias
estadio
ingeniería
auditorio
cancha de tenis
derecho
gimnasio
rectoría

Nombre: ______________________ Fecha: ______________________

03-28 El mapa del campus. You are standing in front of the **Museo Rivera**, looking at its grand entrance. Based on the map, indicate if each statement is **cierto** or **falso.**

1. La Facultad de Arte está a la derecha del Museo Rivera. Cierto Falso
2. La cafetería "El Campus" está a la izquierda del Museo Rivera. Cierto Falso
3. La cafetería "El Campus" está bastante lejos de la cancha de tenis. Cierto Falso
4. El teatro está entre el estadio y la biblioteca. Cierto Falso
5. La biblioteca está cerca de la librería. Cierto Falso
6. La Facultad de Medicina está delante de la Facultad de Ciencias. Cierto Falso
7. El observatorio está al lado de la librería. Cierto Falso
8. El estadio está detrás del gimnasio. Cierto Falso

03-29 En la clase del Profesor López. Pablo, Inés, and Elena converse before class. Listen to their conversation and select all items that are true for each statement.

1. Necesita(n) ir a la biblioteca.
   a. Pablo b. Inés c. Elena
2. Tiene(n) que hacer una presentación mañana.
   a. Pablo b. Inés c. Elena
3. Tiene(n) que ir al centro estudiantil.
   a. Pablo b. Inés c. Elena
4. No está(n) lejos de la biblioteca.
   a. la rectoría b. el laboratorio de lenguas c. el centro estudiantil
5. Van juntos (*together*) a lugares del campus después de clase.
   a. Pablo b. Inés c. Elena
6. Estudia(n) el arte de Frida Kahlo.
   a. Pablo b. Inés c. Elena

Nombre: ______________________________ Fecha: ____________________

03-30 Los edificios de tu universidad. Some new students on campus need help finding their classes. Answer their questions truthfully based on your campus. Be sure to follow the model.

Modelo: ¿Dónde está el centro estudiantil?
Está enfrente de la rectoría.

1. ¿Dónde está el estadio?

   ____

2. ¿Dónde está la rectoría?

   ____

3. ¿Dónde está la librería?

   ____

4. ¿Dónde está la biblioteca?

   ____

5. ¿Dónde está el gimnasio?

   ____

6. ¿Dónde están las canchas de tenis?

   ____

Letras y sonidos: Syllabification (Textbook p. 94)

03-31 Palabras y sílabas. Divide each word into syllables following the blanks provided.

Modelo: sábado
sá – ba – do

1. rojo

   ro - jo

2. viernes

   vier - nes

3. español

   es - pan - ol

4. septiembre

   sep - tiem - bre

5. rectoría

   rec - to - ri - a

6. amarillo

   a - ma - ril - lo

7. observatorio

   ob - ser - va - toi - rio

8. administración

   ad - mini - str - ac - ion

Nombre: ______________________ Fecha: ______________________

03-32 ¿Cuántas sílabas hay? You will hear a series of Spanish words. Write the number that corresponds to the number of syllables in each word. It is not necessary to write out the numbers in Spanish.

1. ______ sílabas
2. ______ sílabas
3. ______ sílabas
4. ______ sílabas
5. ______ sílabas
6. ______ sílabas

03-33 Más palabras. You will hear a series of Spanish words. Write each syllable in a separate blank.

1. ______ - ______
2. ______ - ______ - ______
3. ______ - ______ - ______
4. ______ - ______ - ______
5. ______ - ______ - ______
6. ______ - ______ - ______
7. ______ - ______ - ______ - ______ - ______
8. ______ - ______ - ______ - ______ - ______

¡Así lo hacemos! Estructuras

4. The present tense of *ir* and *hacer* (Textbook p. 96)

03-34 ¿Qué van a hacer? You and your friends have a lot to do at the university. Match each situation with a logical course of action.

1. Ramón tiene mucha sed. G
2. Juan Pablo tiene hambre. A
3. Necesitamos practicar español. F
4. Tienes que hacer ejercicio. E
5. Necesitan libros para las clases. B
6. Tengo un examen mañana. C
7. Tienes ganas de ver arte. H
8. Tengo ganas de ver una ópera. D

a. Va a comer en la cafetería.
b. Van a comprar en la librería.
c. Voy a estudiar en la biblioteca.
d. Voy a ir al teatro.
e. Vas a ir al gimnasio.
f. Vamos a ir al laboratorio de lenguas.
g. Va a tomar agua mineral.
h. Vas a ir al museo.

Nombre: ______________________ Fecha: ______________________

03-35 En nuestro apartamento. Complete Berta's description of apartment life with her friends using the appropriate forms of **hacer.**

¡Hola, soy Berta! Mis amigas y yo vivimos en un apartamento cerca de la universidad. Somos buenas amigas, pero (1) hacemos actividades muy diferentes. Por la mañana, yo (2) hago ejercicio en el gimnasio y mi amiga Elisa (3) hace su tarea. Por la tarde, mis amigas Marta y Luisa (4) hacen el trabajo para sus clases. Por la noche, nosotras (5) hacemos la cena (*dinner*). Elisa siempre prepara pasta. Yo normalmente (6) hago una hamburguesa. ¿Qué (7) haces tú donde vives? ¿Qué vas a (8) hacer este fin de semana (*weekend*)?

03-36 Mañana. Rewrite the following sentences about Berta and her friends to indicate that the actions will take place tomorrow instead of today. Use an appropriate form of **ir + a +** infinitive, and be sure to follow the sentence structure of the model exactly.

Modelo: Elisa practica su inglés hoy.
Elisa va a practicar su inglés mañana.

1. Yo hago ejercicio hoy.
   Yo voy a hacer ejercicio mañana
2. Elisa prepara pasta hoy.
   Elisa va a preparar pasta mañana
3. Marta y Luisa trabajan en la cafetería hoy.
   Marta y Luisa (Ellas) van a trabajar en la cafetería mañana
4. Nosotras asistimos a clase hoy.
   Nosotras vamos a asistir a clase mañana
5. Yo hablo con mi profesor hoy.
   Yo voy a habler con mi profesor mañana
6. ¿Estudias tú con nosotras hoy?
   Tú vas a estudiar con nosotras mañana

Nombre: ______________________ Fecha: ______________________

03-37 En la biblioteca. Complete the dialog between Maribel and Margarita in the library using appropriate forms of **ir** and **hacer.**

MARIBEL: ¡Hola, Margarita! ¿Qué (1) ___haces___ tú aquí en la biblioteca?

MARGARITA: ¿Yo? Pues, (2) ___voy___ mi tarea para la clase de ingeniería.

MARIBEL: ¡Qué interesante! ¿Estudias ingeniería? ¿Qué (3) ___hacen___ ustedes en las clases de ingeniería por lo general?

MARGARITA: Nosotros (4) ___hacemos___ muchos diseños (*designs*). Ahora diseñamos partes para bicicletas. El próximo (*next*) semestre nosotros (5) ___vamos___ a trabajar con carros. Me gusta mucho.

MARIBEL: ¿Ustedes (6) ___van___ a preparar los diseños en la computadora?

MARGARITA: Pues, sí. ¿Qué (7) ___haces___ tú en la biblioteca, Maribel? ¿(8) ___vas___ a estudiar también?

MARIBEL: Sí, (9) ___voy___ a leer un artículo para mi clase de psicología.

MARGARITA: ¡Qué interesante! ¿Qué tal si después de una hora, (10) ___vamos___ tú y yo a tomar un café?

MARIBEL: ¡Estupenda idea!

03-38 ¿Adónde van? Listen to each statement made by a university student and match it with the best response.

1. ______ a. Vamos al laboratorio de lenguas.
2. ______ b. Vas al museo.
3. ______ c. Va a la cafetería.
4. ______ d. Van a las canchas de tenis.
5. ______ c. Va a la Facultad de Medicina.
6. ______ f. Voy al auditorio.

03-39 ¿Qué vas a hacer este fin de semana (*weekend*)? Write a paragraph stating your plans for this weekend. Include activities you are going to do (**ir** + **a** + infinitive; **hacer**) and places you are going to go (**ir** + **a** + place).

____

____

____

____

____

Nombre: ________________________ Fecha: ________________

5. The present tense of *estar* (Textbook p. 98)

03-40 Nuestro amigo Rafael. Rafael feels the opposite of how his friends generally feel. For each sentence, select the statement that describes Rafael's opposite mood or lifestyle.

1. Elisa está contenta, pero… ________
2. Miguel está casado, pero… ________
3. Isabel está sana (*healthy*), pero… ________
4. Luz está ocupada, pero… ________
5. Sebastián está tranquilo (*calm*), pero… ________
6. Elena tiene mucha energía, pero… ________

a. Rafael está aburrido.
b. Rafael está triste.
c. Rafael está cansado.
d. Rafael está nervioso.
e. Rafael está enfermo.
f. Rafael está divorciado.

03-41 En el teléfono. Using appropriate forms of **estar,** complete the phone conversation between Alfredo, who is away at college, and his mother, who is in their hometown with the rest of the family.

ALFREDO: ¡Hola, Mamá! ¿Cómo (1) ________________ (tú)?

MADRE: (Yo) (2) ________________ bien, hijo (*son*). ¿Y tú?

ALFREDO: Bien, también. ¿(3) ________________ Papá (*Dad*) en casa?

MADRE: No, hijo, él (4) ________________ en su oficina porque tiene mucho trabajo.

ALFREDO: Y, ¿cómo (5) ________________ mis hermanitas (*little sisters*)?

MADRE: Ellas (6) ________________ muy contentas, porque mañana vamos al museo de arte y después vamos al parque (*park*).

ALFREDO: ¡Ay, magnífico! Pues pronto (*soon*) yo voy a (7) ________________ con ustedes.

MADRE: Sí, y todos nosotros (8) ________________ muy emocionados (*excited*) por tu llegada (*arrival*) en unas semanas. Hasta pronto, Alfredo. Muchos besos (*kisses*)…

ALFREDO: Adiós, Mamá. ¡Saludos a todos!

Nombre: ______________________ Fecha: ______________________

03-42 ¿Cómo están? Describe the probable feelings or conditions of various university students, using **estar** and one of the adjectives given in each response. Remember to watch for agreement.

aburrido/a	contento/a	enfermo/a	ocupado/a
cansado/a	enamorado/a	enojado/a	preocupado/a

Modelo: Laura tiene un examen de cálculo por la mañana.
Ella *está nerviosa.*

1. Tú crees que Rosa, una compañera de clase, es muy bonita, inteligente, fascinante, maravillosa…

   Tú estas contenta.

2. Julia y Ramona tienen que leer una novela, escribir una composición y estudiar para un examen.

   Ellas esta ocupada.

3. No estudiamos más. Es medianoche.

   Nosotras estamos cansado.

4. El profesor de historia habla y habla. No es interesante.

   Ustedes estan aburrido.

5. Roberto no habla con sus amigos.

   Él esta enojado.

6. Es medianoche. Roberto no está en casa.

   Sus padres estan preocupados.

7. Mi novia no está bien. Va al hospital.

   Ella esta enferma.

8. ¡Tengo varios días de vacaciones ahora!

   Yo estoy enamorado.

Nombre: ______________________ Fecha: ______________________

03-43 En la taquilla. Refer to the drawing of the box office line while you listen to statements about the characters. Select all the characters for whom each statement is true.

1. a. Marcela b. Pepe c. Paula d. Mercedes e. Adrián
2. a. Marcela b. Pepe c. Paula d. Mercedes e. Adrián
3. a. Marcela b. Pepe c. Paula d. Mercedes e. Adrián
4. a. Marcela b. Pepe c. Paula d. Mercedes e. Adrián
5. a. Marcela b. Pepe c. Paula d. Mercedes e. Adrián
6. a. Marcela b. Pepe c. Paula d. Mercedes e. Adrián

03-44 Situaciones en la residencia estudiantil (*dorm/residence hall*). Listen to Cristina as she talks about situations in the residence hall where she lives. Write a response for each using **estar** and an adjective, speculating about the probable feelings or conditions of the students involved. Remember to watch for agreement.

Modelo: Son las tres de la mañana y la amiga de Susana no llega a la residencia.
Susana *está preocupada.*

1. Elisa ______________________.
2. Juliana y Rosa ______________________.
3. Alicia y Juan ______________________.
4. Yo ______________________.
5. Pepe y yo ______________________.

Nombre: ______________________________ Fecha: ______________________

6. Summary of uses of *ser* and *estar* (Textbook p. 101)

03-45 La fiesta de Luisa de esta noche. Read Antonio's statements about a party tonight and select the verb that best completes each one: **ser** (for traits), **estar** (for states), or **hay** (*there is/are*).

¡Esta noche (1) (es / está / hay) una fiesta! (2) (Es / Está / Hay) en el apartamento de Luisa Chacón. Su apartamento (3) (es / está / hay) cerca de mi apartamento. La fiesta (4) (es / está / hay) a las nueve de la noche. Luisa (5) (es / está / hay) un poco triste porque su buen amigo Raúl (6) (es / está / hay) enfermo y no va a estar. Las fiestas de Luisa siempre (7) (son / están / hay) muy divertidas (*fun*). (8) (Es / Está / Hay) buena música y mucha comida para todos. ¡Vamos!

03-46 Mi pequeño mundo. Read about various aspects of Marco's personal life, and complete each statement using the correct form of **ser** (for traits) or **estar** (for states).

A. Mi familia. Mi familia (1) ______________ mexicana. Nosotros (2) ______________ de Guadalajara. Guadalajara (3) ______________ en el estado (*state*) de Jalisco. Los miembros (*members*) de mi familia (4) ______________ trabajadores y simpáticos.

B. Mis padres. Mis padres (5) ______________ profesores. Enseñan en la universidad. La universidad (6) ______________ cerca de nuestra casa. Sus oficinas (7) ______________ en edificios diferentes del campus. Mi mamá (8) ______________ profesora de literatura mexicana y su oficina está en la Facultad de Filosofía y Letras. Mi papá es profesor de biología y su oficina (9) ______________ en la Facultad de Ciencias. ¡Los dos (10) ______________ muy inteligentes!

Nombre: ______________________ Fecha: ______________________

03-47 Vicente Ramírez. Read the following statements about Vicente Ramírez and decide whether each conclusion requires **ser** (for traits) or **estar** (for states).

1. Vicente habla muchos idiomas.
   a. Es listo. b. Está listo.

2. Son las seis. Vicente va a buscar a su novia porque van a un restaurante elegante.
   a. Es listo. b. Está listo.

3. La novia de Vicente tiene un vestido (*dress*) negro nuevo.
   a. Es bonita. b. Está bonita.

4. En general, la novia de Vicente es como Salma Hayek.
   a. Es bonita. b. Está bonita.

5. Como siempre, Vicente habla de temas (*topics*) interesantes.
   a. No es aburrido. b. Está aburrido.

6. Ahora es domingo y Vicente no tiene nada (*nothing*) que hacer.
   a. Es aburrido. b. Está aburrido.

03-48 El hermano de Vicente Ramírez. Listen to the following statements about Vicente's brother, Héctor, who is his complete opposite. Decide if each conclusion requires **ser** (for traits) or **estar** (for states).

1. a. No es guapo. b. No está guapo.
2. a. Es guapo. b. Está guapo.
3. a. Es malo. b. Está malo.
4. a. No es rico. b. No está rico.
5. a. No es malo. b. No está malo.

03-49 ¿Ser o estar? Listen to the following words describing Marco and choose the verb that correctly combines with each: **ser** (for traits) or **estar** (for states).

1. es está
2. es está
3. es está
4. es está
5. es está
6. es está

Nombre: ______________________ Fecha: ______________________

03-50 Tu mejor amigo/a. Write a brief description of your best friend using appropriate forms of **ser** (for traits) and **estar** (for states).

____

____

____

____

____

____

¿Cuánto saben? (Textbook p. 104)

03-51 ¿Saben usar *ir* y *hacer*? Read more about aspects of Marco's student life and complete each statement using the correct form of **ir** or **hacer.**

Yo (1) __voy__ a la biblioteca todos los días y (2) __hago__ mi tarea. Mis amigos también (3) __van__ a la biblioteca a estudiar. Después de estudiar, nosotros (4) __vamos__ al gimnasio. (5) __Hacemos__ muchos deportes (*sports*), por ejemplo, practicamos tenis. Los sábados y los domingos, yo (6) __voy__ a la casa de mis padres. Ellos (7) __hacer__ la comida, y nosotros hablamos mucho. ¿Qué (8) __hace__ tú en la universidad? ¿Adónde (9) __vas__ (tú) a estudiar? ¿Qué vas a (10) __estais__ el sábado y el domingo?

Nombre: ______________________ Fecha: ______________________

03-52 ¿Saben usar *ser* y *estar*? Read about Toño's upcoming graduation and complete each statement using the correct form of **ser** (for traits) or **estar** (for states).

Toño (1) ___es___ estudiante en Los Ángeles. Pronto (*soon*) va a (2) ___ser___ ingeniero. (3) ___Es___ abril y Toño va a graduarse (*graduate*) en mayo. Él y su familia (4) ___estan___ muy contentos. Su familia va a (5) ___estan___ en Los Ángeles para la ceremonia de graduación. La ceremonia (6) ___es___ en el estadio de fútbol de la universidad a las nueve de la mañana. (7) ___Es___ importante ir temprano (*early*), porque el estadio (8) ___esta___ un poco lejos del campus central. Y tú, ¿(9) ___estas___ listo/a para tu ceremonia de graduación? ¿Crees que va a (10) ___ser___ un día especial para ti y para tu familia?

03-53 ¿Comprenden bien? Listen to the following statements about various university students. Select all items that are logical conclusions for each statement.

1. a. Estoy nervioso. b. Voy a la biblioteca. c. Tengo que estudiar.
2. a. Está casada. b. Va al laboratorio de lenguas. c. Va a la Facultad de Medicina.
3. a. Tenemos cuidado. b. Vamos a la cafetería. c. Vamos a comer.
4. a. Son trabajadores. b. No hacen la tarea. c. Están enamorados.
5. a. No soy perezosa. b. Estoy muy enferma. c. Hago ejercicios.
6. a. Vamos al teatro. b. Vamos a ir al centro estudiantil. c. No vamos a la cancha de tenis.
7. a. Practica en la cancha. b. Va a museos. c. Estudia Kahlo y Rivera.
8. a. Es verano. b. Van a la rectoría. c. Tienen sed.

03-54 ¿Saben contestar por escrito? Listen to five questions about your university's campus and your life there. Write a truthful, complete response in Spanish for each question you hear. Be sure to use correct agreement with verbs.

1. ______________________________
2. ______________________________
3. ______________________________
4. ______________________________
5. ______________________________

Nombre: ______________________ Fecha: ______________________

03-55 ¿Saben contestar oralmente? Listen to five questions about your typical feelings in different situations. Give a truthful, complete oral response in Spanish for each question you hear. Be sure to use correct agreement with verbs and adjectives.

1. …

2. …

3. …

4. …

5. …

Observaciones: ¡Pura Vida! Episodio 3 (Textbook p. 105)

Antes de ver el video

03-56 ¿Qué va a pasar? Select the response that best answers each question.

1. What will Patricio likely say to Silvia as they make plans to meet?
   a. ¿Vamos a almorzar?
   b. Silvia, en América decimos cuadra, no manzana.
   c. ¿Estás loca?

2. What is a likely response from Silvia?
   a. No, estoy al lado.
   b. Al norte. A dos manzanas de la Avenida Central.
   c. ¿Por qué no vamos al Restaurante Manolo?

3. What will Silvia likely ask Patricio about universities in the United States?
   a. Son muy caras las universidades en Estados Unidos, ¿no?
   b. ¿Por qué vas a estudiar?
   c. ¿Cuántos años tienes?

4. As the two friends discuss Patricio's scholarship application, how will Silvia show her encouragement?
   a. El examen no es exigente… Tienes tiempo para prepararte.
   b. Es un examen de inglés para extranjeros (*foreigners*).
   c. Es un programa de intercambio (*exchange*) cultural.

5. How might Silvia indicate that she has to leave?
   a. Patricio, tienes razón. El restaurante está lleno (*full*) de turistas.
   b. Patricio, es muy tarde. ¿Puedes llamar al camarero (*waiter*)?
   c. Patricio, ¿cuáles son los requisitos (*requirements*) para la beca (*scholarship*)?

Nombre: ______________________ Fecha: ______________________

A ver el video

03-57 En un restaurante. As you watch the episode, complete each sentence with the most appropriate word or expression from the word bank. Not all words and expressions will be used.

aburrida	cerca	cinco mil	colombiano	hambre	lejos
mexicano	Mi	Nuestra	preocupada	sed	seis mil

1. Silvia está ___preocupada___ del trabajo.
2. Silvia tiene mucha ___lejos___.
3. Patricio solamente tiene ___seis mi(___ colones en la billetera (*wallet*).
4. El restaurante en la Avenida 2 y la Calle 15 se llama "___Mi___ Tierra".
5. Silvia cree que el restaurante está un poco ___hambre___ y toma un taxi.
6. Uno de los requisitos de la beca Fulbright que solicita Patricio es ser ___sed___.

Después de ver el video

03-58 ¿Cierto o falso? Based on the content of the episode, indicate whether each statement is **cierto** or **falso.**

1. Patricio y Silvia van al Restaurante Manolo porque sus sándwiches son estupendos. Cierto Falso
2. Patricio y Silvia no van al Restaurante Bakea porque es muy caro. Cierto Falso
3. Silvia camina (*walks*) al restaurante porque está muy cerca. Cierto Falso
4. Silvia va a solicitar una beca Fulbright. Cierto Falso
5. Uno de los requisitos (*requirements*) de la beca Fulbright es tener cuatro años de estudios universitarios. Cierto Falso
6. Patricio tiene que aprobar (*pass*) un examen de inglés. Cierto Falso

Nombre: ______________________ Fecha: ______________________

Nuestro mundo

Panoramas: ¡México fascinante! (Textbook p. 106)

03-59 **¡A informarse!** Based on information from **Panoramas**, indicate whether each statement is **cierto** or **falso.**

1. No hay influencias indígenas en la cultura mexicana de hoy. Cierto Falso
2. No hay flamencos en la península Yucatán. Cierto Falso
3. La capital de México tiene un metro extenso. Cierto Falso
4. Hay una pirámide azteca completa en una de las estaciones del metro. Cierto Falso
5. Los alebrijes representan figuras fantásticas. Cierto Falso
6. El 91% de las personas en México lee y escribe. Cierto Falso

03-60 **La geografía de México.** Look at the following map of Mexico and write the name of the city that corresponds to each number on the map.

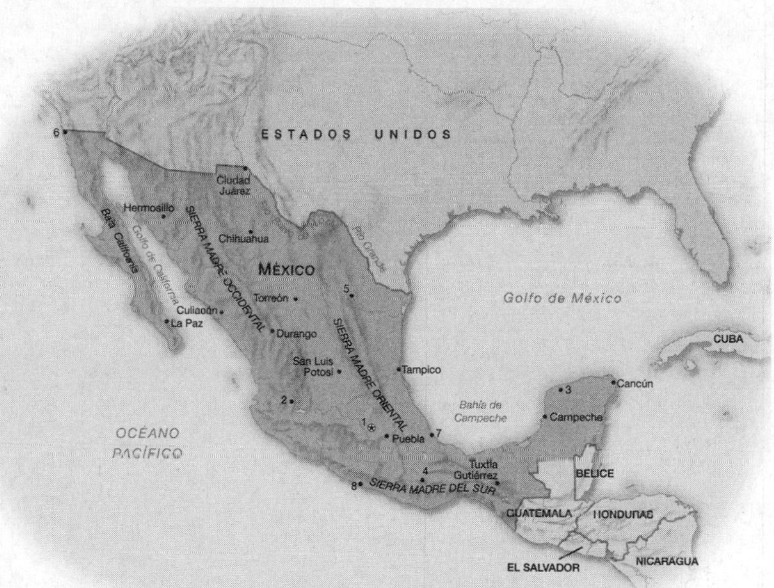

1. Ciudad de Mexico
2. Guadalajara
3. Mérida
4. Oaxaca
5. Monterrey
6. Tijuana
7. Veracruz
8. Acapulco

Nombre: ________________________ Fecha: ________________________

Páginas: El Museo de Antropología de México (Textbook p. 108)

03-61 **¿Cierto o falso?** Based on information from the **Páginas** section of the text, decide if each statement is **cierto** or **falso.**

1. En el museo hay exhibiciones sobre los grupos indígenas de México. Cierto Falso
2. El museo tiene información sobre la religión de los mayas pero no sobre su comercio (*commerce*). Cierto Falso
3. Los mayas construyeron (*built*) pirámides. Cierto Falso
4. El museo no abre los lunes. Cierto Falso
5. El museo está abierto de 9:00 a 20:00 horas. Cierto Falso
6. Siempre tienen que pagar por admisión los profesores. Cierto Falso

Nombre: ______________________ Fecha: ______________________

Taller (Textbook p. 110)

03-62 Un correo electrónico de un amigo mexicano. Read the following e-mail and answer the comprehension questions.

A: ramirez99carl@gmail.com

DE: roberto2020@yahoo.mx

ASUNTO: Mi universidad

¡Hola, Carlos!

Hoy es martes y estoy en la universidad porque tengo muchas clases. A las nueve tengo clase de matemáticas. ¡Es muy difícil! Afortunadamente (*Fortunately*), la profesora es muy buena. A las diez y media tengo clase de psicología. La clase es un poco complicada y el profesor es exigente, pero estudio mucho y tengo buenas notas. Mi clase de informática es bastante fácil, porque para mí las computadoras son fascinantes. A las dos como con mis amigos en la cafetería de la universidad. Después de comer, estudio en la biblioteca y a las tres y media tengo clase de inglés. Es mi clase favorita porque me gustan las lenguas, aunque (*even though*) todavía no hablo inglés muy bien. A las cinco tengo clase de historia con mi profesora favorita. Ella habla de muchos temas (*topics*) interesantes. Este semestre tengo clases todos los días, pero como (*since*) las clases son muy buenas, estoy contento aquí en la universidad. ¿Cuándo vienes a visitarme?

Hasta pronto,

Roberto

1. ¿Dónde está Roberto hoy?

   En la universidad

2. ¿Qué clases tiene Roberto los martes?

   Tienes clases es matematicas y psicologial y informaticas

3. ¿A qué hora tiene clase de psicología?

   tienes clase son las diez y media

4. ¿Qué hace Roberto a las dos?

   Comes con mis amigos en la cafeteria

5. ¿Qué clase es muy difícil para Roberto?

   Matematicas es muy dificil

6. ¿Qué clase es bastante fácil para Roberto?

   ____

7. ¿Cual es la clase favorita de Roberto?

   Las lenguas es favorita.

8. ¿Quién es su profesora favorita?

   Tiene profesora de historia es favorita.

Nombre: ______________________ Fecha: ______________________

03-63 Tu propio correo electrónico. Write an e-mail to one of your friends that is similar to Roberto's, in which you explain aspects of your university schedule. Write about the classes you take and when you have them, and give a brief description of each class. Don't forget to include a header, a greeting, and a closing in your e-mail.

Nombre: ______________________ Fecha: ______________________

4 ¿Cómo es tu familia?

Primera parte

¡Así lo decimos! Vocabulario (Textbook pp. 114–115)

Miembros de la familia

04-01 ¡Así es la vida! Reread the brief dialogs in your textbook and select all items that are true for each statement.

1. La familia Suárez celebra ______ .
   a. la graduación de Anita b. el aniversario de los abuelos c. el cumpleaños de don Ramón

2. Las mujeres de la familia ______ .
   a. preparan la comida b. pasan tiempo juntas (*together*) c. hacen buenos tamales

3. Anita ______ .
   a. es la sobrina de Chela b. es la nieta de Clara c. quiere refrescos

4. Los hombres de la familia ______ .
   a. ayudan con la comida b. hablan de la comida c. beben

5. Tomasito ______ .
   a. tiene hambre b. quiere almorzar c. es el mayor de la familia

6. La familia Suárez ______ .
   a. es unida b. tiene personas menores c. tiene personas mayores

04-02 La familia. Clara is helping her children Anita and Tomasito better understand family relationships. Complete each of her statements with the correct word.

Modelo: Los padres de mi madre son mis *abuelos.*

1. La hermana de mi madre es mi ______________________ .
2. El esposo de mi hermana es mi ______________________ .
3. Los hijos de mi hermana son mis ______________________
4. La madre de mi esposo es mi ______________________ .
5. La madre de mi padre es mi ______________________ .

Nombre: ______________________ Fecha: ______________________

6. Las hijas de mi tío son mis ______________________.

7. La esposa de mi hijo es mi ______________________.

8. El hijo de mis padres es mi ______________________.

9. La esposa de mi hermano es mi ______________________.

10. El esposo de mi hija es mi ______________________.

04-03 Los parentescos. The Suárez family loves puzzles. Find these ten words for family relationships in the puzzle below. Search horizontally, vertically, and diagonally, both forward and backward.

abuela	esposa	hermanastra	madre	sobrino
cuñada	hermano	hija	padre	tío

H	H	U	C	L	S	O	F	H	I	P	A	A	R
E	Í	R	U	A	O	O	U	L	F	R	L	I	T
R	J	X	Ñ	P	B	E	B	E	N	A	H	D	D
M	T	F	A	H	N	P	B	R	O	S	R	E	C
A	A	O	D	U	A	L	D	D	I	J	T	Y	S
N	L	D	A	D	R	E	A	A	V	N	Í	U	O
O	G	I	R	C	T	S	L	M	F	A	O	P	R
R	O	E	J	I	S	M	E	P	Ñ	S	L	E	T
F	M	P	O	S	A	A	U	O	E	R	P	A	S
I	P	O	M	Í	N	P	B	L	L	O	J	Q	A
V	A	Y	T	O	A	R	A	U	C	I	E	U	C
E	S	P	O	S	M	C	L	S	H	A	M	I	A
H	D	E	N	E	R	Í	R	O	B	J	N	E	G
Y	A	C	E	P	E	S	P	O	S	A	T	T	S
U	M	O	S	O	H	Z	O	Z	M	H	E	U	S

Nombre: ______________________ Fecha: ______________________

04-04 El árbol genealógico. Ana María is a friend of the Suárez family. Below is her family tree. Give a brief answer to each question you hear about it. Be sure to write only the person's name, as in the model, or a number.

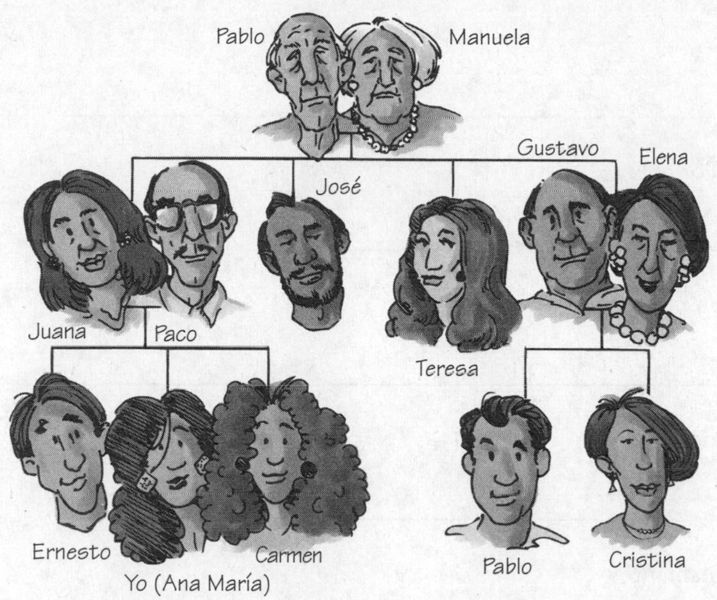

Modelo: ¿Quién es el padre de Ana María?
Paco

1. ______________________
2. ______________________
3. ______________________
4. ______________________
5. ______________________
6. ______________________

04-05 Emparejar. Match each verb with a logically associated concept or thing.

1. almorzar ______
2. dormir ______
3. entender ______
4. ganar ______
5. jugar ______
6. pasar ______
7. recordar ______
8. servir ______

a. el cumpleaños de tu madre
b. tiempo con amigos
c. por la noche
d. el problema
e. al tenis
f. al mediodía
g. un buen salario
h. la comida en el restaurante

04-06 Preguntas personales. A friend in Spanish class wants to know more about your family. Answer his/her questions truthfully with complete sentences in Spanish.

1. ¿De dónde son tus padres?

   ____.

2. ¿Te gusta pasar tiempo con ellos? ¿Por qué?

   ____.

3. ¿Tienes hermanos o hermanas? ¿Son mayores o menores?

   ____.

4. ¿Tienes muchos primos? ¿Son ustedes unidos?

   ____.

5. ¿Tienes hijos? ¿Cuántos y cómo se llaman?

   ____.

6. ¿Deseas tener una familia grande o pequeña? ¿Por qué?

   ____.

Nombre: ______________________ Fecha: ______________________

¡Así lo hacemos! Estructuras

1. The present tense of stem-changing verbs: *e → ie, e → i, o → ue* (Textbook p. 118)

04-07 La clase de matemáticas. Match each statement to the drawing that best depicts its meaning.

1.  ______

2.  ______

3.  ______

4.  ______

5.  ______

6.  ______

a. La clase de matemáticas *empieza* al mediodía.

b. La clase es difícil y los estudiantes no *entienden* al profesor.

c. En la clase algunos estudiantes *sueñan* con estar de vacaciones.

d. Los estudiantes trabajadores *prefieren estudiar* en la biblioteca.

e. Después de la clase, los estudiantes *almuerzan* en la cafetería.

f. En la cafetería ellos *sirven* pizza.

04-08 La pasión de Gabriel. Complete each sentence about Gabriel's favorite sport with the correct form of the verb in parentheses.

1. Gabriel ______________________ (jugar) al tenis todos los días.
2. Cuando él ______________________ (perder), no está contento.
3. Él ______________________ (dormir) nueve horas todas las noches para estar bien.
4. Gabriel también ______________________ (pensar) mucho en el tenis.
5. Él ______________________ (querer) ser tenista (*tennis player*) profesional en el futuro.
6. Seguramente (*surely*) él ______________________ (poder), porque es muy dedicado.

Nombre: ______________________________ Fecha: ______________________

04-09 En casa de los abuelos. Adriana's family is very close-knit. Complete the following paragraph about Sunday gatherings at her grandparents' house by correctly conjugating each verb in parentheses, based on the corresponding subject.

Mi familia es grande. Los domingos todos nosotros (1) ________________ (almorzar) en casa de los abuelos. La comida (*meal*) (2) ________________ (empezar) a la una. Mis abuelos siempre (3) ________________ (servir) varios platos (*dishes*) deliciosos. Mis padres y mis tíos siempre (4) ________________ (querer) ayudar. Hay mucha comida, y por eso todos nosotros (5) ________________ (repetir) nuestros platos favoritos. Después de comer, mis primos pequeños (6) ________________ (jugar) afuera (*outside*). Yo (7) ________________ (preferir) hablar con mi abuela, porque ella (8) ________________ (entender) bien mis ideas y siempre (9) ________________ (poder) ayudar. Yo (10) ________________ (querer) mucho a mi abuela y a toda mi familia.

04-10 Las preguntas del/de la esposo/a. Spouses tend to ask a lot of questions to manage daily life together. Answer each question by providing a correctly conjugated verb in the blank, based on the cue provided.

Modelo: ¿Con qué sueñas?
Sueño con Guatemala.

1. ______________________ mañana.
2. ______________________ pizza.
3. ______________________ el sábado.
4. No ______________________ mucho.
5. ______________________ leer esta noche.
6. ______________________ ver a la familia.

04-11 ¡El preguntón! A well-intentioned uncle of yours asks a lot of questions, and you try to be polite. Answer each question in a complete sentence. Be sure to follow the model closely.

Modelo: ¿Tienes amigos?
Sí, tío, *tengo amigos.*

1. Sí, tío, ______________________________________.
2. No, tío, ______________________________________.
3. Sí, tío, ______________________________________.
4. Sí, tío, ______________________________________.
5. No, tío, ______________________________________.

Nombre: ______________________ Fecha: ______________________

04-12 En la cafetería. Based on the drawing, write six complete sentences using various verbs from the word bank. Follow the model as a guide.

almorzar	pedir	querer	soñar
encontrar	pensar	servir	tener

Modelo: *Juanito repite la palabra "¡Mamá!"*

1. ______________________________.

2. ______________________________.

3. ______________________________.

4. ______________________________.

5. ______________________________.

6. ______________________________.

Nombre: ______________________ Fecha: ______________________

2. Direct objects, the personal *a*, and direct object pronouns (Textbook p. 124)

04-13 Habla Raúl. Complete each description of Raúl's family life by providing the personal **a** when needed. When not needed, write an X.

Modelo: Cuando visito *a* mi primo Jorge, siempre pedimos *X* pizza.

1. Llevo ______ mis hermanitos a jugar en el parque.
2. Mis hermanitos y yo compramos ______ chocolate.
3. Invito ______ mi cuñado a almorzar en un restaurante.
4. Mis padres no quieren mucho ______ su yerno.
5. Mis tíos no entienden ______ mis padres.
6. Mis hermanos y yo tenemos ______ muchos primos y los visitamos.
7. Visitamos ______ nuestro primo Gustavo y ______ nuestra prima Isabel.
8. El primo Gustavo quiere ______ una novia guapa y alta.
9. La prima Isabel tiene ______ un esposo rico y simpático.
10. Cuando estamos con los primos, pasamos ______ tiempo en el centro de la ciudad.

04-14 Habla Ana. Complete each of Ana's sentences about her family with an appropriate direct object pronoun in order to avoid repeating the previous word(s) in italics.

Modelo: Mi primo se llama *Jorge* y *lo* voy a visitar en otoño.

1. Yo soy Ana. Tengo *dos hermanas* y ______ llamo todos los días.
2. *Nosotras* vivimos en San Salvador y mi tío ______ invita a almorzar en su casa los domingos.
3. *Tú* visitas a tu familia los domingos también, ¿verdad? Por eso todos ______ adoran tanto (*so much*).
4. *Mi prima Luisa* estudia en Nueva York y yo ______ quiero visitar.
5. *Yo* voy a ir en verano y Luisa ______ va a llevar a muchos lugares.
6. *Los amigos de Luisa* son muy interesantes y simpáticos y ______ vamos a invitar a comer una tarde.

Nombre: ______________________________ Fecha: ______________________

04-15 Habla Pablo. Complete each sentence about Pablo's family life with the direct object pronoun that corresponds to the subject in italics.

Modelo: *Nosotros* debemos esperar aquí porque tu madre *nos* busca.

1. *Mi hermana Marta* quiere mucho a su novio, pero él no ______ quiere.
2. *Yo* hablo mucho con mi abuelo, porque él ______ entiende bien.
3. *Mi hermana y yo* ayudamos mucho a nuestros padres, porque ellos también ______ ayudan mucho.
4. *Mis tías* buscan a mi madre para ir a comprar, pero ella no ______ contesta.
5. *Tú* esperas mucho a tu novia, pero ella no ______ espera. ¡No es simpática!
6. *Tus padres* te llaman mucho, pero tú no ______ llamas. ¿Por qué?

04-16 Ideas. You and a friend are relaxing in a café, casually sharing memories and ideas. Complete each of your sentences with the cue you hear, preceding it with the personal **a** when necessary.

Modelo: Veo ______ en la fiesta.
mi primo
Veo *a mi primo* en la fiesta.

1. Recuerdo mucho ______________________.
2. Recuerdo bien ______________________.
3. Comprendo bien ______________________ y ______________________.
4. Comprendo bien ______________________ y ______________________.
5. ¿______________________ visitas frecuentemente en la ciudad?
6. ¿______________________ visitas frecuentemente en la ciudad?

04-17 ¿Quién hace qué en tu familia? Your friend is curious about relationships and experiences in your family. Answer each of her questions according to the subject provided. Replace the direct object with the corresponding direct object pronoun, and remember to change the verb form when necessary.

Modelo: ¿Quién llama a tu madre todos los días?
Yo *la llamo* todos los días.

1. Mis tíos ______________________________.
2. Todos nosotros ______________________________.
3. Mis padres ______________________________.
4. Mi hermana mayor ______________________________ bien.
5. Mi primo Raúl ______________________________.
6. Yo ______________________________.

04-18 **¿Sí o no?** Your friend's questions in the café continue and you are involved in conversation. Answer each question affirmatively or negatively, according to the cue provided.

Modelo: ¿Comprendes español?
Sí, lo comprendo.

1. Sí, ______________________.
2. No, ______________________.
3. No, ______________________.
4. No, ______________________.
5. Sí, ______________________.

04-19 **Preguntas sobre la familia.** Your grandfather lives in another state and writes to inquire about family matters. Answer his questions truthfully in complete sentences, using a direct object pronoun to avoid repetition. Be sure to follow the model closely.

Modelo: ¿Llamas a tus padres todos los días?
No, no los llamo todos los días.

1. ¿Ayudas a tu padre?
   ______________________.
2. ¿Encuentra tu madre tiempo para la familia?
   ______________________.
3. ¿Ven tus hermanos y tú mucho a los primos?
   ______________________.
4. ¿Recuerdas bien a tus abuelas?
   ______________________.
5. ¿Quieres mucho a tu familia?
   ______________________.

Nombre: ______________________________ Fecha: ______________________

¿Cuánto saben? (Textbook p. 127)

04-20 ¿Saben usar los verbos con cambio de raíz (*stem change*)? Complete each of the following sentences with the appropriate form of the verb in parentheses.

1. Nuestros padres nos __________________ (querer) mucho.
2. Mi hermano __________________ (pensar) mucho en su novia.
3. Yo no __________________ (entender) bien a mis suegros.
4. Mi esposo y yo __________________ (soñar) con tener una pequeña familia.
5. Mi hermano menor __________________ (preferir) un perro para su cumpleaños.
6. ¿Qué __________________ (pedir) tú para tu cumpleaños?

04-21 ¿Saben usar la *a* personal? Complete each sentence by providing the personal **a** when needed. When not needed, write an **X**.

Modelo: Necesito llamar *X* un taxi.

1. Necesito llamar ______ mi esposa.
2. Buscamos ______ un buen apartamento en una ciudad nueva.
3. También buscamos ______ buenos amigos.
4. Mi hermanastro Miguel vende ______ varios productos para apartamentos.
5. Mañana vemos ______ mi hermanastro para almorzar y para hablar.

04-22 ¿Saben usar los pronombres de objeto directo? Complete each sentence with the direct object pronoun that corresponds to the word(s) in italics.

Modelo: *Nosotros* debemos esperar aquí porque tu madre *nos* busca.

1. Mi tía lee *italiano y portugués* y ______ escribe también.
2. Mi padrastro hace *bebidas tropicales* (*tropical drinks*) y después ______ sirve a la familia.
3. Mis primos practican mucho *la salsa* y ahora ______ bailan muy bien.
4. Mi suegro siempre pierde *su teléfono celular;* mi suegra siempre ______ encuentra.
5. *Yo* quiero mucho a mi esposo; él también ______ quiere mucho.

Nombre: ______________________ Fecha: ______________________

04-23 ¿Comprenden bien? Listen to Luisa describe her family and select all items that are true for each statement.

1. Los ______ de Luisa celebran el aniversario.
   a. tíos b. padres c. abuelos
2. Federico ______ .
   a. es el esposo de Catalina b. es el padre de Luisa c. vive en la capital
3. Luisa ______ .
   a. tiene padres divorciados b. tiene una hermana mayor c. tiene un hermano menor
4. La familia de Luisa ______ .
   a. es muy unida b. vive en Quetzaltenango c. es bastante grande
5. Griselda ______ .
   a. es la hermana de Catalina b. vive en la capital c. es soltera
6. Samuel ______ .
   a. es el hermano de Federico b. tiene muchas hermanas c. vive ahora en Quetzaltenango

04-24 ¿Saben contestar por escrito? Listen to five questions about your life at home. Write a truthful response in Spanish for each question, using a direct object pronoun when possible. Remember to use correct agreement with verbs and pronouns.

1. ______________________
2. ______________________
3. ______________________
4. ______________________
5. ______________________

04-25 ¿Saben contestar oralmente? Listen to five questions about aspects of your family and home life. Give a truthful oral response in Spanish for each question. Remember to use correct agreement with verbs and adjectives.

1. ...
2. ...
3. ...
4. ...
5. ...

Nombre: ______________________________ Fecha: ______________________

Perfiles (Textbook p. 128)

Mi experiencia: La familia hispana ¿típica?

04-26 Según Maríahondureña. Reread this section of your textbook and complete each sentence with the correct answer from the word bank.

buscar	entender	globalización	migración
dinero	generalizar	hijos	unidad familiar

1. En la opinión de esta mujer hondureña, no es posible ________________________ el concepto de "familia hispana".
2. Por razones económicas y políticas, hay mucha ________________________ en los países centroamericanos.
3. Muchos hombres tienen que ________________________ trabajo fuera de sus países.
4. Las mujeres y los hombres mayores mantienen (*maintain*) la ________________________ .
5. Además, con más estudios, las mujeres de ahora tienen menos ________________________ .
6. La ________________________ es un tema presente en la música de Guillermo Anderson, un cantautor popular hondureño.

Mi música: "El encarguito" (Guillermo Anderson, Honduras)

04-27 Asociar datos. Read about this artist in your textbook and follow the directions to listen to the song on the Internet. Then match each item with the best description.

1. Guillermo Anderson ______
2. "El encarguito" ______
3. un encarguito ______
4. La Ceiba ______
5. la lengua y la cultura garífunas ______
6. mestizo ______

a. lugar donde viven muchos grupos étnicos
b. de origen español y amerindio
c. de origen africano
d. canción con humor y realismo
e. tipo de paquete (*package*)
f. músico de La Ceiba

Nombre: ______________________ Fecha: ______________________

Segunda parte

¡Así lo decimos! Vocabulario (Textbook pp. 130–131)

Lugares de ocio

04-28 ¡Así es la vida! Reread the brief dialogs in your textbook and select the answer that best completes each statement.

1. Raúl llama a Laura para ver si ______.
   a. está bien   b. quiere ir al cine   c. quiere ir a cenar

2. Laura pregunta sobre ______.
   a. los actores de la película   b. la hora de la película   c. el nombre de la película

3. El cine se llama ______.
   a. el Rialto   b. El Salvador   c. Guazapa

4. En el cine ponen una película ______.
   a. ecuatoriana   b. panameña   c. salvadoreña

5. La película empieza ______.
   a. a las seis y media   b. a las siete   c. a las siete y media

6. Laura prefiere ______.
   a. ir al cine mañana   b. ir al cine esta noche   c. ver una película diferente

04-29 Respuestas a una invitación. Decide whether each statement is used to accept (**aceptar**) or decline (**rechazar**) an invitation and select the correct answer.

1. Sí, claro. aceptar rechazar
2. Me encantaría. aceptar rechazar
3. Me encantaría, pero tengo que trabajar. aceptar rechazar
4. De acuerdo. aceptar rechazar
5. No, lo siento. aceptar rechazar
6. Paso por ti. aceptar rechazar
7. Gracias, pero no puedo. aceptar rechazar
8. Estoy muy ocupado/a. aceptar rechazar

04-30 Más invitaciones. Raúl and Laura from **¡Así es la vida!** had a wonderful time at the movies and have decided to see each other again. This time Laura initiates the date. Using the numbers 1 to 7, put the lines of dialog in order to create a logical conversation.

1. ¡Me encantaría! ¿Quién canta? ______
2. De acuerdo. ¡Hasta pronto! ______
3. Sí, soy Raúl ______.
4. ¿Aló? ______
5. Alejandro Sanz. El concierto es a las ocho. Paso por ti a las siete, ¿de acuerdo? ______
6. ¿Está Raúl, por favor? ______
7. Raúl, soy Laura. ¿Te gustaría ir a un concierto esta noche? ______

04-31 Emparejar (*Matching*). Match each activity with an associated detail or place.

1. ir al centro ______ a. por el parque
2. escuchar un concierto ______ b. de hockey
3. comprar entradas ______ c. de la ciudad
4. ir a un partido ______ d. para la función
5. ver una película ______ e. en el cine
6. pasear ______ f. de música clásica

04-32 ¿Quieres...? Listen to Ana and Jorge's conversation and indicate whether each statement is **cierto** or **falso.**

1. Ana contesta el teléfono. Cierto Falso
2. Ana sabe que Jorge va a llamar. Cierto Falso
3. Jorge invita a Ana al cine. Cierto Falso
4. Jorge quiere ver una película mexicana. Cierto Falso
5. La película empieza a las ocho y cuarto. Cierto Falso
6. Ana pasa por Jorge a las siete y cuarto. Cierto Falso

Nombre: ______________________ Fecha: ______________________

04-33 Completamos las ideas. You will hear different lines from a telephone conversation. Select the most logical response to each.

1. a. Sí, con Juan, por favor.
   b. Bueno.
   c. Aló.

2. a. Te llamo para invitarte a bailar esta noche.
   b. ¡Hasta pronto!
   c. Quiero ir al cine.

3. a. Lo siento, pero no puedo.
   b. A las nueve y media.
   c. Claro, ¿quieres pasear por el centro?

4. a. No, gracias. No puedo.
   b. Me gusta la orquesta.
   c. Es un café al aire libre.

5. a. De acuerdo. Vamos al teatro el sábado.
   b. Sí, claro. ¡Me encantaría ver el partido!
   c. El parque es muy popular.

6. a. Sí, claro. Me gusta mucho el parque.
   b. El concierto es fabuloso.
   c. ¿Puedes ir al cine?

Letras y sonidos: Word stress and written accent marks in Spanish (Textbook p. 132)

04-34 ¿Dónde hay énfasis? Listen to each word and indicate which of its final three syllables is emphasized. (No written accent marks are included.)

		third to last syllable	second to last syllable	last syllable
Modelo:	te	*le*	fo	no
1.	pe	li	cu	la
2.		vein	ti	tres
3.			fun	cion
4.		com	pren	der
5.		en	tra	da
6.		cla	si	ca
7.	her	ma	nas	tra
8.			ti	os
9.	di	vor	cia	do
10.		re	cuer	das

Nombre: ______________________ Fecha: ______________________

04-35 ¿Hay acento escrito? Based on the correct answers about emphasis in the previous activity, decide whether each word requires a written accent mark. Fully rewrite each word correctly, as shown in the model.

		third to last syllable	second to last syllable	last syllable	correctly written word
Modelo:	te	le	fo	no	*teléfono*
1.	pe	li	cu	la	
2.		vein	ti	tres	
3.			fun	cion	
4.		com	pren	der	
5.		en	tra	da	
6.		cla	si	ca	
7.	her	ma	nas	tra	
8.			ti	os	
9.	di	vor	cia	do	
10.		re	cuer	das	

¡Así lo hacemos! Estructuras

3. Demonstrative adjectives and pronouns (Textbook p. 134)

04-36 De compras. You are shopping for and discussing school supplies with a friend at the university bookstore. Indicate your preferences by completing each statement with the correct demonstrative adjective.

Modelo: Deseo comprar *ese* (*that [close to you]*) diccionario allí.

1. No quiero ______________________ (*these*) mochilas.
2. Prefiero ______________________ (*that [close to you]*) mochila allí.
3. ______________________ (*Those over there [away from both of us]*) libros son muy caros.
4. Voy a comprar ______________________ (*this*) libro de aquí.
5. Deseo tener ______________________ (*these*) cuadernos también.

Nombre: ______________________ Fecha: ______________________

04-37 **¿Qué prefieres?** At the bookstore, a clerk asks you which of the following items you would like to buy. Reply to each question with a complete sentence, using the appropriate demonstrative adjective based on the three columns below and following the model.

AQUÍ, CERCA	ALLÍ, MÁS LEJOS DE AQUÍ	ALLÁ, MUY LEJOS
escritorio	mochilas	computadora
calculadoras	libros	lápices
cuadernos	diccionario	bolígrafo

Modelo: ¿Qué escritorio quiere usted?
Quiero este escritorio.

1. ¿Qué cuadernos prefiere usted?

____

2. ¿Qué computadora quiere?

____

3. ¿Qué lápices prefiere?

____

4. ¿Qué libros desea?

____

5. ¿Qué diccionario quiere?

____

6. ¿Qué calculadoras prefiere?

____

Nombre: ______________________________ Fecha: ______________________

04-38 En una fiesta. Your family is attending your close friend Roberto's college graduation party. Roberto wants to know who, among the crowd, each member of your family is. Complete your conversation with him using appropriate demonstrative adjectives or pronouns.

ROBERTO: ¡Hola! ¿Está toda tu familia aquí?

TÚ: Sí, gracias por invitarnos.

ROBERTO: ¿Quiénes son tus padres?

TÚ: Mi padre es (1) ____________________ señor alto y moreno que está allá lejos hablando con tu padre.

ROBERTO: ¿Es tu madre (2) ____________________ señora de aquí?

TÚ: No, ella es mi tía. Mi madre es (3) ____________________ señora al lado de mi padre.

ROBERTO: ¿Están tus hermanos en la fiesta?

TÚ: ¡Por supuesto! Mi hermano es (4) ____________________ muchacho de allí, cerca de la puerta.

ROBERTO: ¿Y tus hermanas?

TÚ: Son (5) ____________________ muchachas aquí con las que hablo. Te las presento.

(6) ____________________ es Ángela y (7) ____________________ es Carmen.

ROBERTO: Encantado. Mucho gusto en conocerlas.

TÚ: ¡(8) ____________________ evento es maravilloso!

ROBERTO: Sí, ¡hay mucha gente y me encanta!

04-39 ¿Este, ese o aquel? Your mother is visiting you on campus and you walk through the student center and bookstore together. She has many questions. Answer each one negatively using the demonstrative pronoun in the cue provided.

Modelo: ¿Vas a comer en esta cafetería?
aquel
No, voy a comer en aquella.

1. este ______________________
2. aquel ______________________
3. ese ______________________
4. este ______________________
5. ese ______________________
6. aquel ______________________

4. The present tense of *poner, salir,* and *traer* (Textbook p. 136)

04-40 Varias situaciones. What do people do on different occasions? Complete each paragraph with the correct forms of the verb indicated.

A. poner

Ana y Pepe siempre (1) ______________ sus libros en una mochila. Mi amigo Raúl no (2) ______________ sus libros en una mochila. ¡Los tiene en el carro! Yo (3) ______________ mis libros en una bolsa grande. Y tú, ¿dónde (4) ______________ tus libros?

B. salir

Sandra (5) ______________ con Teodoro. Ellos siempre (6) ______________ a comer en restaurantes. Mi vida es más difícil. Yo (7) ______________ del trabajo a las seis y media. Mis amigos y yo sólo (8) ______________ los viernes porque los restaurantes son muy caros.

C. traer

¿Qué (9) ______________ tú a clase? Yo (10) ______________ el libro y Teresa (11) ______________ el cuaderno de actividades. Quique y Eduardo (12) ______________ un diccionario.

Nombre: ______________________________ Fecha: ______________________

04-41 Los planes. Two friends have plans for a weekend at the beach. Complete each sentence with the most appropriate verb from the word bank.

salir	traigo	pone	salen	poner	salimos	trae	salgo

Alejandro y Eduardo (1) ____________________ hoy para la playa (*beach*). Alejandro (2) ____________________ todas las cosas en su carro. Quieren (3) ____________________ a las nueve de la mañana. A las ocho y media Eduardo llama a Alejandro.

EDUARDO: ¡Hola, Alex! ¿A qué hora (4) ____________________ (nosotros)?

ALEJANDRO: En treinta minutos. Yo voy a (5) ____________________ mis cosas en el carro ahora.

EDUARDO: Alex, ¿no es posible salir a las diez? Necesito ver a mi hermano.

ALEJANDRO: ¿A qué hora tienes que verlo?

EDUARDO: A las nueve y cuarto. (6) ____________________ (yo) de mi casa ahora.

ALEJANDRO: Hombre, no hay problema. ¿Quién (7) ____________________ la música?

EDUARDO: No te preocupes (*Don't worry*)... Yo (8) ____________________ la música. ¡Gracias, y hasta pronto!

ALEJANDRO: Adiós.

04-42 Salgo... Complete each sentence with the most appropriate preposition from the word bank and the expression you hear. Use each preposition only once, and remember to make contractions as necessary.

a	con	de	para

Modelo: Pablo
Salgo *con Pablo.*

1. Salgo ____.
2. Salgo ____.
3. Salgo ____.
4. Salgo ____.

5. *Saber* and *conocer* (Textbook p. 139)

04-43 Más información sobre tus primas. Your friend Tony wants to know more about two female cousins who are coming to spend a month with your family. Complete each question with the correct form of **saber** or **conocer,** according to the context.

1. ¿ ______________________ tus primas a tus otros amigos?
2. ¿ ______________________ (ellas) que yo estudio español?
3. ¿ ______________________ (tú) al novio de tu prima Anita? ¿Es guapo?
4. ¿ ______________________ (tú) si ellas visitan a tu familia en agosto?
5. ¿ ______________________ ellas jugar al tenis?
6. ¿ ______________________ tu prima Carmen hablar inglés bien?

04-44 Una conversación. Complete the following conversation between two friends about a new student with the correct form of **saber** or **conocer,** according to the context.

MARÍA: ¿(1) ______________________ tú al estudiante nuevo? ¿(2) ______________________ (tú) cómo se llama?

CARMEN: (Yo) (3) ______________________ que su apodo es Beto.

MARÍA: ¿(4) ______________________ si Beto habla español?

CARMEN: Sí, (5) ______________________ que habla español.

MARÍA: ¿(6) ______________________ dónde vive?

CARMEN: Yo no (7) ______________________ dónde vive, pero mi hermano (8) ______________________ que Beto vive cerca de la universidad.

MARÍA: ¿(9) ______________________ tú a Maribel, la hermana de Beto?

CARMEN: No, yo no (10) ______________________ a Maribel.

MARÍA: ¡Vamos a conocerlos!

CARMEN: ¡Vamos!

Nombre: ______________________ Fecha: ______________________

04-45 Unas preguntas. For each drawing, formulate an appropriate question using the **tú** form of **saber** or **conocer.** Be sure to follow the model closely.

Modelo: *Begoña, ¿conoces a este muchacho?*

1. ______________________

____

3. ______________________

____

2. ______________________

____

4. ______________________

____

04-46 **¿Conozco o sé?** For each phrase that you hear, indicate whether to use **conozco** or **sé.**

1. a. conozco b. sé
2. a. conozco b. sé
3. a. conozco b. sé
4. a. conozco b. sé
5. a. conozco b. sé

¿Cuánto saben? (Textbook p. 142)

04-47 **¿Saben usar los demostrativos?** Complete each sentence with the most appropriate demonstrative adjective or pronoun.

Modelo: ¿Qué es eso (*that*)?

1. Esta casa es de mis abuelos, pero ____________________ (*that one over there [away from both of us]*) es de mis tíos.
2. Mi primo es ____________________ (*this*) muchacho que está aquí.
3. Mi hermana no quiere comprar estas sillas, pero quiere ____________________ (*those ones [close to you]*) que están allí.
4. Mis padres trabajan en ____________________ (*that [away from both of us]*) edificio (*building*) allá lejos.
5. ____________________ (*That [close to you]*) muchacho es mi amigo Ramón.
6. ¿Qué es ____________________ (*this*)?

04-48 **¿Saben *poner, salir* y *traer*?** Complete each sentence with the correct form of the verb in parentheses.

Modelo: Los amigos *salen* (salir) para nuestra fiesta a las nueve de la noche.

1. Yo ____________________ (poner) los refrescos en el refrigerador.
2. Tú ____________________ (traer) música.
3. Yo ____________________ (traer) mi guitarra.
4. Elena ____________________ (salir) a comprar unas pizzas.
5. Yo ____________________ (salir) a buscar a más amigos nuestros.
6. Todos nosotros ____________________ (poner) dinero (*money*) para la fiesta.

Nombre: ______________________________ Fecha: ______________________

04-49 ¿Saben la diferencia entre *saber* y *conocer*? Complete each sentence with the appropriate form of **saber** or **conocer,** according to the context.

1. Yo no ____________________ Nueva York.

2. Yo ____________________ que Nueva York está en la costa del Atlántico.

3. Mi madre ____________________ jugar al tenis muy bien.

4. Nosotros ____________________ quién es Rigoberta Menchú.

5. Mis padres ____________________ a mis amigos.

6. Los estudiantes de español ____________________ la diferencia entre **saber** y **conocer.**

04-50 Federico y Elena. Listen to the dialog and select the best answer to complete each sentence.

1. Esta noche Federico y Elena van ______ .
   a. a un partido de béisbol
   b. al cine
   c. a una función de teatro

2. Ahora mismo son las ______ .
   a. diez
   b. dos
   c. doce

3. ______ piensa que van a llegar tarde.
   a. Federico
   b. Amalia
   c. Elena

4. ______ piensa que tienen tiempo.
   a. El papá de Elena
   b. El hermano de Amalia
   c. Federico

5. ______ de Federico están en el café "La Paz".
   a. Los hermanos
   b. Los primos
   c. Las tías

6. Juan y Pedro son ______ .
   a. los hijos de una tía de Federico
   b. los hijos del tío Pepe
   c. parientes de la mamá de Federico

7. Federico y Elena ______ .
   a. no invitan a los primos
   b. van al café
   c. llaman a los primos

8. No van a llegar tarde porque ______ .
   a. Elena está nerviosa
   b. Federico compra las entradas por la Internet
   c. la película comienza en dos horas

Nombre: ______________________ Fecha: ______________________

04-51 ¿Saben contestar por escrito? Listen to five questions about what and whom you know. Write a truthful response in Spanish for each question. Remember to use correct agreement with verbs.

1. ______________________
2. ______________________
3. ______________________
4. ______________________
5. ______________________

04-52 ¿Saben contestar oralmente? Listen to five questions about aspects of leisure time. Give a truthful oral response in Spanish for each question. Remember to use correct agreement with verbs.

1. ...
2. ...
3. ...
4. ...
5. ...

Nombre: ______________________ Fecha: ______________________

Observaciones: ¡Pura Vida! Episodio 4 (Textbook p. 143)

Antes de ver el video

 **04-53** **¿Qué pasa?** Select the best answer to each question.

1. What might Felipe say to Marcela upon walking in with flowers?
   a. Entonces, es tu hermanastra, ¿no?
   b. ¿Entonces cómo sabes que es de Claudia?
   c. Estas flores son para doña María ¿Te gustan?

2. What might Felipe say to Marcela to explain why Claudia sent him a tuxedo?
   a. Claudia es mi hermana. Se casa aquí, en San José, el jueves.
   b. Ahora con el correo electrónico es más fácil contactarnos, pero vernos es muy difícil.
   c. Todavía soy muy joven para casarme.

3. What might Marcela say to Felipe as she describes weddings in Mexico?
   a. Vengo de una familia grande.
   b. En México son espectaculares.
   c. Ah, entonces, ¿tú no te vas a casar?

4. After Felipe says that he may want to live in Mexico, how might Marcela hint to Felipe that she's interested in him?
   a. ¿Y por qué en México? ¿Conoces a alguien de México?
   b. Claro. ¿Y tú? ¿Vuelves a Argentina?
   c. ¿Por qué se casa tu hermana en Costa Rica?

5. What might Felipe say to Marcela that would make her drop the flowers?
   a. Voy a México, D.F. para ver a una chica que conocí por la Internet.
   b. En España tenemos muchos tíos y primos.
   c. Bueno, yo no tengo prisa.

Nombre: ______________________________ Fecha: ______________________

A ver el video

04-54 La acción y los personajes. Indicate whether each of the following statements is **cierto** or **falso.**

1. Hay un traje para Felipe. Cierto Falso
2. Las flores son para Marcela. Cierto Falso
3. La boda es el sábado. Cierto Falso
4. Claudia, la hermana de Felipe, se casa. Cierto Falso
5. Marisol y Laura son las hermanas de Marcela. Cierto Falso
6. Felipe no se casa pronto porque dice que es muy joven. Cierto Falso
7. Marcela quiere formar una familia y tener hijos. Cierto Falso
8. Felipe va a México para ver a Elvira, una mujer que él conoció (*met*) por la Internet. Cierto Falso

Después de ver el video

04-55 Más información. Select the answer that best completes each sentence.

1. El traje es para ______ .
   a. el novio de Claudia b. Hermés, de su padre c. Felipe, de su hermana Claudia
2. Marcela piensa que ______ .
   a. Felipe se casa b. Claudia es bonita c. las flores son para Silvia
3. Felipe necesita el traje para ______ .
   a. su boda b. la boda de su hermana c. la boda de Marcela
4. Marcela dice que ______ .
   a. le hace ilusión la idea de formar una familia b. no quiere casarse c. su boda es en un mes
5. Según Marcela, las bodas en México son ______ .
   a. aburridas b. secretas c. espectaculares
6. Felipe tiene familia en ______ .
   a. Costa Rica, México y Canadá b. Argentina, Italia y España c. México, Canadá y España

Nombre: ______________________ Fecha: ______________________

Nuestro mundo

Panoramas: América Central I: Guatemala, El Salvador, Honduras (Textbook p. 144)

04-56 ¡A informarse! Based on information from **Nuestro mundo,** decide whether each of the following statements is **cierto** or **falso.**

1. Hay muchas montañas en Centroamérica. Cierto Falso
2. La cultura indígena en Guatemala se ve en los huipiles que llevan muchas mujeres. Cierto Falso
3. El maíz es un producto muy importante para los centroamericanos. Cierto Falso
4. La economía de los países centroamericanos es independiente de las economías de EE. UU. y Canadá. Cierto Falso
5. En Centroamérica las personas con dinero viven mayormente en el campo mientras que las personas sin dinero viven principalmente en las ciudades. Cierto Falso
6. En Guatemala, el número promedio (*average*) de hijos es cinco por mujer. Cierto Falso
7. La agricultura es muy importante para la economía de Honduras. Cierto Falso
8. El turismo es muy importante para la economía de El Salvador. Cierto Falso

Nombre: ______________________________ Fecha: ______________________

04-57 La geografía de Centroamérica. Based on the map of Central America, match each place with the country where it is located.

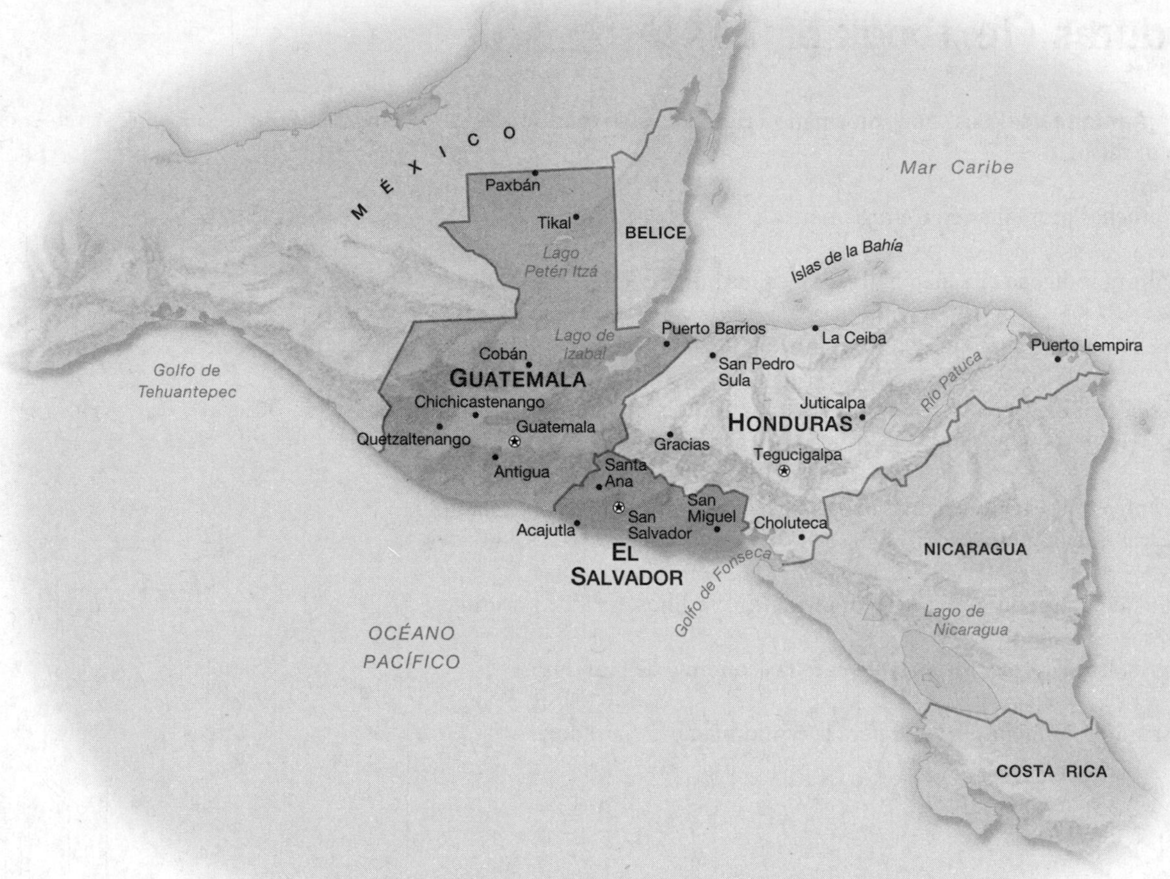

1. San Salvador
   a. El Salvador b. Guatemala c. Honduras

2. Quetzaltenango
   a. El Salvador b. Guatemala c. Honduras

3. La Ceiba
   a. El Salvador b. Guatemala c. Honduras

4. Tegucigalpa
   a. El Salvador b. Guatemala c. Honduras

5. Antigua
   a. El Salvador b. Guatemala c. Honduras

6. Tikal
   a. El Salvador b. Guatemala c. Honduras

Páginas: *Sobreviviendo Guazapa*, Cinenuevo (Textbook p. 146)

04-58 **¿Cierto o falso?** Based on the information from the **Páginas** section of the textbook, decide whether each statement is **cierto** or **falso.**

1. La película *Sobreviviendo Guazapa* es ficción pero se basa en la guerra civil en El Salvador durante los años 1980–1992. Cierto Falso
2. La película es sobre el asesinato del Arzobispo Óscar Romero en 1980. Cierto Falso
3. En la película dos combatientes enemigos se unen (*unite*) para sobrevivir y en el proceso ayudan a una muchacha joven. Cierto Falso
4. El director Roberto Dávila no encuentra problemas en el proceso de hacer esta película. Cierto Falso
5. Todos los actores en la película tienen experiencia previa a esta. Cierto Falso
6. La realización de la película toma tres años. Cierto Falso
7. Esta película recibe atención en varios festivales de cine internacionales y gana premios (*awards*). Cierto Falso
8. Según el crítico Héctor Ismael Sermeño, Dávila tiene una agenda puramente política. Cierto Falso

Nombre: ______________________ Fecha: ______________________

Taller (Textbook p. 148)

04-59 Otra invitación. Write an e-mail to a family member inviting him/her to a special event (such as a jazz concert, a play, a big game, etc.). Include information about the date, the time, the place, and any other needed arrangements. Don't forget to include a header, a greeting, and a closing typical of an e-mail. Consult the examples in the **Taller** section of the textbook as a guide.

Nombre: ______________________ Fecha: ______________________

5 ¿Cómo pasas el día?

Primera parte

¡Así lo decimos! Vocabulario (Textbook pp. 152–153)

Las actividades diarias

05-01 **¡Así es la vida!** Reread the brief dialog in your textbook and indicate whether each statement is **cierto** or **falso**.

1. Fabián y Rosario tienen planes para ir a un café. Cierto Falso
2. Fabián llega al café temprano. Cierto Falso
3. Fabián llama a Rosario. Cierto Falso
4. Rosario está en el Café Solo. Cierto Falso
5. Fabián necesita prepararse antes de salir para el café. Cierto Falso
6. Rosario está muy contenta. Cierto Falso

05-02 **¡Fuera de lugar!** For each set of expressions about daily routines and personal hygiene, choose the one that is out of place based on its meaning.

1. a. acostarse
   b. bañarse
   c. dormirse
   d. despertarse

2. a. el secador
   b. el peine
   c. los ojos
   d. la máquina de afeitar

3. a. el maquillaje
   b. el brillo de labios
   c. el champú
   d. la mano

4. a. afeitarse
   b. vestirse
   c. ponerse furioso
   d. peinarse

5. a. el maquillaje
   b. la máquina de afeitar
   c. la navaja de afeitar
   d. la crema de afeitar

6. a. la nariz
   b. el jabón
   c. la cara
   d. los dientes

Nombre: ______________________ Fecha: ______________________

05-03 Un poco de lógica. For each group of phrases about a daily morning or evening routine, number them one to three in logical order.

1. Me seco. ______

   Me levanto. ______

   Me baño. ______

2. Te vistes. ______

   Te bañas. ______

   Sales de la casa. ______

3. Se acuestan. ______

   Se cepillan los dientes. ______

   Se duermen. ______

4. Nos despertamos. ______

   Nos ponemos la crema de afeitar. ______

   Nos afeitamos. ______

05-04 Un crucigrama. Fill in the crossword puzzle with words that complete the following statements about daily routines and personal hygiene.

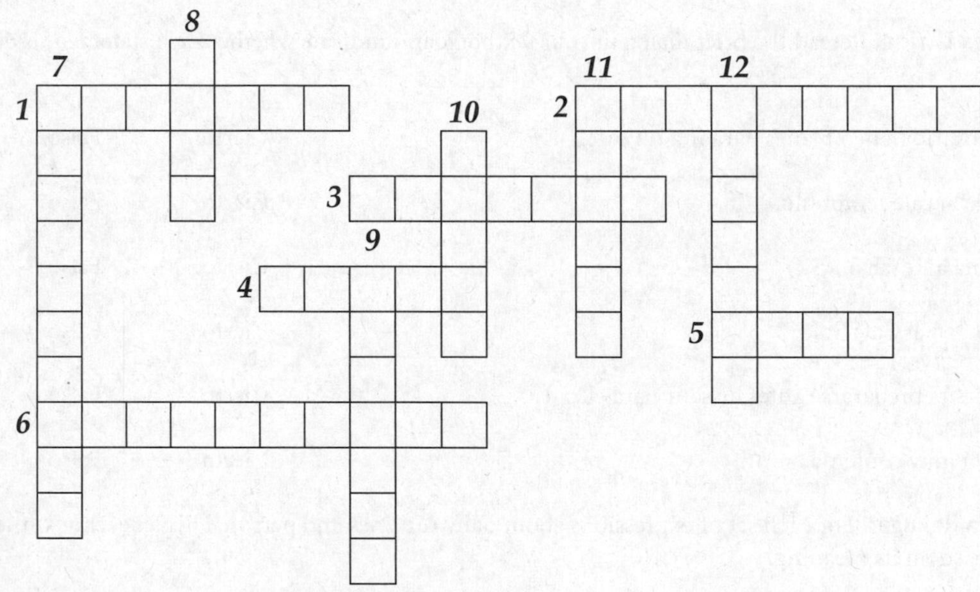

Across

1. Nosotros nos ______ el pelo con champú.
2. Es medianoche y Juan tiene sueño. Quiere ______ .
3. Todas las mañanas nos cepillamos los ______ .
4. Para lavarnos las manos, usamos el ______ .
5. Olga tiene pelo rubio y ______ azules.
6. Las mujeres se ponen ______ en la cara.

Down

7. Nosotros nos ______ de la cama por la mañana.
8. Muchos hombres se afeitan la ______ .
9. A los niños no les gusta ducharse; prefieren ______ .
10. El señor necesita peinarse, pero no tiene ______ .
11. El señor se ______ la cara con navaja todas las mañanas.
12. Nos secamos el pelo con el ______ .

Nombre: ______________________________ Fecha: ______________________

05-05 Los artículos de uso personal. Select the response that best answers the question you hear about personal hygiene.

1. a. una máquina de afeitar b. el maquillaje c. un peine
2. a. los dientes b. el pelo c. las manos
3. a. una navaja de afeitar b. un cepillo de dientes c. el jabón
4. a. la nariz b. el champú c. la crema de afeitar
5. a. el brillo de labios b. un secador c. la crema de afeitar
6. a. el champú b. un secador c. el maquillaje

05-06 ¡Una casa ocupada! Look at the drawing of the house below. For each description you hear, select the part of the drawing that best represents it.

1. a. b. c. d. e. f.
2. a. b. c. d. e. f.
3. a. b. c. d. e. f.
4. a. b. c. d. e. f.
5. a. b. c. d. e. f.
6. a. b. c. d. e. f.

Nombre: ______________________ Fecha: ______________________

05-07 ¿Cómo te pones? Write a sentence stating how you feel in each situation. Follow the model, and choose from the expressions in the word bank.

ponerse contento/a	ponerse furioso/a	ponerse molesto/a	ponerse nervioso/a	ponerse triste

Modelo: *Cuando estoy en la clase de español, me pongo contento/a.*

1. ______________________
____

3. ______________________
____

2. ______________________
____

4. ______________________
____

Nombre: ______________________ Fecha: ______________________

¡Así lo hacemos! Estructuras

1. Reflexive constructions: Pronouns and verbs (Textbook p. 156)

05-08 Las rutinas diarias en la familia de Ana. Ana lives at home with her family. Based on the drawings, complete her descriptions of family routines with the correct forms of reflexive verbs.

1. Yo ______________ la cara por la mañana y ______________ la cara por la noche.

2. Mi padre ______________ con agua caliente por la mañana y después ______________ .

3. Mis abuelos ______________ a tomar un café y después los dos ______________ los dientes.

4. Mi hermanito ______________ a las ocho de la noche y ______________ a las ocho y media.

5. Todos nosotros ______________ contentos por la noche y ______________ temprano el día siguiente.

Nombre: ______________________________ Fecha: ______________________

05-09 Rogelio y su compañero por la mañana. Rogelio and his friend share an apartment but have very different morning routines. Complete Rogelio's narrative with correct forms of appropriate reflexive verbs from the word bank. Use each verb only once.

afeitarse	despertarse	lavarse	peinarse
cepillarse	ducharse	levantarse	vestirse

Yo (1) ______________________ de la cama (*bed*) a las siete de la mañana. Primero, (2) ______________________ los dientes. Después, (3) ______________________ la cara con crema y navaja. Yo no (4) ______________________ por la mañana porque lo hago por la noche. Salgo para la universidad a las ocho.

Mi compañero de apartamento (5) ______________________ a las diez, pero está en la cama hasta las diez y media. Tiene clase a las once, entonces no tiene mucho tiempo para prepararse. Él (6) ______________________ el pelo pero no (7) ______________________ la cara con jabón. (8) ______________________ rápidamente con ropa (*clothes*) del día anterior y sale con prisa para la universidad.

Nombre: ________________________ Fecha: ________________________

05-10 ¿Reflexivo o no? Sonia has many children, and she loves to talk about them! Complete each of Sonia's statements with the correct form of a reflexive or nonreflexive verb from the word bank, according to each situation. Use each verb shown only once.

lavar	llamar	peinar	vestir
lavarse	llamarse	peinarse	vestirse

1. Yo ________________________ Sonia y tengo muchos hijos.

2. Yo ________________________ a mi hijo Samuel en la universidad todos los sábados.

3. Paula, mi hija mayor, ________________________ temprano todos los días para ir a trabajar.

4. Muchas veces Paula ________________________ a su hermanito también.

5. Mi hija Lucía ________________________ a su hermanita Susi.

6. Lucía ________________________ sin prisa después.

7. Mi hija Laura ________________________ su carro todos los viernes.

8. Después Laura ________________________ bien las manos y la cara. ¡Así es mi familia!

Nombre: ______________________ Fecha: ______________________

05-11 Padre e hijo. Listen to the conversation between a father and his young son. Then select the phrase that best completes each sentence.

1. El hijo quiere aprender a ______ .
   a. usar una navaja de afeitar b. hacer jabón c. usar una máquina de afeitar
2. El padre dice que primero, su hijo debe ______ .
   a. aprender a lavarse b. aprender a peinarse c. ponerse un poco de agua en la cara
3. Después, uno se pone ______ .
   a. el champú b. la crema de afeitar c. el maquillaje
4. Entonces, uno se afeita la cara, se limpia con agua y ______ .
   a. se seca b. se baña c. se maquilla
5. Después de escuchar la explicación de su padre, el hijo ______ .
   a. se lava con jabón b. se afeita c. se va
6. El hijo busca ______ .
   a. más crema de afeitar b. una máquina de afeitar c. al perro

05-12 Tu rutina diaria. Create a list of at least five activities that typically make up your weekday morning or evening routine. Order the activities numerically, and for each one, include the time that you do it. Be sure to follow the model carefully.

Modelo: *1. Me despierto a las seis.*
2. Me levanto a las seis y cuarto.

1. ______________________
2. ______________________
3. ______________________
4. ______________________
5. ______________________

05-13 Más detalles sobre tu rutina diaria. Now write a description of your typical morning or evening. Add additional details whenever possible.

Modelo: *En general, me despierto a las seis de la mañana porque mi primera clase es a las siete y media, pero muchos días no me levanto hasta las seis y cuarto. Después...*

____
____
____
____
____
____

Nombre: ______________________ Fecha: ______________________

05-14 Maribel y Nacho. Maribel and Nacho are very much in love and do a lot for and with each other. Complete each description with the correct form of the reciprocal verb in parentheses.

Modelo: Maribel y Nacho *se llaman* (llamarse) por teléfono todos los días.

1. Maribel y Nacho ______________________ (escribirse) mensajes de texto todos los días.
2. Ellos ______________________ (encontrarse) en la biblioteca después de clase.
3. Ellos ______________________ (verse) por la mañana, por la tarde y por la noche.
4. Ellos ______________________ (hablarse) con mucho cariño (*affection*) y respeto.
5. Ellos ______________________ (quererse) mucho.

05-15 En el verano. It's summer and you are no longer on campus. Using reciprocal constructions in complete sentences, answer the following questions about your relationships with university friends.

1. ¿Se hablan ustedes por teléfono?

   ____.

2. ¿Se escriben ustedes correos electrónicos?

   ____.

3. ¿Se visitan ustedes durante el verano?

   ____.

4. ¿Dónde se encuentran ustedes?

   ____.

5. ¿Qué más hacen ustedes para mantenerse en contacto (*keep in touch*)?

   ____.

2. Comparisons of equality and inequality (Textbook p. 161)

05-16 El ego de Roberto. Roberto frequently compares himself to his brother Jorge, because he thinks he is better than Jorge at everything. For each set of comparisons, select the one that Roberto most likely says.

1. a. Yo soy tan responsable como Jorge.
   b. Yo soy menos responsable que Jorge.
   c. Yo soy más responsable que Jorge.

2. a. Por la mañana, yo me baño y me visto menos rápidamente que Jorge.
   b. Por la mañana, yo me baño y me visto más rápidamente que Jorge.
   c. Por la mañana, yo me baño y me visto tan rápidamente como Jorge.

3. a. Jorge estudia más que yo.
   b. Jorge estudia tanto como yo.
   c. Jorge estudia menos que yo.

4. a. Jorge tiene menos dinero que yo.
   b. Jorge tiene más dinero que yo.
   c. Jorge tiene tanto dinero como yo.

5. a. Yo tengo tantos amigos como Jorge.
   b. Yo tengo más amigos que Jorge.
   c. Yo tengo menos amigos que Jorge.

Nombre: ________________________ Fecha: ____________________

05-17 Más comparaciones. Each of the following drawings shows two individuals. Answer the questions in complete sentences to compare some outward aspect of them. Be sure to follow the model carefully.

Modelo: ¿Quién es más elegante, Eduardo o María?
María es más elegante que Eduardo.

Eduardo María

1. ¿Quién tiene más dinero, Carlos o Ricardo?

   ______________________________.

2. ¿Quién está menos contento, Carlos o Ricardo?

   ______________________________.

Carlos Ricardo

3. ¿Quién es más joven, Juana o Juanito?

   ______________________________.

4. ¿Quién es más alto/a, Juana o Juanito?

   ______________________________.

Galletas

Juana Juanito

05-18 ¿Elena o Pati? Elena and Pati are close friends whom others often compare. Listen to the number of similar items or traits associated with each of them. Then answer the questions based on that information.

Modelo: Elena tiene cinco hermanos. Pati tiene tres hermanos. ¿Quién tiene más hermanos?
Elena tiene más hermanos que Pati.

1. ______________________________.
2. ______________________________.
3. ______________________________.
4. ______________________________.
5. ______________________________.

Nombre: ______________________ Fecha: ______________

05-19 Laura y Rosa. Laura and Rosa are identical twins. Describe their similarities through comparisons of equality using **tan… como, tanto como,** or **tanto / a / os / as… como.**

Modelo: Laura y Rosa son altas.
Laura es tan alta como Rosa.

1. Laura y Rosa son muy simpáticas.

   ______________________________.

2. Laura y Rosa visten bien.

   ______________________________.

3. Laura y Rosa se despiertan temprano.

   ______________________________.

4. Laura y Rosa estudian mucho.

   ______________________________.

5. Laura y Rosa hablan tres lenguas.

   ______________________________.

6. Laura y Rosa tienen muchos amigos.

   ______________________________.

05-20 Tus propias comparaciones. Think of a person close to you (a family member, friend, roommate, etc.) to whom you can compare yourself. Write a total of six comparisons, including three comparisons of inequality (**más/menos… que**) and three comparisons of equality (**tan… como, tanto como, tanto / a / os / as… como**).

Comparaciones de desigualdad:

1. ______________________________.
2. ______________________________.
3. ______________________________.

Comparaciones de igualdad:

4. ______________________________.
5. ______________________________.
6. ______________________________.

Nombre: ______________________________ Fecha: ______________________

¿Cuánto saben? (Textbook p. 165)

05-21 ¿Comprenden bien? Select the response that best completes each sentence you hear about the daily routines in one family.

1. a. ... un cepillo de dientes.
   b. ... el jabón.
   c. ... un peine.

2. a. ... me lavo con jabón.
   b. ... no me duermo.
   c. ... no me seco.

3. a. ... con el secador.
   b. ... a las siete.
   c. ... después de ducharse.

4. a. ... el maquillaje.
   b. ... la máquina de afeitar.
   c. ... la nariz.

5. a. ... crema de afeitar que mi mamá.
   b. ... jabón como yo.
   c. ... brillo de labios como mi mamá.

6. a. ... champú que Inés.
   b. ... crema de afeitar que mi papá.
   c. ... maquillaje como Rosario.

05-22 ¿Saben las construcciones reflexivas? Complete each sentence about the daily routines of classmates with the correct form of a reflexive verb from the word bank. Use each verb only once.

afeitarse	ducharse	maquillarse
cepillarse	lavarse	secarse

1. Marcos ______________________ con navaja todas las mañanas.
2. Nosotras ______________________ con un brillo de labios especial.
3. ¿ ______________________ tú el pelo con secador?
4. Yo prefiero ______________________ por la mañana.
5. Debemos ______________________ los dientes por la mañana y por la noche.
6. Dos compañeras ______________________ el pelo con un champú muy caro.

Nombre: ______________________ Fecha: ______________________

05-23 ¿Saben las construcciones recíprocas? You meet new friends in Spanish class and decide to form a study group. Describe what you do together by completing each sentence with the correct form of the reciprocal verb in parentheses.

Modelo: Nosotros *nos escuchamos* (escucharse) para practicar la pronunciación.

1. Nosotros ______________________ (ayudarse) con la tarea.
2. Nosotros ______________________ (escribirse) correos electrónicos en español.
3. Nosotros ______________________ (hablarse) en español de vez en cuando también.
4. Nosotros ______________________ (verse) antes de los exámenes para estudiar en grupo.
5. Nosotros ______________________ (hacerse) preguntas para verificar la comprensión.

05-24 ¿Saben comparar? You frequently compare yourself to your roommate. Form comparisons of inequality and equality according to the elements provided and the prompts in parentheses.

Modelo: Mi jabón / fuerte / tu jabón (inequality, +)
Mi jabón es más fuerte que tu jabón.

1. Mi navaja de afeitar / caro / tu máquina de afeitar (inequality, –)

   ____.

2. Mi crema de afeitar / bueno / tu crema de afeitar (inequality, +)

   ____.

3. Yo / levantarse / temprano / tú (inequality, +)

   ____.

4. Mi champú / barato / tu champú (equality, =)

   ____.

5. Yo / afeitarse / tú (equality, =)

   ____.

6. Yo / tener / pelo / tú (equality, =)

   ____.

05-25 ¿Saben contestar por escrito? Listen to five questions about your daily routine. Write a truthful response in Spanish after each question. Remember to use a correct reflexive pronoun when appropriate.

1. ____
2. ____
3. ____
4. ____
5. ____

Nombre: ______________________________ Fecha: ______________________

05-26 **¿Saben contestar oralmente?** Listen to five questions about your daily routine. Give a truthful oral response in Spanish after each question. Remember to use a correct reflexive pronoun when appropriate.

1. …
2. …
3. …
4. …
5. …

Perfiles (Textbook p. 166)

Mi experiencia: Eco voluntariado en Costa Rica

05-27 **Según Ramón Vázquez, un joven panameño.** Reread this section of your textbook and give the best answer to complete each statement. Not all words will be used.

cubetas	muchos kilómetros	naturalistas	recogen
huevos	lugar seguro	parque nacional	repiten

1. Tortuguero, un ______________________ en Costa Rica, es un lugar muy importante para la protección de las tortugas marinas, una especie en peligro de extinción.
2. Las tortugas marinas depositan sus ______________________ en la playa (*beach*) de Tortuguero.
3. Voluntarios como este joven panameño llevan los huevos a un ______________________ para que sobreviva un gran número de crías.
4. Después ______________________ las pequeñas crías en cubetas y las llevan a la orilla del mar (*seashore*).
5. Ramón y sus amigos ______________________ su trabajo voluntario en Tortuguero todos los años.
6. Para hacer este servicio, recorren ______________________ en carro, escuchando música como la de Los Rabanes, acampando por el camino y a veces durmiendo en la playa.

Mi música: "Everybody" (Los Rabanes, Panamá)

05-28 **Asociar datos.** Read about this group in your textbook and follow the directions to listen to the song on the Internet. Then match each item with the best description.

1. Los Rabanes ______
2. los cantantes (*singers*) del grupo ______
3. la letra (*lyrics*) de sus canciones ______
4. las palabras tomadas del inglés ______
5. su estilo de música ______
6. los instrumentos que tocan ______

a. Regueira Pérez y Torres
b. guitarra, bajo y percusión
c. el grupo más popular de Panamá
d. combina reggaetón y rock
e. irónicas o sarcásticas
f. en español y en inglés

Segunda parte

¡Así lo decimos! Vocabulario (Textbook pp. 168–169)

Los quehaceres domésticos

05-29 ¡Así es la vida! Reread the brief passages in your textbook and select all items that are true for each statement.

1. Vera vive ______ .
   a. en un apartamento   b. con su familia   c. con tres amigos
2. Vera quiere ______ .
   a. dar una fiesta   b. la ayuda de sus compañeros   c. un apartamento ordenado (*tidy*)
3. Enrique debe ______ .
   a. llenar el lavaplatos   b. vaciar el lavaplatos   c. sacar la basura
4. Rogelio tiene que ______ .
   a. recoger la ropa   b. pasar la aspiradora en su cuarto   c. pasar la aspiradora en la sala
5. Estela necesita ______ .
   a. lavar los platos   b. poner la mesa   c. quitar la mesa
6. Vera va a ______ .
   a. lavar el piso   b. comprar refrescos   c. volver a las seis

05-30 Los quehaceres y los utensilios. Match each drawing with its associated chore.

1.  ______
2.   ______
3.  ______
4.  ______
5. ______
6.  ______

a. planchar
b. poner la mesa
c. lavar la ropa
d. hacer la cama
e. sacar la basura
f. pasar la aspiradora

Nombre: ______________________ Fecha: ______________________

05-31 En casa de Claudia. Complete each sentence about Claudia's household with the most appropriate word from the list.

aspiradora	cama	dormitorio	lavaplatos	secadora
basura	cuadro	estantes	mesa	sillón

1. Tengo un ______________________ de Picasso en la pared.
2. Todas mis novelas están en esos ______________________ .
3. Ahora tengo ropa limpia en la ______________________ . Tengo que doblarla (*fold it*).
4. Tengo un ______________________ enorme, porque me duermo mejor en espacios grandes.
5. En mi casa hago la ______________________ todas las mañanas cuando me levanto.
6. Yo saco la ______________________ los jueves.
7. Paso la ______________________ por la sala los sábados.
8. Hoy vienen Pepe y Clara a comer; tengo que poner la ______________________ .
9. También tengo que poner varios platos en el ______________________ ; están sucios.
10. Todos van a preferir sentarse en mi ______________________ porque es muy cómodo.

Nombre: ______________________ Fecha: ______________________

05-32 Las partes de la casa nueva de Claudia. Select the appropriate word for each numbered room in Claudia's new house.

1. ______
2. ______
3. ______
4. ______
5. ______

a. el baño
b. la cocina
c. el comedor
d. el dormitorio
e. la sala

05-33 ¿Cómo es tu casa nueva? Claudia's mother calls to ask her about her new house. Look at the drawing in activity 05-32 again to answer the mother's questions. Be sure to follow the model closely in your answers.

Modelo: ¿Qué hay en la cocina?
En la cocina hay una mesa y una silla.

1. ____.
2. ____.
3. ____.
4. ____.
5. ____.

Nombre: ______________________ Fecha: ______________________

05-34 Los quehaceres en nuestra casa. Magdalena, Rosario, and Diego are students sharing a house. Listen as Magdalena describes their division of household chores and select the best answer for each question.

1. ¿Quién no tiene mucho tiempo para limpiar la casa?
   a. Magdalena b. Rosario c. Diego
2. ¿Quién pasa la aspiradora?
   a. Magdalena b. Rosario c. Diego
3. ¿Quién prefiere lavar los platos?
   a. Magdalena b. Rosario c. Diego
4. ¿Quién plancha mejor que Magdalena?
   a. su abuela b. Rosario c. su madre
5. ¿En qué parte de la casa trabaja Diego?
   a. en la cocina o en el comedor b. en el patio o en el garaje c. en la terraza o en el baño
6. ¿Dónde se sientan después de un día ocupado?
   a. en el patio b. en el comedor c. en la terraza

05-35 ¿Y tú? Answer the following questions about your habits and preferences related to household chores. Be sure to answer in complete sentences.

Modelo: ¿Con qué frecuencia planchas la ropa?
Plancho la ropa de vez en cuando.

1. ¿Cuándo limpias tu dormitorio?

   ____.

2. ¿Haces la cama?

   ____.

3. ¿Con qué frecuencia lavas la ropa?

   ____.

4. ¿Prefieres poner la mesa o quitar la mesa?

   ____.

5. ¿Prefieres ordenar el garaje o sacar la basura?

   ____.

Nombre: ______________________ Fecha: ______________________

Letras y sonidos: The consonant *h* and the sequence *ch* in Spanish (Textbook p. 170)

05-36 ***La h.*** Listen to the following phrases and write the word that begins with the letter **h**.

1. ______________________
2. ______________________
3. ______________________
4. ______________________
5. ______________________

05-37 ***Ch.*** Complete each sentence you hear with an appropriate word containing the sequence **ch**.

1. ______________________
2. ______________________
3. ______________________
4. ______________________
5. ______________________

Nombre: ______________________ Fecha: ______________________

¡Así lo hacemos! Estructuras

3. The superlative (Textbook p. 172)

05-38 Casas en venta. Read the advertisements about four different houses and answer the following questions about superlative qualities.

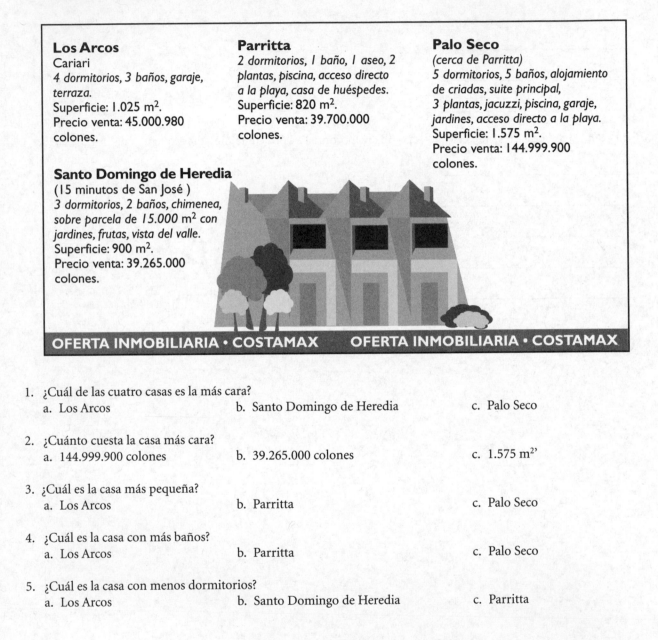

Los Arcos
Cariari
4 dormitorios, 3 baños, garaje, terraza.
Superficie: 1.025 m^2.
Precio venta: 45.000.980 colones.

Parritta
2 dormitorios, 1 baño, 1 aseo, 2 plantas, piscina, acceso directo a la playa, casa de huéspedes.
Superficie: 820 m^2.
Precio venta: 39.700.000 colones.

Palo Seco
(cerca de Parritta)
5 dormitorios, 5 baños, alojamiento de criadas, suite principal, 3 plantas, jacuzzi, piscina, garaje, jardines, acceso directo a la playa.
Superficie: 1.575 m^2.
Precio venta: 144.999.900 colones.

Santo Domingo de Heredia
(15 minutos de San José)
3 dormitorios, 2 baños, chimenea, sobre parcela de 15.000 m^2 *con jardines, frutas, vista del valle.*
Superficie: 900 m^2.
Precio venta: 39.265.000 colones.

OFERTA INMOBILIARIA • COSTAMAX OFERTA INMOBILIARIA • COSTAMAX

1. ¿Cuál de las cuatro casas es la más cara?
   a. Los Arcos b. Santo Domingo de Heredia c. Palo Seco

2. ¿Cuánto cuesta la casa más cara?
   a. 144.999.900 colones b. 39.265.000 colones c. 1.575 m^2’

3. ¿Cuál es la casa más pequeña?
   a. Los Arcos b. Parritta c. Palo Seco

4. ¿Cuál es la casa con más baños?
   a. Los Arcos b. Parritta c. Palo Seco

5. ¿Cuál es la casa con menos dormitorios?
   a. Los Arcos b. Santo Domingo de Heredia c. Parritta

Nombre: ______________________ Fecha: ______________________

05-39 ¡Los mejores! Gabriela is a professional home decorator who speaks in superlatives. Complete her statements about homes and furnishings following the cues provided. Be sure that your definite articles and adjectives agree in number and gender with the subjects given.

Modelo: Estos sillones son *los más modernos de* la casa. (+ moderno)

1. Esta lavadora es ______________________ todas. (+ eficiente)
2. Estas sillas son ______________________ la casa. (– bonito)
3. Este cuadro es ______________________ la sala. (– caro)
4. Estos estantes son ______________________ toda la casa. (+ fuerte)
5. Esta casa es ______________________ toda la ciudad. (+ grande)

05-40 Mi casa. Write five superlative statements to describe your house to a classmate. Combine one element from each word bank in each sentence.

Partes de la casa:

la sala	el comedor	el dormitorio	*el garaje*
la terraza	la cocina	el baño	el jardín

Adjetivos:

bonito/a	grande	limpio/a	cómodo/a
ordenado/a	pequeño/a	sucio/a	agradable

Modelo: *El garaje es la parte menos ordenada de mi casa.*

1. ______________________.
2. ______________________.
3. ______________________.
4. ______________________.
5. ______________________.

4. The present progressive (Textbook p. 174)

05-41 Cada uno a lo suyo. Tell what each person or couple is doing by completing the sentences with the present progressive, according to the drawings.

Modelo: Katia y Giselle *están estudiando.*

1. La abuela y Arturo ______________________________.

3. Diego ______________________________.

2. Ramona ______________________________.

4. Víctor y Catalina ______________________________.

Nombre: ______________________ Fecha: ______________________

05-42 ¡Estamos haciendo los quehaceres de la casa! The Pérez family is busy with weekend chores. Complete each sentence with the present progressive form of the verb in parentheses to express what each member is doing to help out.

Modelo: La Sra. Pérez *está quitando* (quitar) la mesa.

1. La Sra. Pérez ______________________ (planchar) la ropa.
2. El Sr. Pérez ______________________ (lavar) los platos.
3. Rosa y Antonio ______________________ (hacer) las camas.
4. Cristina ______________________ (pasar) la aspiradora.
5. Yo no ______________________ (ordenar) mi casa ahora mismo.
6. Y tú, ¿______________________ (limpiar) tu casa?

05-43 Luces, cámara, acción. Narrate the actions being performed by residents of an apartment building by creating sentences based on the prompts.

Modelo: Cristina / hacer su tarea
Cristina está haciendo su tarea.

1. yo / beber un refresco ______________________.
2. nosotros / hablar por teléfono ______________________.
3. tú / comer ______________________.
4. Teresa y María / leer un libro ______________________.
5. Pepe y su amigo / pedir una pizza ______________________.
6. Pedro / dormir la siesta ______________________.

¿Cuánto saben? (Textbook p. 176)

05-44 ¿Saben nombrar las partes y los objetos de una casa? Listen to the description of the speaker's house and select all rooms and items mentioned.

_____ aspiradora	_____ cómoda	_____ jardín	_____ secadora
_____ baño	_____ cuadro	_____ lámpara	_____ sillas
_____ cama	_____ dormitorio	_____ mesa	_____ sillón
_____ cocina	_____ estantes	_____ patio	_____ sofá
_____ comedor	_____ garaje	_____ sala	_____ terraza

Nombre: ______________________________ Fecha: ______________________

05-45 ¿Saben usar el superlativo? Ernesto likes to use the superlative when talking about himself. Form superlative statements with the elements given. Be sure that your definite articles and adjectives agree in number and gender with the subjects. Remember that for **yo**, the speaker **Ernesto** is masculine and singular.

Modelo: Yo / simpático / la familia
Yo soy el más simpático de la familia.

1. Mi casa / bonita / la ciudad

   ____.

2. Mi carro / rápido / todos

   ____.

3. Yo / inteligente / la clase

   ____.

4. Mis amigos / populares / la escuela

   ____.

5. Yo / mayor / mis hermanos

   ____.

05-46 ¿Saben usar el presente progresivo? Based on the information given, explain what chore each person is doing at the moment.

Modelo: Pedro usa la secadora.
Pedro está secando la ropa.

1. Elena tiene la aspiradora.

   ____.

2. Ricardo tiene la plancha.

   ____.

3. Sonia usa la lavadora.

   ____.

4. Víctor toma los platos sucios de la mesa.

   ____.

5. Adriana quita la ropa del piso de su dormitorio.

   ____.

Nombre: ______________________ Fecha: ______________________

05-47 ¿Saben contestar por escrito? Listen to five questions about your home and household chores. Write a truthful response in Spanish after each question. Remember to use correct agreement with verbs and adjectives.

1. ______________________
2. ______________________
3. ______________________
4. ______________________
5. ______________________

05-48 ¿Saben contestar oralmente? Listen to five questions about your home and household chores. Give a truthful oral response in Spanish after each question. Remember to use correct agreement with verbs and adjectives.

1. ...
2. ...
3. ...
4. ...
5. ...

Nombre: ______________________ Fecha: ______________________

Observaciones: ¡Pura Vida! Episodio 5 (Textbook p. 177)

Antes de ver el video

05-49 **¿Qué va a pasar?** Select the response that best answers each question.

1. As Hermés quits his job, what will he say to his boss?
   a. Sí, claro. Nos vemos en media hora.
   b. ¡Vuelve ahora mismo!
   c. ¡No quiero su dinero y no quiero esto!

2. How will Marcela indicate that she does too much housework?
   a. ¿Y quién limpia el baño? ¿Y quién pasa la aspiradora? ¡La a-mi-gui-ta Mar-ce-li-ta!
   b. ¿Y esta chaqueta encima de la mesa? ¿Es tuya?
   c. ¡No Hermés! ¡No me molesta todo! Me molesta la suciedad, eso sí.

3. What will Silvia say to solve the problem?
   a. Todos los problemas tienen solución.
   b. Aquí están las seis tareas principales de la casa: lavar los platos, sacudir el polvo (*to dust*), pasar la aspiradora, sacar la basura, lavar la ropa y limpiar el baño.
   c. Y también me molesta el desorden; sobre todo tu desorden.

4. What will Silvia recommend as a fair way of taking care of the ironing and the making of beds?
   a. Cada uno plancha su ropa y hace su cama.
   b. Doña María hace todos los quehaceres.
   c. Patricio plancha toda la ropa y hace todas las camas.

A ver el video

05-50 **Los personajes.** Match each statement with the character for whom it is true.

1. Organiza una lista de los quehaceres de su casa. ______
2. Presenta la lista de quehaceres a Marcela y a Hermés. ______
3. Se pone muy molesta con Hermés. ______
4. No quiere lavar los platos. ______
5. Según la lista de hoy, tiene que sacar la basura. ______
6. Según la lista de hoy, debe lavar la ropa. ______

a. Hermés
b. Felipe
c. Silvia
d. Patricio
e. Marcela
f. Doña María

Nombre: ______________________ Fecha: ______________________

Después de ver el video

05-51 **¿En qué orden?** Use the numbers 1 through 8 to put the following events in chronological order.

1. A Marcela le gusta la lista, pero a Hermés no le gusta. ______
2. Hermés dice que él siempre saca la basura. ______
3. Silvia entra y les da una lista a sus compañeros. ______
4. Hermés habla por teléfono en su trabajo. ______
5. Marcela dice que ella pasa la aspiradora. ______
6. Hermés sale furioso del trabajo y no va a volver. ______
7. Marcela dice que siempre hace los quehaceres de Hermés. ______
8. Silvia dice que cada uno (*each person*) plancha su ropa y hace su cama. ______

Nombre: ______________________ Fecha: ______________________

Nuestro mundo

Panoramas: América Central II: Costa Rica, Nicaragua, Panamá (Textbook p. 178)

05-52 ¡A informarse! Based on information from **Nuestro mundo**, decide if each statement is **cierto** or **falso**.

1. Los volcanes de la zona centroamericana tienen poco impacto en la vida de los habitantes. Cierto Falso
2. La artesanía local representa la gran diversidad de la flora y la fauna de la región. Cierto Falso
3. Panamá celebra el centenario de la construcción del Canal en 2014. Cierto Falso
4. Panamá tiene la población más pequeña de estos tres países. Cierto Falso
5. Nicaragua tiene el porcentaje de la población urbana más pequeña de estos tres países. Cierto Falso
6. Costa Rica y Panamá no tienen fuerzas militares. Cierto Falso
7. El servicio militar en Nicaragua es obligatorio. Cierto Falso
8. Panamá tiene frontera con Nicaragua. Cierto Falso

Nombre: ______________________ Fecha: ______________

05-53 La geografía de Centroamérica. For each statement, select the correct country based on the map.

1. La capital de ______ es San José.
   a. Nicaragua b. Costa Rica c. Panamá

2. La capital de ______ es Managua.
   a. Nicaragua b. Costa Rica c. Panamá

3. La capital de ______ es Panamá.
   a. Nicaragua b. Costa Rica c. Panamá

4. ______ tiene un lago grande en su interior.
   a. Nicaragua b. Costa Rica c. Panamá

5. ______ tiene un canal importante que conecta el Mar Caribe con el Océano Pacífico.
   a. Nicaragua b. Costa Rica c. Panamá

6. ______ es el país más sureño (*southernmost*) de la América Central.
   a. Nicaragua b. Costa Rica c. Panamá

Páginas: Playa Cacao (Textbook p. 180)

05-54 ¿Cierto o falso? Based on information from the **Páginas** section of the text, decide if each statement is **cierto** or **falso**.

1. La casa en Playa Cacao tiene un patio con vista al mar. Cierto Falso
2. Hay otras casas similares que están cerca. Cierto Falso
3. La casa se vende con los muebles incluidos. Cierto Falso
4. La casa tiene aire acondicionado. Cierto Falso
5. La casa es tan grande como el terreno que se vende. Cierto Falso
6. Es posible financiar la casa y pagar entre diez y veinte años. Cierto Falso

Taller (Textbook p. 182)

05-55 Pedir más información. You are interested in the house advertised for sale in the **Páginas** section of the textbook. However, you have questions and need additional information before making a decision. Write an e-mail to the seller of the house on Playa Cacao expressing your interest in the property and requesting specific information. Don't forget to include a header, greeting, and closing in your e-mail.

Nombre: ______________________ Fecha: ______________________

6 ¡Buen provecho!

Primera parte

¡Así lo decimos! Vocabulario (Textbook pp. 186–187)

Las comidas y las bebidas

06-01 ¡Así es la vida! Reread the brief dialogs in your textbook and indicate whether each statement is **cierto, falso,** or **No se sabe** (*unknown*).

1. Manolo le pide la cuenta al mesero. Cierto Falso No se sabe.
2. Jorge no sabe cuánto deben dejar de propina. Cierto Falso No se sabe.
3. Esme pide pastel de manzana. Cierto Falso No se sabe.
4. Elías quiere pedir pollo y papas. Cierto Falso No se sabe.
5. Matilde no desea comer mariscos. Cierto Falso No se sabe.
6. La mamá está contenta con Matilde. Cierto Falso No se sabe.

Nombre: ______________________________ Fecha: ______________________

06-02 Emparejar. Matilde sees a lot of foods around her in the restaurant and wants to confirm with her mother what they are. Match each food or beverage with the Spanish word for it.

1.  ______
2.  ______
3. 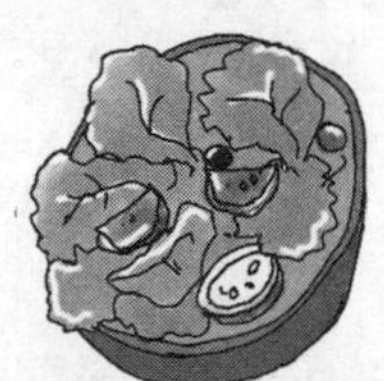 ______
4.  ______
5. 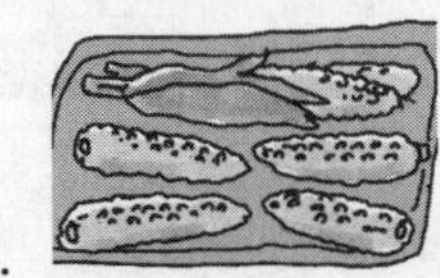 ______
6.  ______
7.  ______
8.  ______

a. la torta de chocolate

b. el queso

c. el maíz

d. la lechuga, el tomate y la cebolla

e. el vino blanco y el vino tinto

f. el helado de vainilla y de chocolate

g. el pescado

h. el pan

06-03 Fuera de lugar. Select the word that does not belong in each group of foods or beverages.

1. a. el agua mineral
   b. el té
   c. la mantequilla
   d. la limonada

2. a. el bocadillo
   b. el flan
   c. el pastel de manzana
   d. las galletas

3. a. las fresas
   b. el ajo
   c. la manzana
   d. la naranja

4. a. el bistec
   b. el azúcar
   c. el jamón
   d. el pollo

5. a. la zanahoria
   b. el maíz
   c. las judías verdes
   d. la cerveza

6. a. el arroz
   b. los camarones
   c. los mariscos
   d. el pescado

Nombre: ______________________ Fecha: ______________________

06-04 Los alimentos. Matilde loves puzzles. Find these 12 words related to food vocabulary in the word search. Be sure to look for words horizontally, vertically, and diagonally, both forward and backward.

arroz	huevos	mantequilla	queso
azúcar	jamón	manzana	refresco
banana	leche	pescado	zanahoria

A	Z	Ú	C	A	R	E	F	C	Ó	M	F	P	L	P
P	R	L	O	Z	E	M	A	P	L	A	E	O	E	O
H	X	R	B	C	F	J	L	Ó	M	S	H	D	C	T
L	U	H	O	A	R	I	D	J	C	O	A	V	H	Ó
O	E	B	Y	Z	E	F	U	A	I	B	Z	Ú	E	A
S	M	Ó	S	U	S	O	D	Z	Q	L	A	M	I	S
G	V	J	I	B	C	O	S	X	H	A	N	I	T	R
Y	H	U	E	V	O	S	E	B	A	N	A	N	A	A
Q	O	D	P	N	F	H	O	I	G	I	H	A	B	N
A	T	A	Ó	I	S	R	S	A	R	L	O	M	R	A
O	Z	M	V	A	R	Q	E	T	V	Z	R	N	O	Z
P	A	F	U	L	O	P	U	Y	Ú	E	I	Z	L	N
J	I	A	L	L	I	U	Q	E	T	N	A	M	S	A
D	L	Ú	A	E	V	Z	Ó	R	R	W	Ú	F	C	M

06-05 En un restaurante elegante. You are with your significant other at a fine restaurant, where dialog between clients and the server is formal. Match each question or statement with the most appropriate response.

1. ¿Desean algo de tomar? ______
2. ¿Me trae la cuenta, por favor? ______
3. ¿Cuál es la especialidad de la casa? ______
4. ¡Buen provecho! ______
5. ¿Cuánto es la propina, mi amor? ______

a. Enseguida.
b. Gracias.
c. La especialidad de la casa son los camarones.
d. El veinte por ciento.
e. Sí, el vino tinto de la casa, por favor.

06-06 **¿Qué comen y beben?** You have two roommates with very different eating habits. Look at the drawings of Jaime's typical breakfast and Manuel's typical lunch, and answer each question you hear in a complete sentence.

El desayuno de Jaime

1. ____.

2. ____.

3. ____.

El almuerzo de Manuel

4. ____.

5. ____.

6. ____.

Nombre: ______________________ Fecha: ______________________

06-07 Graciela y Adriana van a desayunar. Graciela and Adriana are sisters meeting out for breakfast. Listen to their conversation with their server in its entirety. Then select all items that are true for each statement.

1. Graciela ______ .
   a. tiene mucha hambre. b. le pide el menú al mesero. c. desea tomar un café con leche.
2. Adriana ______ .
   a. le pide el menú al mesero. b. prefiere un té caliente. c. quiere un jugo de naranja.
3. Adriana quiere ______ .
   a. huevos fritos (*fried*) del menú. b. más té caliente. c. el bufé.
4. Graciela prefiere ______ .
   a. huevos con jamón del bufé. b. un jugo de varias frutas. c. un jugo de naranja.
5. Graciela dice que ______ .
   a. no hay suficiente comida. b. el desayuno sabe (*tastes*) mal. c. el café está frío.
6. El mesero responde que ______ .
   a. les sirve otro desayuno. b. lo siente mucho. c. le sirve otro café a Graciela.

06-08 Las comidas del día. Your university health center is offering a complimentary consultation with a dietician. She wants to know what you typically eat for breakfast, lunch, dinner, and snacks. List at least three detailed items per category, following the model as a guide.

Modelo: el desayuno:
café con leche y azúcar, pan tostado (toasted) *con mantequilla, yogur con varias frutas*

el desayuno:

____

____

el almuerzo:

____

____

las meriendas:

____

____

la cena:

____

____

Nombre: ______________________ Fecha: ______________________

06-09 Cuestionario. In further preparation for your consultation with a dietician, your university health center gives you a form with questions to answer. Answer using complete sentences in Spanish.

1. ¿Desayunas bien todos los días?

   ____.

2. ¿Comes muchas verduras y frutas? ¿Cuáles son tus favoritas?

   ____.

3. ¿Eres vegetariano/a? ¿Qué proteínas consumes?

   ____.

4. ¿Consumes mucho azúcar en general?

   ____.

5. ¿Qué prefieres beber? ¿Tomas mucha agua todos los días?

   ____.

Nombre: ______________________________ Fecha: ______________________

¡Así lo hacemos! Estructuras

1. Indirect objects, indirect object pronouns, and the verbs *decir* and *dar* (Textbook p. 190)

06-10 Una familia cooperativa. The González family cooperates to ensure that all runs smoothly. Susana González explains with the following statements. Complete each one with the indirect object pronoun that corresponds to the indirect object in italics.

Modelo: Mi padre *le* prepara el desayuno *a mi madre* los sábados y domingos.

1. Mi madre ______ prepara la cena *a todos nosotros* durante la semana.
2. Mis padres ______ traen *a mí* comida china de vez en cuando. ¡Es mi favorita!
3. Mi hermano Esteban ______ hace la cama *a mi hermanito Juanito.*
4. Yo ______ lavo los platos *a todos.*
5. Yo también ______ lavo la ropa *a mi abuelo.*
6. Mi abuelo ______ compra helado *a mis dos hermanos y a mí.*
7. ¿Qué ______ haces tú *a los miembros de tu familia*?
8. ¿ ______ compran cosas (*things*) especiales *a ti* tus abuelos?

06-11 ¿Qué dicen? Maribel is from Mexico and her friend Cristina is from Spain. As you read in **Variaciones**, they use different words for some food-related concepts. Complete each of Maribel's explanations with the correct form of the verb **decir**.

Modelo: Yo *digo* "jugo de naranja", pero Cristina *dice* "zumo de naranja".

1. Como soy mexicana, yo ______________________ "mesero", pero Cristina como española ______________________ "camarero".
2. Cuando hablamos con el mesero en México, nosotros ______________________ "usted", pero las personas en España ______________________ más "tú".
3. Yo ______________________ "banana", pero Cristina y sus amigos ______________________ "plátano".
4. En México nosotros ______________________ "papas", pero las personas en España prefieren ______________________ "patatas".
5. ¿Qué ______________________ tú, "patatas" o "papas"?

Nombre: ______________________ Fecha: ______________________

06-12 ¿Qué le dan? Little Juanito isn't feeling well today, and several family members give him different things to soothe him. Complete each statement by his older sister with the correct form of the verb **dar**.

Modelo: Mi abuelo le *da* su libro favorito.

1. Mis padres le ______________________ medicinas.
2. Mi abuela le ______________________ una sopa de pollo casera (*homemade*) muy buena.
3. Yo le ______________________ jugo de naranja.
4. Yo también le quiero ______________________ un té caliente, pero él no lo quiere.
5. Todos nosotros le ______________________ mucho amor.
6. ¿Le ______________________ tú algo (*something*) bueno también?

06-13 Un buen restaurante italiano. Paulina loves a particular Italian restaurant where the service is simple and the food is tasty. Complete each of her descriptions with the indirect object pronoun that corresponds to the indirect object in italics, followed by the correct form of the verb in parentheses (either **decir** or **dar**). Follow the model closely.

Modelo: La mesera *le da* (dar) un café *a mi esposo.*

1. La mesera ______________________ (dar) el menú *a nosotros.*
2. Yo ______________________ (decir) *a la mesera* que soy vegetariana.
3. La mesera ______________________ (decir) *a mí* cuáles son los mejores platos (*best dishes*) vegetarianos.
4. Mi esposo y yo ______________________ (decir) *a la mesera* que preferimos vino tinto, unas ensaladas (*salads*) verdes y la pasta con salsa de tomate.
5. La mesera y los cocineros (*cooks*) ______________________ (dar) *a nosotros* muy buen servicio y comida muy rica.
6. Nosotros ______________________ (dar) las gracias *a todos* por una buena experiencia.

06-14 Reflexiones. You are talking to a friend about your significant other, and you reflect on all the positive things that he/she does for others. Listen to each statement and select the indirect object that clarifies or emphasizes the indirect object pronoun that you hear.

1. a. a su mejor amigo b. a sus amigos c. a nosotros
2. a. a ti b. a nosotros c. a mí
3. a. a su madre b. a nosotros c. a sus abuelos
4. a. a sus amigos b. a mí c. a ti
5. a. a mí b. a nosotros c. a su familia
6. a. a mí b. a sus abuelos c. a ti

Nombre: ______________________ Fecha: ______________________

06-15 Una casa ocupada. You are a busy stay-at-home parent. Your mother comes for a visit and wants to help you in every way possible. Listen to each offer of assistance and choose the most logical response.

1. ______
2. ______
3. ______
4. ______
5. ______
6. ______

a. Sí, puedes sacarle la basura, porque esta noche llega tarde.
b. Sí, nos puedes preparar unos sándwiches.
c. Sí, esta noche, y las puedes bañar también.
d. No, pero me puedes vaciar el lavaplatos, si quieres.
e. Sí, te digo en un momento.
f. Sí, les das un poco de fruta en media hora, por favor.

06-16 La comida de la abuela. Your grandmother enjoys preparing food for loved ones. You explain to a friend what she typically makes. Combine the elements given to form complete sentences in Spanish. Be sure to include an indirect object pronoun before each verb, conjugated to agree with **mi abuela**. Follow the model closely.

Modelo: preparar / flan de vainilla / a mi abuelo
Le prepara flan de vainilla a mi abuelo.

1. preparar / sopa de pescado / a mi padre

   ____.

2. hacer / camarones al ajo / a mis tíos

   ____.

3. dar / una torta de zanahoria / a mí

   ____.

4. hacer / galletas de chocolate / a todos nosotros

   ____.

5. preparar / pan de banana / a ti / ¿verdad?

   ____.

2. *Gustar* and similar verbs (Textbook p. 193)

06-17 ¿Qué comida les gusta? You are helping your friend Clara plan a small backyard party for her graduation. Complete her statements about food preferences in her family with the correct form of the verb **gustar**.

Modelo: A mi madre le *gustan* las frutas de verano.

1. A todos nosotros nos ______________________ las galletas de chocolate.
2. A mí me ______________________ el pastel de manzana también.
3. A mi hermana le ______________________ mucho las papas fritas (*French fries*).
4. A mis padres les ______________________ el jamón con queso, pero a mí no.
5. A mí me ______________________ las hamburguesas, pero a mis padres no.
6. A mi hermana y a mí nos ______________________ mucho cocinar (*to cook*).
7. A todos nosotros nos ______________________ comer en el patio.
8. A ti te ______________________ planear (*to plan*) fiestas, ¿verdad? ¡Gracias!

06-18 Compañeros nuevos. Raúl and Julián are new housemates who live near their university campus. Complete their conversation about cooking and eating preferences with the appropriate form of each verb in parentheses.

RAÚL: ¿Te (1) ______________________ (interesar) las clases de cocina (*cooking*)?

JULIÁN: No, no me (2) ______________________ (interesar). Me (3) ______________________ (parecer) aburridas, pero sí me (4) ______________________ (fascinar) ir a restaurantes.

RAÚL: ¿Qué restaurantes te (5) ______________________ (gustar)?

JULIÁN: Me (6) ______________________ (encantar) el restaurante japonés nuevo Sushiya. A mi familia y a mí nos (7) ______________________ (fascinar) ir a restaurantes exóticos en general.

RAÚL: A mí también me (8) ______________________ (encantar) los restaurantes exóticos, pero no me (9) ______________________ (gustar) la comida picante.

JULIÁN: Tranquilo, conozco un restaurante que te va a (10) ______________________ (fascinar).

06-19 Los temas de conversación. You overhear parts of a conversation in a café. Listen to each statement and indicate which of the two subjects (singular or plural) is being discussed. Base each answer on the verb ending you hear.

1. a. la comida picante — b. los postres
2. a. la cerveza oscura — b. los camarones
3. a. comer pescado — b. los platos del menú
4. a. la comida italiana — b. los vinos chilenos
5. a. la leche — b. los meseros impacientes
6. a. cenar en un restaurante vegetariano — b. las hamburguesas

Nombre: ______________________ Fecha: ______________________

06-20 Un buen restaurante chino. Miguel and his wife eat out at Chinese restaurants often. Complete each of Miguel's descriptions with the correct indirect object pronoun, followed by the correct form of the verb in parentheses. Follow the model closely.

Modelo: A mi esposa *le gusta* (gustar) la comida vegetariana.

1. A mi esposa y a mí ______________________ (encantar) los restaurantes chinos.
2. A mí ______________________ (parecer) muy buenos y baratos.
3. A mi esposa ______________________ (molestar) los precios altos.
4. A nosotros dos ______________________ (aburrir) los platos sin mucho sabor (*flavor*).
5. A muchos clientes ______________________ (apetecer) la especialidad de la casa.
6. A nosotros ______________________ (interesar) saber los ingredientes.
7. A mí ______________________ (quedar) diez dólares para la propina.
8. ¿______________________ (fascinar) a ti cenar en restaurantes chinos?

06-21 Los gustos de los amigos. Antonio lives in a large rental house with his friends, who have very different tastes in foods and beverages. Based on each drawing and following the model, indicate what each friend likes using the verb **gustar**.

Modelo: *A Antonio le gustan las hamburguesas.*

1. ______________________
____

3. ______________________
____

5. ______________________
____

2. ______________________
____

4. ______________________
____

6. ______________________
____

Nombre: ______________________ Fecha: ______________________

06-22 Tus gustos. You have a new friend who is studying to be a chef. He/She wants to cook a meal for you and asks about your food and beverage preferences. Write complete sentences to express three foods and beverages that you like and three that you dislike. Be sure to follow the models and watch for agreement with the verb **gustar**.

Modelos: **Me gusta(n)**
Me gusta el café.
No me gusta(n)
No me gustan los tomates.

Me gusta(n)

1. ______________________
2. ______________________
3. ______________________

No me gusta(n)

4. ______________________
5. ______________________
6. ______________________

06-23 Más sobre tus gustos. Your new friend and future chef e-mails you with questions about your eating habits and preferences. Answer the questions in complete sentences in Spanish, and be sure to watch for verb agreement.

1. ¿Te gusta comer en restaurantes?

   ______________________.

2. ¿Te interesan las comidas exóticas?

   ______________________.

3. ¿Te gusta la comida picante?

   ______________________.

4. ¿Qué ingredientes te molestan?

   ______________________.

5. ¿Te fascina probar (*to try*) diferentes tipos de cerveza o de vino?

   ______________________.

Nombre: ________________________ Fecha: ________________________

¿Cuánto saben? (Textbook p. 195)

06-24 **¿Comprenden bien?** Alicia and Marcos are doing their weekly grocery shopping in the market (**el mercado**). Based on the drawing, indicate whether each statement you hear is **cierto** or **falso**.

1. Cierto Falso
2. Cierto Falso
3. Cierto Falso
4. Cierto Falso
5. Cierto Falso
6. Cierto Falso

Nombre: ______________________________ Fecha: ______________________

06-25 ***¿Saben decir y dar?*** What do students and instructors in a Spanish classroom say and give? One student, Alex, explains. Complete each of his statements with the correct form of the verb in parentheses (either **decir** or **dar**).

Modelo: La profesora nos *da* (dar) mucha tarea.

1. Yo le ____________________ (decir) "buenos días" a la profesora todos los días.
2. Mis compañeros de clase también le ____________________ (decir) "buenos días".
3. Todos nosotros ____________________ (decir) muchas palabras y frases en español durante la clase.
4. Dos estudiantes, Ana y Pablo, siempre le ____________________ (dar) buenas respuestas a la profesora.
5. Nosotros le ____________________ (dar) las gracias a la profesora por su buena instrucción.
6. ¿Les ____________________ (dar) tú las gracias a tus profesores?

06-26 **¿Saben usar los pronombres de objeto indirecto?** The Sánchez family loves to celebrate birthdays with good food and gifts, as Enrique Sánchez explains. Select the indirect object pronoun that correctly corresponds to each indirect object.

1. Mis padres ______ dan a mí un reloj nuevo.
   a. me b. nos c. te
2. Mi madre ______ prepara nuestros postres favoritos a mis hermanos y a mí.
   a. me b. les c. nos
3. Yo ______ doy un libro de historia a mi padre.
   a. le b. les c. te
4. A mis hermanos ______ compro entradas para un concierto.
   a. le b. les c. nos
5. ¿Qué ______ doy a ti para tu cumpleaños?
   a. me b. le c. te

Nombre: ______________________ Fecha: ______________________

06-27 **¿Saben usar los verbos como *gustar*?** Esteban and his friends love to eat. Complete each of Esteban's descriptions with the indirect object pronoun that corresponds to the indirect object given, followed by the correct form of the verb in parentheses. Follow the model closely.

Modelo: A mi amigo Rodrigo *le gustan* (gustar) mucho las hamburguesas.

1. A mis amigos y a mí ______________________ (encantar) comer.
2. A nosotros ______________________ (fascinar) las frutas tropicales.
3. A mí ______________________ (interesar) las clases de cocina (*cooking classes*).
4. A mi amiga Laura ______________________ (aburrir) preparar la comida.
5. A Laura y a Rodrigo ______________________ (apetecer) comer comida rápida todos los días.
6. Y a ti, ¿qué ______________________ (parecer) la comida rápida?

06-28 **¿Saben contestar por escrito?** Listen to five questions about eating in restaurants. Write a truthful, complete response in Spanish for each question you hear. Be sure to use appropriate indirect object pronouns and correct verb agreement.

1. ______________________.
2. ______________________.
3. ______________________.
4. ______________________.
5. ______________________.

06-29 **¿Saben contestar oralmente?** Listen to five questions about your eating habits and preferences. Give a truthful, complete oral response in Spanish for each question you hear. Be sure to use correct verb agreement and an indirect object pronoun when appropriate.

1. ...
2. ...
3. ...
4. ...
5. ...

Nombre: ______________________ Fecha: ______________________

Perfiles (Textbook p. 196)

Mi experiencia: Tren de la ruta del vino

06-30 Según Felipe, su guía en el tren. Reread this section of your textbook and give the best answer to complete each statement. Not all words in the word bank will be used.

almuerzo	degustación	moderno	valle
coche comedor	histórico	pescado	viñas

1. La excursión de la ruta del vino ocurre a bordo de un tren ______________________, construido en Chile en 1913.
2. El recorrido del tren pasa por las ______________________ del Valle de Colchagua.
3. Durante el recorrido, hay una ______________________ de vinos con comida y con música de fondo de artistas chilenos famosos, como Alberto Plaza y Myriam Hernández.
4. La comida incluye ______________________ fresco, quesos y panes artesanales y frutos secos.
5. Después del recorrido en tren, hay un ______________________ en la viña Paraíso del Valle, en Santa Cruz.
6. Después del almuerzo, hay una visita al viñedo del ______________________ de Cachapoal y otra degustación de vinos.

Mi música: "Ahora" (Alberto Plaza, Chile)

06-31 Asociar datos. Read about this artist in your textbook and follow the directions to listen to the song on the Internet. Then match each item with the best description.

1. Alberto Plaza ______
2. tres carreras universitarias que Plaza nunca terminó (*never finished*) ______
3. el número de conciertos dados (*given*) por Plaza ______
4. el número de discos vendidos (*sold*) ______
5. el tema de la canción "Ahora" ______
6. la música de la canción "Ahora" ______

a. más de un millón
b. la relación con una exnovia
c. ingeniería, economía y publicidad
d. un cantautor contemporáneo chileno
e. lenta y melancólica
f. más de mil

Nombre: ______________________ Fecha: ______________

Segunda parte

¡Así lo decimos! Vocabulario (Textbook pp. 198–199)

En la cocina

06-32 **¡Así es la vida!** Reread the brief passage in your textbook and select all items that are true for each statement.

1. La mamá de Enrique ______ .
   a. le mandó un mensaje de texto
   b. lo llamó por teléfono
   c. les preparó guacamole con nachos a Enrique y a sus amigos

2. Enrique ______ .
   a. llamó a su mamá por teléfono
   b. invitó a su mamá a casa
   c. invitó a algunos amigos a casa

3. Enrique ______ .
   a. les preparó guacamole con nachos a sus amigos
   b. usó una receta de su mamá
   c. encontró una receta en la Internet

4. La receta requiere (*requires*) ______ .
   a. cuarenta minutos
   b. veinte minutos o menos
   c. siete ingredientes

5. Para la receta, Enrique necesitó ______ .
   a. un tazón
   b. aguacate, limón, ajo, cilantro y sal
   c. la ayuda de su mamá

06-33 **Emparejar.** Enrique wants to learn more about cooking. Match each kitchen activity with the most logically associated food, utensil, and/or appliance.

1. tostar ______
2. mezclar ______
3. cortar ______
4. pelar ______
5. freír ______
6. calentar ______
7. hornear ______
8. guardar ______
9. picar ______
10. echarle ______

a. el pastel con un cuchillo
b. el pollo en el horno (*oven*)
c. las sobras (*leftovers*) en el refrigerador
d. sal al agua en la cazuela
e. el pan en la tostadora
f. la cebolla para hacer salsa picante
g. los ingredientes en un tazón
h. el agua en la estufa
i. la banana antes de comerla
j. los huevos en una sartén

Nombre: ______________________ Fecha: ______________________

06-34 Completar. How well do you know your way around the kitchen? Enrique's mother explains some basics. Complete each statement with a word from the word bank.

asado	cocinar	microondas	receta	tenedor
cafetera	cuchara	pizca	taza	vaso

1. A mí me encanta ______________________ para mi familia.
2. Una ______________________ es la lista de ingredientes y las instrucciones para preparar un plato (*dish*).
3. ¡El pollo ______________________ es muy sabroso!
4. Siempre le echo una ______________________ de sal al arroz.
5. Usamos una ______________________ para preparar el café.
6. Usamos un ______________________ para calentar comida en poco tiempo.
7. Usamos una ______________________ para comer sopa.
8. Para cortar la carne, necesito un ______________________ y un cuchillo.
9. Necesito tomar al menos una ______________________ de café todas las mañanas.
10. Cuando tengo sed, bebo un ______________________ de agua fría.

06-35 En la cocina. Enrique's mother continues to explain kitchen activities. Listen to each of her statements and select the response that best completes it.

1. a. a la parrilla b. en la tostadora c. en la cafetera
2. a. una cazuela b. un tazón c. una cucharadita
3. a. un vaso pequeño b. una cucharada c. un plato elegante
4. a. un tenedor b. una servilleta c. un cuchillo
5. a. ¡Qué asco! b. ¡Qué rico! c. ¡Qué ridículo!
6. a. ¡Qué asco! b. ¡Qué sabroso! c. ¡Qué ridículo!

Nombre: ______________________ Fecha: ______________________

06-36 Una cena en casa. A mother, a father, and their daughter converse in the kitchen before dinnertime. Listen and indicate whether each statement is **cierto** or **falso**.

1. La mamá preparó la cena sin ayuda. Cierto Falso
2. El papá ayudó a preparar las verduras. Cierto Falso
3. La mamá cocinó el pollo en el microondas. Cierto Falso
4. Lola, la hija, le echó un poco de salsa picante al arroz. Cierto Falso
5. La mamá compró pan para la cena. Cierto Falso
6. La mamá horneó una torta de chocolate para mañana. Cierto Falso

06-37 Tus actividades en la cocina. Write five complete sentences describing your activities in the kitchen to prepare food and beverages. Be sure to include the utensils and appliances shown in the drawing, and follow the model closely.

Modelo: *Caliento la sopa en el microondas.*

1. ______________________.
2. ______________________.
3. ______________________.
4. ______________________.
5. ______________________.

Nombre: ______________________ Fecha: ______________________

Letras y sonidos: The sequences *s, z, ce, ci* in Spanish (Textbook p. 200)

06-38 ¿España, Latinoamérica o cualquiera de las dos? Listen to the pronunciation of each of the following words, taking spelling into consideration. Indicate whether the speaker is clearly from Spain, clearly from Latin America, or could be from either of the two regions (**cualquiera de las dos**).

1. sal a. España b. Latinoamérica c. cualquiera de las dos
2. receta a. España b. Latinoamérica c. cualquiera de las dos
3. pescado a. España b. Latinoamérica c. cualquiera de las dos
4. zanahoria a. España b. Latinoamérica c. cualquiera de las dos
5. azúcar a. España b. Latinoamérica c. cualquiera de las dos
6. desayuno a. España b. Latinoamérica c. cualquiera de las dos
7. pizca a. España b. Latinoamérica c. cualquiera de las dos
8. cena a. España b. Latinoamérica c. cualquiera de las dos
9. sartén a. España b. Latinoamérica c. cualquiera de las dos
10. cerveza a. España b. Latinoamérica c. cualquiera de las dos

¡Así lo hacemos! Estructuras

3. The preterit of regular verbs (Textbook p. 202)

06-39 ¿Presente, pretérito o cualquiera de los dos? Your friend frequently e-mails you about random events in her life. Indicate whether each sentence clearly takes place in the present, in the past (preterit), or could be either of the two (**cualquiera de los dos**), based on the verb conjugation.

1. Almorcé en casa de una amiga. a. presente b. pretérito c. cualquiera de los dos
2. Vivimos cerca. a. presente b. pretérito c. cualquiera de los dos
3. Almorzamos juntas (*together*). a. presente b. pretérito c. cualquiera de los dos
4. Llegué a la una de la tarde. a. presente b. pretérito c. cualquiera de los dos
5. Le cocino arroz con pollo a ella. a. presente b. pretérito c. cualquiera de los dos
6. Me cocinó bistec a la parrilla. a. presente b. pretérito c. cualquiera de los dos
7. Bebimos vino tinto. a. presente b. pretérito c. cualquiera de los dos
8. Bebemos mucho café. a. presente b. pretérito c. cualquiera de los dos
9. Tomamos flan de postre. a. presente b. pretérito c. cualquiera de los dos
10. Me gustó la comida. a. presente b. pretérito c. cualquiera de los dos

Nombre: ______________________________ Fecha: ______________________

06-40 ¿Qué pasó en la clase de cocina? Find out what Rosa and her friends did before and during a cooking class. Complete each sentence with the correct preterit form of the verb in parentheses.

Modelo: Nosotros *pagamos* (pagar) por la clase.

1. Yo ______________________ (comprar) los ingredientes antes.
2. Todos nosotros los ______________________ (preparar) durante la clase.
3. Carlos y Alfredo ______________________ (preparar) los camarones para la parrilla.
4. José ______________________ (calentar) el agua para el arroz.
5. Silvia ______________________ (añadir, *to add*) una pizca de sal y pimienta negra a todo.
6. José y Silvia ______________________ (aprender) a picar cebollas y tomates.
7. Todos nosotros ______________________ (beber) vino durante el proceso.
8. ¿Cómo ______________________ (ayudar) tú?

06-41 Juntas en un almuerzo. A few days after their cooking class, Rosa and Silvia met for lunch. Complete Rosa's description of the experience with the correct preterit form of each verb in parentheses.

Ayer yo (1) __________________ (almorzar) en un buen restaurante. (2) __________________ (Llamar) a mi amiga Silvia y la (3) __________________ (invitar) a almorzar conmigo. Silvia y yo (4) __________________ (llegar) al restaurante a la una. Nosotras (5) __________________ (pedir) la especialidad de la casa, bistec con papas fritas. El cocinero (*cook*) (6) __________________ (preparar) muy bien mi bistec y yo le (7) __________________ (añadir, *to add*) una pizca de sal. Yo (8) __________________ (beber) un refresco con la comida y Silvia (9) __________________ (tomar) una taza de café con leche. Nosotras le (10) __________________ (dejar) una buena propina a la mesera.

06-42 ¿Qué pasó ayer? What did you and others do yesterday? Combine elements from the three lists to write five complete sentences with verbs in the preterit.

yo	desayunar	huevos fritos y jamón
tú	almorzar	un sándwich de queso
usted	comer	arroz con camarones al ajo
mi amigo	beber	cerveza oscura
mis amigos y yo	salir	a/en un club
ustedes	recibir	a/en un restaurante
mis padres		la cuenta en el restaurante

Modelo: *Yo salí a un restaurante.*

1. ____.
2. ____.
3. ____.
4. ____.
5. ____.

Nombre: ______________________________ Fecha: ______________________

06-43 Escuchar a un amigo. A friend calls you to share random events in his life. Indicate whether each sentence is clearly in the present, in the past (preterit), or could be either of the two (**cualquiera de los dos**), based on the verb conjugation you hear.

1. a. presente b. pretérito c. cualquiera de los dos
2. a. presente b. pretérito c. cualquiera de los dos
3. a. presente b. pretérito c. cualquiera de los dos
4. a. presente b. pretérito c. cualquiera de los dos
5. a. presente b. pretérito c. cualquiera de los dos
6. a. presente b. pretérito c. cualquiera de los dos
7. a. presente b. pretérito c. cualquiera de los dos
8. a. presente b. pretérito c. cualquiera de los dos

06-44 Las preguntas de mi mamá. Your mother calls with questions about your recent lunch date with Clara, a new friend. Answer the questions affirmatively in complete sentences using the appropriate preterit form of the verb and, when possible, an appropriate direct or indirect object pronoun. Follow the model closely.

Modelo: ¿Bebiste la limonada?
Sí, *la bebí.*

1. Sí, ______________________________.
2. Sí, ______________________________.
3. Sí, ______________________________.
4. Sí, ______________________________.
5. Sí, ______________________________.

4. Verbs with irregular forms in the preterit (I) (Textbook p. 206)

06-45 Las acciones de Juan. Juan invited Julia over to his apartment for dinner. Complete each description of his actions with the correct preterit form of the verb in parentheses.

Modelo: Juan *prefirió* (preferir) prepararle a Julia una cena en casa.

1. Juan no ____________ (dormir) bien la noche anterior.
2. Él ____________ (sentirse) nervioso todo el día.
3. Primero, él ____________ (leer) las instrucciones en la receta.
4. Después Juan ____________ (seguir) las instrucciones.
5. Al final él le ____________ (pedir) ayuda a su madre por teléfono.
6. Él no ____________ (servir) la cena hasta las once de la noche.

Nombre: ___________________________ Fecha: ___________________________

06-46 Una mala experiencia. Last Friday David and three friends had dinner at a new restaurant. Complete David's description of what happened with the correct preterit form of each verb in parentheses.

El viernes pasado mis amigos y yo cenamos en un restaurante chileno nuevo. A mí me gustan los restaurantes mexicanos, pero el viernes pasado mis amigos (1) ____________________ (preferir) ir al chileno. En el restaurante, Anita y Lupe nos (2) ____________________ (leer) el menú. Ellas (3) ____________________ (pedir) pescado y Carlos (4) ____________________ (pedir) un bistec. Yo (5) ____________________ (preferir) los camarones. El mesero no nos (6) ____________________ (servir) bien y Carlos y yo (7) ____________________ (pedir) hablar con el encargado (*person in charge*). El encargado no nos (8) ____________________ (creer). ¡Fue (*it was*) un desastre! Por la noche Carlos no (9) ____________________ (dormir) bien y Anita y Lupe no (10) ____________________ (sentirse) bien tampoco (*either*).

06-47 Las preguntas del/de la esposo/a. Spouses tend to ask a lot of questions about children, food, and tasks in the home. Listen to questions involving a family with two children, Pablo and Laura, and answer each one by providing the correct preterit form of the verb.

Modelo: ¿Durmió bien anoche Laura?
Sí, *durmió* bien anoche, mi amor.

1. Sí, le ____________________ al perro su comida, mi amor.
2. ____________________ desayunar cereales, mi amor.
3. ____________________ desayunar huevos con jamón, mi amor.
4. No, no ____________________ pizza, mi amor.
5. Sí, los ____________________, mi amor.
6. Sí, la ____________________ bien, mi amor.

06-48 Tu última visita a un restaurante. In complete sentences, answer the following questions related to your most recent experience dining out with a friend.

1. ¿Qué prefirieron ustedes, un restaurante formal o informal?

   ____.

2. ¿Qué pediste para beber? ¿Qué pidió tu amigo/a?

   ____.

3. ¿Qué pediste para comer? ¿Qué pidió tu amigo/a?

   ____.

4. ¿Les sirvió bien a ustedes el/la mesero/a?

   ____.

5. ¿Te sentiste contento/a con la experiencia? ¿Se sintió contento/a tu amigo/a?

   ____.

Nombre: ______________________ Fecha: ______________________

¿Cuánto saben? (Textbook p. 208)

06-49 ¿Saben usar el vocabulario en contexto? Match each sentence with the corresponding drawing to explain what each person did yesterday.

1. Mario ______

2. Lola ______

3. Alfredo ______

4. Dolores ______

5. Estela ______

6. Pilar ______

a. preparó el café en la estufa.

b. frió el bistec en la sartén.

c. cocinó el pollo en el horno.

d. guardó la leche en el refrigerador.

e. cortó la zanahoria con un cuchillo.

f. peló las papas con un cuchillo.

Nombre: ______________________ Fecha: ______________________

06-50 ¿Comprenden bien? Listen to Felicia explain how she prepared a dinner for two and select the answer that best completes each sentence.

1. Primero Felicia calentó ______ .
   a. el agua en la estufa
   b. el agua en el microondas
   c. el aceite de oliva en una sartén

2. Felicia peló las papas y las cocinó ______ .
   a. en el horno por diez minutos
   b. en el agua por diez minutos
   c. en el agua por quince minutos

3. Felicia frió el pollo con ______ .
   a. arroz y frijoles
   b. pimientos, zanahorias y tomates
   c. cebollas

4. Felicia tostó el pan ______ .
   a. en la tostadora
   b. en el horno
   c. en la parrilla

5. Felicia les echó sal ______ .
   a. a los pimientos
   b. a las papas
   c. a las zanahorias

6. Felicia preparó toda la cena en ______ .
   a. quince minutos
   b. veinte minutos
   c. treinta minutos

06-51 ¿Saben usar el pretérito de los verbos regulares? Raúl and his family had a barbecue at their house last weekend. Complete Raúl's description with the correct preterit form of each verb in parentheses.

Modelo: Nosotros *decidimos* (decidir) hacer una barbacoa (*barbecue*) en casa.

1. Yo ______________________ (buscar) buenas recetas por la Internet.
2. Mi esposa ______________________ (comprar) los ingredientes.
3. Yo ______________________ (empezar) a preparar la parrilla en el patio.
4. Mi hija Susi le ______________________ (echar) ajo, sal y pimienta a la carne.
5. Susi y mi esposa ______________________ (cortar) las verduras.
6. Nosotros ______________________ (cocinar) juntos la comida.
7. Nosotros ______________________ (aprender) a mezclar unas buenas margaritas.
8. ¿ ______________________ (recibir) tú nuestra invitación a comer en casa?

06-52 ¿Saben usar el pretérito de los verbos irregulares? Complete each statement by selecting the correct irregular preterit form.

1. Rogelio y Amanda ______ un anuncio (*ad*) en la radio sobre un restaurante nuevo.
   a. oyen b. oyeron c. oyó

2. Amanda ______ ir al restaurante esa noche.
   a. pidió b. pide c. pidieron

3. En el restaurante, los dos ______ con interés el menú.
   a. leen b. leyó c. leyeron

4. Amanda bebió vino, pero Rogelio ______ tomar cerveza con la cena.
   a. prefiere b. prefirió c. prefirieron

5. Rogelio ______ muy mal después.
   a. se sintieron b. se sintió c. se siente

Nombre: ______________________ Fecha: ______________________

06-53 **¿Saben contestar por escrito?** Listen to five questions about the last time you went out to eat with others at a restaurant. Write a truthful response in Spanish after each question. Remember to use preterit verb forms with stem changes when appropriate.

1. ______________________
2. ______________________
3. ______________________
4. ______________________
5. ______________________

06-54 **¿Saben contestar oralmente?** Listen to five questions about the last time you cooked a meal. Give a truthful oral response in Spanish after each question. Remember to use preterit verb forms with stem changes when appropriate.

1. ...
2. ...
3. ...
4. ...
5. ...

Nombre: ______________________ Fecha: ______________________

Observaciones: ¡Pura Vida! Episodio 6 (Textbook p. 209)

Antes de ver el video

06-55 **¿Qué pasa?** Select the response that best answers each question.

1. Silvia is naming the ingredients she used when making the food she brought to the picnic. What might she say?
   a. Es uno de los platos más comunes de México.
   b. En España eso no es una empanadilla.
   c. Lleva patatas, cebolla, sal y huevos.

2. What might Patricio ask Hermés to do with the tortilla?
   a. Hermés, ¿me pasas un poco?
   b. Hermés, ¿y eso qué es?
   c. ¿Quieren ustedes uno?

3. What would be Hermés's logical response?
   a. No lo sé.
   b. Claro. Toma.
   c. Mmm, ¡Qué bueno!

4. How would Felipe describe what he brought?
   a. Empanada criolla. Es muy fácil de hacer.
   b. Tenía casi todos los ingredientes en casa.
   c. Ya veo que te gustó. ¿Quieres más?

5. With what might Felipe say his dish is typically served?
   a. Usé medio kilo de carne que había en el refrigerador.
   b. Se lo comieron todo.
   c. Esto es una salsa que se llama "chimichurri".

A ver el video

06-56 **¿Qué comida llevaron?** Write the name of the food item that each person brought to the picnic.

Silvia: ______________________

Marcela: ______________________

Hermés: ______________________

Felipe: ______________________

Después de ver el video

06-57 **La acción y los personajes.** Select whether each statement is **cierto** or **falso**.

1. En el lugar donde tienen el pícnic, Patricio encontró una serpiente la semana pasada. Cierto Falso
2. Patricio se llevó un pedazo (*piece*) de la serpiente a casa. Cierto Falso
3. Silvia preparó la tortilla con maíz. Cierto Falso
4. Cuando Marcela estaba (*was*) en Madrid, iba (*used to go*) al bar Los Caracoles. Cierto Falso
5. La tortilla mexicana es de papa. Cierto Falso
6. Marcela llevó unos tacos deliciosos. Cierto Falso
7. Silvia dice "empanadilla" y Felipe dice "empanada criolla". Cierto Falso
8. El postre que preparó Hermés tiene leche de coco (*coconut*). Cierto Falso

Nuestro mundo

Panoramas: Chile: un país de contrastes (Textbook p. 210)

06-58 **¡A informarse!** Based on information from **Nuestro mundo**, decide if each statement is **cierto** or **falso.**

1. A los chilenos no les gustan los mariscos. Cierto Falso
2. Chile exporta productos agrícolas a EE. UU. y a Canadá. Cierto Falso
3. El vino chileno es uno de los mejores del mundo. Cierto Falso
4. En Chile hay mucho turismo en los parques nacionales. Cierto Falso
5. Torres del Paine es un parque nacional en el norte del país. Cierto Falso
6. Hay más de 20 millones de habitantes en Chile. Cierto Falso

Nombre: ______________________________ Fecha: ______________________

06-59 La geografía de Chile. For each statement, select the best response based on the map.

1. Chile está en ______ .
   a. Norteamérica b. Sudamérica c. Centroamérica

2. La capital de Chile es ______ .
   a. Valparaíso b. Santiago c. Concepción

3. Las costas de Chile están en ______ .
   a. el Océano Pacífico b. el Mar Caribe c. el Océano Atlántico

4. Punta Arenas está en ______ del país.
   a. el norte b. el centro c. el sur

5. Chile tiene mucha frontera (*border*) con ______ .
   a. Paraguay b. Perú c. Argentina

Páginas: ¿Eres un gastrosexual? ¿Conoces a uno? (Textbook p. 212)

06-60 ¿Cierto o falso? Based on information from the **Páginas** section of your textbook, decide if each statement is **cierto** or **falso**.

1. Típicamente el término "gastrosexual" se refiere a una mujer. Cierto Falso
2. A una persona gastrosexual le encanta todo aspecto de la comida: su preparación, su consumo, su apariencia física y su mezcla de sabores. Cierto Falso
3. Hoy en día los hombres pasan una hora al día en la cocina. Cierto Falso
4. Típicamente los gastrosexuales son de una edad entre los veinticinco y los cuarenta y cuatro años. Cierto Falso
5. Al gastrosexual le fascina la cocina internacional. Cierto Falso
6. Hoy en día el 50% de las mujeres trabajan fuera de casa. Cierto Falso
7. Típicamente los hombres prefieren cocinar más que limpiar el baño. Cierto Falso
8. Para el gastrosexual, cocinar es una forma de atraer (*attract*) a otra persona. Cierto Falso

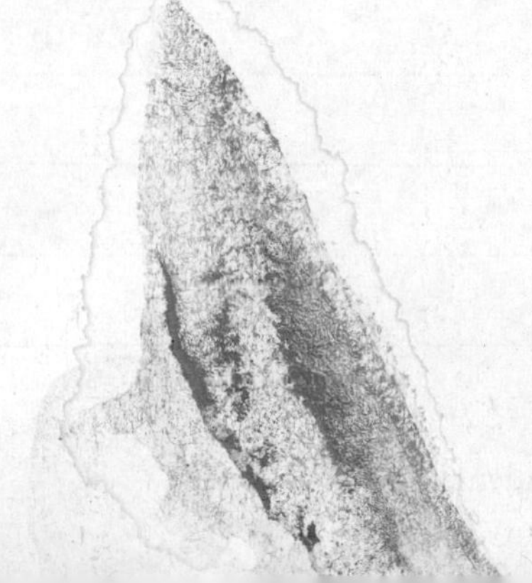

Nombre: ______________________ Fecha: ______________________

Taller (Textbook p. 214)

06-61 Los anuncios. Read the three restaurant ads below and answer the questions. It is not necessary to write complete sentences.

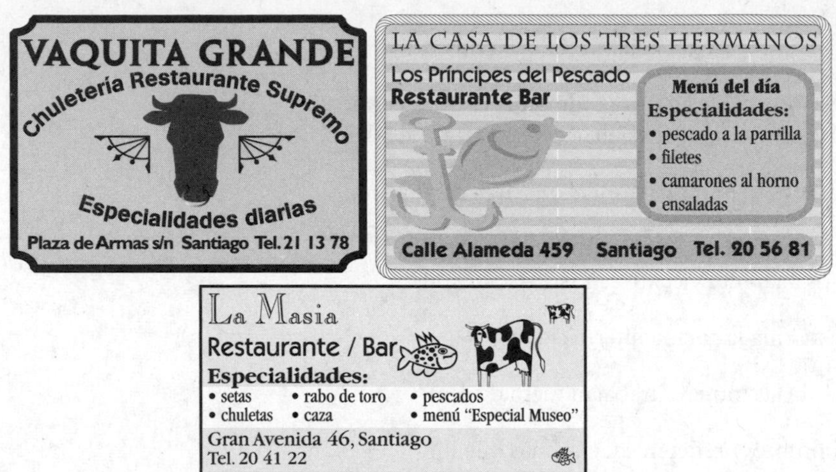

1. ¿En qué ciudad y país están estos tres restaurantes?

____

2. ¿Qué restaurantes tienen el pescado como especialidad?

____

3. ¿Qué restaurantes tienen la carne como especialidad?

____

4. ¿Cuáles son las especialidades de "La Casa de los Tres Hermanos"?

____

5. ¿Cuál es el número de teléfono de "Vaquita Grande"?

____

06-62 Tu anuncio para un restaurante. Now create your own ad for a restaurant you know or for an imaginary restaurant that you would consider ideal. Try to include as much vocabulary from the chapter as possible.

____

____

____

____

____

Nombre: ______________________ Fecha: ______________________

7 ¡A divertirnos!

Primera parte

¡Así lo decimos! Vocabulario (Textbook pp. 218–219)

El tiempo libre

07-01 ¡Así es la vida! Reread the brief dialogs in your textbook and select all items that are true for each statement.

1. Luisa, Manuel, Pedro, Teresa, Felipe y Verónica están ______ .
   a. hablando b. en un café c. donde hace calor
2. Luisa fue a la playa ______ .
   a. con algunos amigos b. con su novio c. linda de Luquillo
3. Manuel dio ______ .
   a. un paseo con su madre b. un paseo con su novia c. una fiesta en casa
4. Pedro vio una película ______ .
   a. de Benicio del Toro b. fabulosa c. con Teresa
5. Felipe estuvo ______ .
   a. en una discoteca b. en casa c. enfermo

07-02 Voy a la playa. You are packing your car for a day at the beach. Complete each sentence with the most appropriate word or expression from the word bank.

toalla	bolsa	hielo	lentes de natación
heladera	sombrilla	traje de baño	lentes de sol

1. Hace mucho sol; necesito una ______________________ .
2. Para proteger (*to protect*) los ojos del sol, necesito unos ______________________ .
3. Quiero nadar en el mar; necesito un ______________________ .
4. Para nadar, también necesito llevar (*to wear*) unos ______________________ sobre los ojos.
5. Para secarme después de nadar, necesito una ______________________ .
6. Voy a poner algunas toallas en una ______________________ .
7. Voy a poner refrescos en la ______________________ .
8. Los refrescos van a estar fríos porque hay ______________________ en la heladera.

Nombre: ______________________________ Fecha: ______________________

07-03 Los pasatiempos. Luisa and her friends are planning various weekend activities. Match each activity depicted with the correct expression in Spanish.

1.  ______

4.  ______

2.  ______

5.  ______

3.  ______

6.  ______

a. ver una película

b. leer una novela

c. pasarlo bien en la playa

d. nadar en el mar

e. dar un paseo

f. ir a una discoteca

Nombre: ______________________ Fecha: ______________________

07-04 ¿Qué tiempo hace? Luisa explains some facts about the weather to her little sister. Select all items that logically complete each statement.

1. En Nueva York normalmente ______ en diciembre.
   a. hace mucho frío b. nieva c. hace calor

2. En Chicago normalmente ______ en octubre.
   a. hace mucho calor b. hace fresco c. hace viento

3. Cuando ______ , voy a la playa a nadar.
   a. hay mucha humedad b. hay mucha contaminación c. hace sol

4. Cuando llueve, ______ .
   a. hay chubascos b. está nublado c. hace mucho sol

5. Cuando nieva, ______ .
   a. hace mucho calor b. hace frío c. llueve

07-05 Las reacciones de Gloria. Gabriel shares some ideas and Gloria reacts to them. Select the most logical reaction to each idea.

1. ¿Qué tal si vamos a un partido esta tarde?
   a. ¡Estupendo! b. No te preocupes.

2. ¿Qué pasa si no llegamos a tiempo?
   a. No te preocupes. b. ¡Magnífico!

3. No quedan entradas para el concierto.
   a. ¡Fantástico! b. ¡Qué mala suerte!

4. ¿Qué prefieres hacer ahora, dar un paseo o volar un papalote?
   a. ¡Fabuloso! b. Me da igual.

5. Me apetece hacer un pícnic mañana.
   a. ¡Estupendo! b. ¡Oye! Tengo una idea.

07-06 ¿Lógico o ilógico? Various friends discuss plans for the weekend. Listen to each brief dialog and indicate whether it is **lógico** or **ilógico**.

1. lógico ilógico
2. lógico ilógico
3. lógico ilógico
4. lógico ilógico
5. lógico ilógico
6. lógico ilógico
7. lógico ilógico
8. lógico ilógico

07-07 Los novios. Ricardo and Andrea discuss plans for tomorrow. Listen to their conversation in its entirety, and then select all items that correctly complete each statement.

1. Los novios quieren ______ .
   a. hacer un pícnic b. dar un paseo c. estar en el parque

2. Ricardo va a ______ .
   a. comprar las bebidas b. llevar la sombrilla c. llevar la música

3. Andrea va a ______ .
   a. llevar la heladera b. preparar el almuerzo c. llevar unas toallas

4. Ricardo ______ .
   a. va a pasar por Andrea b. va a salir a las once c. pregunta qué van a hacer si hace mal tiempo

5. Si llueve, Ricardo y Andrea ______ .
   a. no van a hacer el pícnic b. van a hacer el pícnic debajo de la sombrilla c. van a ir a una discoteca

07-08 El tiempo y tus pasatiempos. A friend moves to your area and wants to know more about the local weather and your preferred activities. Answer his/her questions in complete sentences in Spanish.

1. ¿Qué tiempo más te gusta?

   ____.

2. ¿Llueve o nieva mucho en esta ciudad?

   ____.

3. ¿Qué haces en tu tiempo libre cuando llueve o nieva?

   ____.

4. ¿Qué haces en tu tiempo libre cuando hace mucho viento?

   ____.

5. ¿Qué haces en tu tiempo libre cuando hace calor?

   ____.

Nombre: ___________________ Fecha: ___________________

¡Así lo hacemos! Estructuras

1. Irregular verbs in the preterit (II) (Textbook p. 222)

07-09 Unos días en la vida de Enrique. Enrique likes to keep a brief journal about everyday events in his life. Complete each paragraph with the correct preterit forms of the verb indicated. Be sure to make each verb agree with its subject.

A. ir La semana pasada yo (1) _______________ a un concierto. Mi novia Clara no (2) _______________, pero mis amigos (3) _______________. Después, nosotros (4) _______________ a un restaurante a cenar.

B. estar El viernes pasado yo (5) _______________ con mi novia Clara en un buen restaurante. Nosotros (6) _______________ allí por dos horas celebrando su cumpleaños. La comida (7) _______________ muy buena, ¡y los mariscos (8) _______________ especialmente ricos!

C. dar En el restaurante yo le (9) _______________ a Clara un regalo (*gift*) especial. Después Clara me (10) _______________ un gran beso (*kiss*). El gerente (*manager*) y el mesero nos (11) _______________ una pequeña torta de chocolate gratis (*free of charge*). Nosotros le (12) _______________ al mesero una propina muy buena.

D. tener Anteayer mis hermanas y yo (13) _______________ que ir a una fiesta en casa de mi primo Claudio. Yo (14) _______________ que comprar unos refrescos y mis hermanas (15) _______________ que preparar unos bocadillos. Parece que mi primo Claudio no (16) _______________ que comprar demasiado (*too much*) para su fiesta.

E. ver En la fiesta mis hermanas y yo (17) _______________ a muchos de nuestros primos. Yo también (18) _______________ a mi exnovia, quien es buena amiga de mi primo. La fiesta fue aburrida y varios primos (19) _______________ una película en la televisión. Mi primo Claudio (20) _______________ la película también.

07-10 Las preguntas de mamá. Mariano's mother asks him a lot of questions about his social life. Complete each sentence with the correct preterit form of the verb in parentheses, using the subject **tú** in each question and **yo** in each answer.

1. ¿A quién _______________ (ver) tú anoche?

   Yo _______________ (ver) a unos amigos.

2. ¿Adónde _______________ (ir) tú con ellos?

   Yo _______________ (ir) a un concierto de rock.

3. ¿ _______________ (tener) que pagar (tú) mucho?

   No, yo no _______________ (tener) que pagar mucho.

4. ¿ ______________ (estar) tú en una fiesta después?

   Sí, yo ______________ (estar) en una fiesta después.

5. ¿ ______________ (ser) tú simpático con todos?

   Sí, por supuesto, yo ______________ (ser) simpático con todos.

6. ¿Con quién ______________ (dar) tú un paseo durante la fiesta?

   Yo ______________ (dar) un paseo con mi amiga Marta. Pero, oye, mamá, son muchas preguntas, ¿no crees?

07-11 En el teatro. Last week you saw a play at the theater. Your curious friend Sonia has sent you an e-mail with questions about it. Answer her questions in complete sentences in Spanish, based on the information from the ticket stub.

TEATRO HISPANIOLA

"DIATRIBA DE AMOR CONTRA UN HOMBRE SENTADO"
TEATRO LIBRE DEL CARIBE

JUEVES, 27 DE OCTUBRE, 2011

HORA: 21:00
PRECIO: 600 PESOS
BUTACA
FILA: 3 **ASIENTO: 10**

TEATRO HISPANIOLA
C/ DE ALBATROS 42
CABARETE, REPÚBLICA DOMINICANA
(809) 571-0290
201303549 REF: 1222546051

CAJA DE CABARETE CAJA DE CABARETE CAJA DE CABARETE CAJA DE

1. ¿Qué obra de teatro (*play*) viste?

   ____.

2. ¿Qué día fuiste?

   ____.

3. ¿A qué hora fue la obra de teatro?

   ____.

4. ¿Cuánto tuviste que pagar por la entrada?

   ____.

5. ¿En qué fila (*row*) estuviste?

   ____.

Nombre: ______________________ Fecha: ______________________

07-12 Escuchar a una amiga. A friend calls to tell you about her weekend activities with her new boyfriend. Indicate whether each sentence is in the present or the past (preterit), based on the **nosotros** form of the verb that you hear.

1. a. presente b. pretérito
2. a. presente b. pretérito
3. a. presente b. pretérito
4. a. presente b. pretérito
5. a. presente b. pretérito
6. a. presente b. pretérito

07-13 En tu tiempo libre. A friend wants to know about the leisure activities you did last week. Answer each question you hear truthfully in a complete sentence.

Modelo: ¿Viste un buen programa de televisión la semana pasada?
Sí, vi el programa "Lie to me".

1. ______________________.
2. ______________________.
3. ______________________.
4. ______________________.
5. ______________________.

2. Indefinite and negative expressions (Textbook p. 225)

07-14 Planes para el día. Pedro and Ángela are discussing their plans for the day. Complete their dialog with appropriate affirmative and negative expressions from the word bank. Use each expression only once.

nada	ninguno	ni... ni	algún	algo
siempre	nadie	alguien	nunca	ninguna

1. ¿Quieres tomar refrescos o agua mineral en la playa?

   No quiero tomar ______________ refrescos ______________ agua mineral.

2. ¿Tienes ______________ sándwich en la heladera?

   No, no tengo ______________.

3. ¿Deseas llevar ______________ para comer a la playa?

   No, gracias. No deseo llevar ______________.

4. ¿Hay ______________ tomando el sol en la playa?

   No, no hay ______________ tomando el sol.

5. ¿Vamos al cine después de la playa?

   No, ¿por qué no vamos a la discoteca? ______________ vamos al cine por la noche.

6. Bueno, tienes razón. Vamos a ver muchas películas pero ______________ vamos a ______________ discoteca.

Nombre: ______________________ Fecha: ______________________

07-15 Ana y Paco riñen (*argue*). Ana has a number of complaints about their relationship that Paco denies. Play the role of Paco by changing each of Ana's statements from the negative to the affirmative. Be sure to follow the model closely and write complete sentences.

Modelo: ANA: Tú nunca quieres ir a conciertos conmigo.
PACO: *Yo siempre quiero ir a conciertos contigo.*

ANA: Nosotros nunca vamos a la playa.

PACO: (1) ______________________.

ANA: Tú nunca me das ningún regalo (*gift*).

PACO: (2) ______________________.

ANA: Nosotros nunca vamos ni a la discoteca ni al cine.

PACO: (3) ______________________.

ANA: Tú tampoco me invitas a dar paseos.

PACO: (4) ______________________.

ANA: Nosotros nunca vemos a ningún amigo.

PACO: (5) ______________________.

ANA: Tú no quieres a nadie.

PACO: (6) ______________________. Te quiero a ti.

07-16 Al contrario. After forty years of marriage, Cristina still contradicts everything that her husband says. Change each sentence you hear to its opposite. Be sure to follow the model closely and write complete sentences.

Modelo: Alguien está nadando en el mar.
Nadie está nadando en el mar.

1. ______________________.
2. ______________________.
3. ______________________.
4. ______________________.
5. ______________________.

Nombre: ______________________ Fecha: ______________________

07-17 El pícnic que nadie quiere. You and some co-workers are discussing an upcoming company picnic. Answer each question you hear negatively, using appropriate verb endings and indefinite and negative expressions. Be sure to follow the model closely and write complete sentences.

Modelo: ¿Debo llevar algo al pícnic?
No, no *debes llevar nada al pícnic.*

1. No, no ______________________.
2. No, no ______________________.
3. No, no ______________________.
4. No, no ______________________.
5. No, no ______________________.

07-18 Tus pasatiempos. A classmate wants to know about your leisure activities. Answer each question truthfully in a complete sentence. Pay attention to indefinite and negative expressions and make any necessary changes to them in your answers.

1. ¿Lees siempre el periódico por la mañana?

   ______________________.

2. ¿Leíste alguna novela el mes pasado?

   ______________________.

3. ¿Viste alguna película hispana o en casa o en el cine?

   ______________________.

4. ¿Vas a alguna discoteca los sábados por la noche?

   ______________________.

5. ¿Vas a algunos conciertos en el verano?

   ______________________.

Nombre: ______________________________ Fecha: ______________________

¿Cuánto saben? (Textbook p. 227)

07-19 ¿Saben usar el pretérito de los verbos irregulares (II)? Complete each sentence with the correct preterit form of the most appropriate verb from the word bank. Use each verb only once.

dar	ver	ser
estar	tener	ir

1. Ayer nosotros ____________________ que leer una novela para la clase de inglés.
2. Yo ____________________ un paseo por la playa con Susana.
3. ¿ ____________________ tú la última película de Tom Hanks?
4. Pedro y sus amigos ____________________ al partido de ayer.
5. Celia Cruz ____________________ una famosa cantante cubana.
6. Yo ____________________ enfermo ayer.

07-20 ¿Saben usar las expresiones indefinidas y negativas? Complete each sentence by choosing the most appropriate indefinite or negative expression.

1. No me gusta ______ película de terror.
   a. algo b. ningunas c. ninguna d. ningún
2. ______ voy a la playa cuando llueve.
   a. Nunca b. Nada c. Alguien d. Algo
3. Me gusta hacer pícnics y ______ me gusta ir a conciertos.
   a. tampoco b. ni... ni c. algún d. también
4. No estuvo ______ en mi casa el viernes pasado.
   a. alguien b. algo c. nadie d. siempre
5. ¿Tienes ______ toalla grande para la playa?
   a. algún b. alguna c. alguno d. ningún

07-21 ¿Comprenden bien? Match each question or statement you hear to the most logical response.

1. ______ a. No, no es cierto. Dicen que va a llover.
2. ______ b. Sí. ¿Qué tal si vamos a la piscina a nadar?
3. ______ c. Podemos ver una película.
4. ______ d. Fui a bailar en una discoteca.
5. ______ e. ¡Estupendo! Me encanta la música.
6. ______ f. ¡Qué mala suerte!

Nombre: ______________________ Fecha: ______________________

07-22 ¿Saben contestar por escrito? Listen to five questions about your free time. Write a truthful, complete response in Spanish for each question you hear. Be sure to use correct agreement with verbs and indirect object pronouns.

1. ______________________
2. ______________________
3. ______________________
4. ______________________
5. ______________________

07-23 ¿Saben contestar oralmente? Listen to five questions about your free time. Give a truthful, complete oral response in Spanish for each question you hear. Be sure to use correct agreement with verbs and indirect object pronouns.

1. …
2. …
3. …
4. …
5. …

Nombre: ______________________________ Fecha: ______________________

Perfiles (Textbook p. 228)

Mi experiencia: Una quinceañera

07-24 Según Graciela Sandoval. Reread this section of your textbook and give the best answer to complete each statement. Not all expressions in the word bank will be used.

acompañada	elegante	música	transición
dinero	misa	ramo de flores	vestido de princesa

1. En la cultura hispana, la fiesta de quinceañera marca la ______________________ de niña a mujer en la vida (*life*) de una señorita que cumple (*is turning*) los quince años.
2. La quinceañera es una celebración tradicional y ______________________ para la señorita, su familia y sus amigos.
3. Normalmente hay una ______________________ en la iglesia antes de una fiesta con comida, música y baile.
4. En la misa, la señorita va ______________________ de quince jóvenes más, incluyendo a su pareja y a siete damas de honor con sus acompañantes.
5. Después de la misa, Graciela le dejó a la Virgen María su ______________________; puede ser una forma de darle las gracias.
6. En la fiesta de quinceañera de Graciela, bailaron con ______________________ de todo tipo, incluso lo último del famoso cantante puertorriqueño Ricky Martin.

Mi música: "Pégate" (Ricky Martin, Puerto Rico)

07-25 Asociar datos. Read about this artist in your textbook and follow the directions to listen to the song on the Internet. Then match each item with the best description.

1. Ricky Martin _____
2. Menudo _____
3. los dieciocho años _____
4. *Vuelve* _____
5. el tema de "Pégate" _____
6. el ritmo de "Pégate" _____

a. deseos para un mundo mejor
b. edad cuando Martin empezó como solista
c. alegre y rápido
d. cantante y actor puertorriqueño
e. álbum que le ganó su primer Grammy
f. grupo juvenil que le trajo fama a Martin

Nombre: ______________________________ Fecha: ______________________

Segunda parte

¡Así lo decimos! Vocabulario (Textbook pp. 230–231)

Los deportes y las actividades deportivas

07-26 **¡Así es la vida!** Reread the brief dialogs in your textbook and indicate whether each statement is **cierto, falso,** or **No se sabe** (*unknown*).

1. Solamente Samuel trajo su raqueta de tenis. Cierto Falso No se sabe.
2. La otra raqueta está en el carro de Nico. Cierto Falso No se sabe.
3. Ninguno de los hombres juega al fútbol. Cierto Falso No se sabe.
4. Alguien tuvo problemas con un árbitro. Cierto Falso No se sabe.
5. Las dos mujeres practican la natación. Cierto Falso No se sabe.
6. Nadie sabe dónde están los lentes de natación de Valeria. Cierto Falso No se sabe.

07-27 **Los términos deportivos.** A young friend wants to understand more about competitive sports. Explain some basic sports terms by completing each statement with the most appropriate word from the word bank. Use each word only once.

árbitro/a	entrenador/a	aficionados
equipo	temporada	campeón/a

1. Un/a ________________________ enseña y ayuda a sus atletas.
2. Un/a ________________________ tiene que saber bien las reglas (*rules*) de su deporte, ver bien y tomar buenas decisiones rápidas.
3. Un grupo de atletas forma un ________________________ .
4. Los ________________________ se ponen contentos cuando gana su equipo.
5. Un/a ________________________ es la persona o el equipo que más gana en su deporte.
6. La ________________________ de un deporte son los meses cuando hay competiciones oficiales.

Nombre: ______________________ Fecha: ______________________

07-28 Las actividades deportivas. Match each verb with the most logically associated sport.

1. correr ______ a. la natación

2. patinar ______ b. el esquí acuático

3. nadar ______ c. el hockey

4. surfear ______ d. el ciclismo

5. esquiar en el agua ______ e. el atletismo

6. montar en bicicleta ______ f. el surfing

07-29 Un crucigrama. A young friend wants to know the names of some famous athletes. Complete the crossword puzzle with the name of the sport performed by the following sports stars.

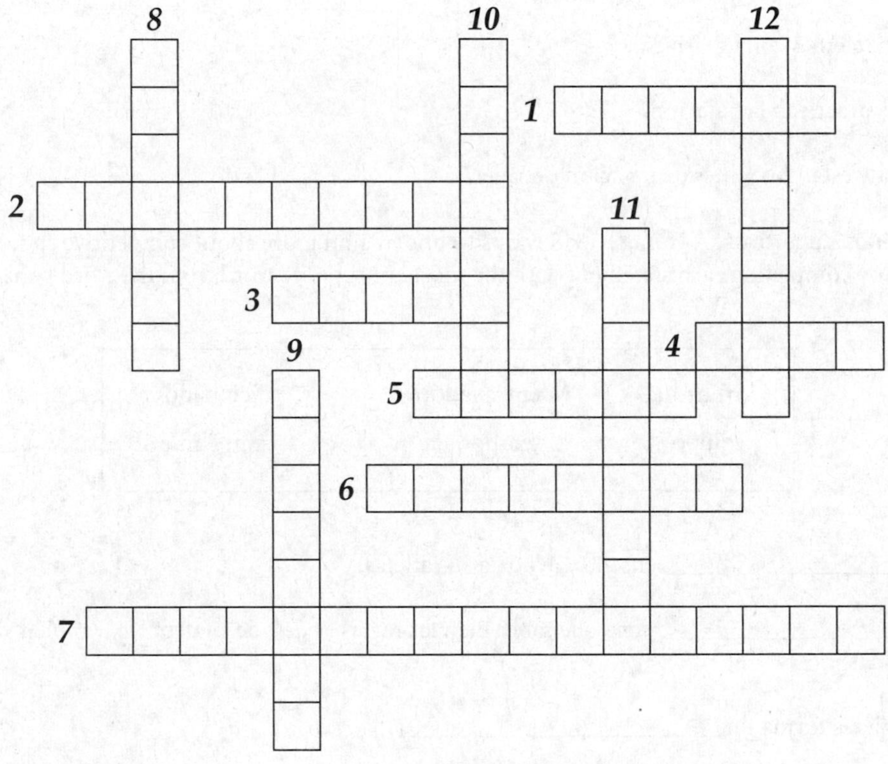

Across

1. Diego Maradona y Mia Hamm
2. Michael Jordan y LeBron James
3. Serena y Venus Williams
4. Tiger Woods
5. Wayne Gretzky
6. Michael Phelps
7. Mary Lou Retton y Nastia Liukin

Down

8. Babe Ruth, Derek Jeter y Sammy Sosa
9. Kristi Yamaguchi, Michelle Kwan y Scott Hamilton
10. Lance Armstrong
11. Jesse Owens, Carl Lewis y Usain Bolt
12. Karch Kiraly, Logan Tom y Holly McPeak

07-30 Más sobre los deportes. Alejandra and her friends love to play a variety of sports. Listen to each friend describe his or her favorite sport and match the description to the drawing that depicts it.

1. el béisbol ______

2. el golf ______

3. el tenis ______

4. el básquetbol ______

5. el voleibol ______

6. el patinaje ______

a. el deporte favorito de Alejandra

b. el deporte favorito de Pablo

c. el deporte favorito de Raúl

d. el deporte favorito de Julia

e. el deporte favorito de Patricia

f. el deporte favorito de David

Nombre: ______________________ Fecha: ______________________

07-31 **¡El primer día de la temporada de voleibol!** Listen to Ramón Fonseca's full radio report on the first day of volleyball season at his university. Then select all items that are true for each statement.

1. El partido es ______ .
   a. en el Estadio Central
   b. hoy
   c. mañana

2. A los aficionados les gusta ______ .
   a. ver ganar a su equipo
   b. empatar con el otro equipo
   c. estar emocionados

3. Los jugadores de este equipo ______ .
   a. aprenden de los entrenadores
   b. no están listos para el partido
   c. casi nunca pierden

4. En la práctica de esta mañana, los jugadores ______ .
   a. levantaron pesas
   b. hicieron varios ejercicios
   c. corrieron

5. El equipo de voleibol ______ .
   a. ganó el partido
   b. va a empezar el partido ahora
   c. tiene muchas ganas de ganar el partido de mañana

07-32 **¿Te gusta ver y/o hacer los deportes?** Describe your likes and/or dislikes with regard to watching and/or doing the following sports. Answer truthfully in complete sentences. Begin each sentence with **Me gusta** or **No me gusta** and give a reason why.

Modelo: el esquí
Me gusta ver el esquí porque es un deporte rápido y difícil.

1. el fútbol americano

   ____ .

2. el hockey

   ____ .

3. el ciclismo

   ____ .

4. el alpinismo

   ____ .

5. el jogging

   ____ .

6. el surfing

   ____ .

Nombre: ______________________ Fecha: ______________________

Letras y sonidos: The sequences *ca, co, cu, que, qui,* and *k* in Spanish (Textbook p. 232)

07-33 ***Ca, co, cu, que, qui,* and *k.*** Complete each sentence with the word you hear. Be sure to pay close attention to spelling and any written accent marks. Each word contains one of the following letter combinations to produce the *c* sound in English *scan:* **ca, co, cu, que, qui,** or **k**.

1. Hace mucho ______________________ .
2. Mi deporte favorito es el ______________________ .
3. Quiero comprar un ______________________ de manzanas.
4. No te ______________________ .
5. Me gusta el ______________________ .
6. No hace ______________________ .

07-34 **¿Sí o no?** Listen carefully to each word. Select **sí** if it contains the *c* sound in English *scan*, and select **no** if it does not.

1. si no
2. sí no
3. sí no
4. sí no
5. sí no
6. sí no

Nombre: ______________________ Fecha: ______________________

¡Así lo hacemos! Estructuras

3. Irregular verbs in the preterit (III) (Textbook p. 234)

07-35 Estudio de una campeona. A news reporter is fascinated by the winning streak of a local track star and decides to document some of her preparations before a big race. Complete his sentences with the correct preterit forms of the verbs from the word bank. Use each verb only once.

poder	hacer	ponerse	decir	saber	venir

1. Primero, la campeona ______________________ los nombres de sus competidores.
2. Ella ______________________ ejercicio ligero (*light*) los días antes de la competición.
3. La mañana de la competición, ella ______________________ temprano a la pista (*track*) para prepararse.
4. Ella ______________________ lentes de sol para ver bien durante su carrera (*race*).
5. Ella ______________________ "buena suerte" a todos.
6. ¡La campeona ______________________ ganar por mucho!

07-36 El partido de ayer. Yesterday Gerardo and his friends spent the day at a baseball game at Fenway Park. Complete his description with the correct preterit form of each verb in parentheses.

Ayer (1) ________________ (haber) un partido de béisbol en Fenway Park. Yo (2) ________________ (poder) ver mi equipo favorito, los Red Sox de Boston, y (3) ________________ (ponerse) muy contento de verlos. Mis amigos (4) ________________ (venir) desde otra ciudad para ir al estadio conmigo y ellos (5) ________________ (traer) sus entradas. Durante el partido nosotros (6) ________________ (saber) que había cuarenta mil personas en el estadio; otro aficionado nos lo (7) ________________ (decir). ¡Los Red Sox ganaron el partido! ¿(8) ________________ (poder) (tú) ver el partido también?

Nombre: ______________________ Fecha: ______________________

07-37 Una carta. Alberto wrote the following letter to his grandfather about a trip to the Dominican Republic. Complete it by providing the correct preterit form of each verb in parentheses.

20 de enero

Querido Abuelo,

El mes pasado yo (1) ____________________ (hacer) un viaje (*trip*) a casa de un amigo en República Dominicana. Allí mi amigo Manuel y yo (2) ____________________ (poder) visitar muchos lugares de interés. Nosotros (3) ____________________ (ir) a la capital, donde (4) ____________________ (ver) los monumentos históricos. Luego, Manuel y yo (5) ____________________ (hacer) una excursión al interior de la isla. Nosotros (6) ____________________ (estar) en la playa de Sosúa y también en la ciudad de Santiago de los Caballeros. Por la noche fuimos a ver un partido de béisbol, donde (7) ____________________ (querer) conocer a Sammy Sosa, pero nosotros no (8) ____________________ (tener) suerte. Después de estar una semana en Santo Domingo, yo (9) ____________________ (venir) para Estados Unidos y (10) ____________________ (traer) regalos (*gifts*) para todos. ¡Nos vemos muy pronto, Abuelo!

Un fuerte abrazo,

Alberto

07-38 Las preguntas del entrenador. Your soccer coach is a serious man who asks a lot of follow-up questions. Listen to each of his questions and answer with an appropriate direct object pronoun followed by the correct irregular preterit form of the verb. Be sure to follow the model closely.

Modelo: ¿Pudieron ver ustedes el partido de anoche?
Sí, *lo pudimos* ver.

1. Sí, ____________________ en la bolsa.
2. Sí, ____________________ .
3. No, no ____________________ levantar esta mañana.
4. No, no ____________________ .
5. Sí, ____________________ ayer.

Nombre: ______________________________ Fecha: ______________________

4. Double object pronouns (Textbook p. 237)

07-39 Un día de pícnic. Read what Mariana does before and during a picnic with her children. Replace the objects in each sentence with direct and indirect object pronouns. Be sure to follow the model closely.

Modelo: Les sirvo la comida a mis hijos.
Se la sirvo.

1. Les pido a mis amigos su heladera.

   ______________ pido.

2. Me hago una ensalada.

   ______________ hago.

3. Le pongo sal a la ensalada.

   ______________ pongo.

4. Les preparo unos bocadillos a mis hijos.

   ______________ preparo.

4. Le compro un refresco a mi hija mayor.

   ______________ compro.

6. ¡Nos compro helados a todos nosotros!

   ______________ compro.

07-40 Las entradas. A surprise gift that Paco bought for Pablo caused some drama. Retell the sequence of events by rewriting each of the following sentences using indirect and direct object pronouns to avoid repetition. (However, be sure to write the name of each subject to avoid confusion.)

Modelo: Pablo no les compra regalos (*gifts*) a sus amigos.
Pablo no se los compra.

1. Paco le compró unas entradas a Pablo.

   ____.

2. Paco le dijo a Pablo la sorpresa (*surprise*).

   ____.

3. Pablo no quiso aceptar las entradas.

   ____.

4. Pablo le pagó las entradas a Paco.

   ____.

5. Pablo nos dio las entradas a nosotros.

   ____.

6. Pablo nos trajo las entradas a la casa.

   ____.

Nombre: ______________________ Fecha: ______________________

07-41 Las preguntas de la entrenadora. A softball team has an important game today. The coach asks her assistant about various preparations for it. Answer each question affirmatively using double object pronouns. Use informal second person pronouns and verbs for "you." Be sure to follow the model closely.

Modelo: ¿Nos trajiste más toallas?
Sí, *nos las traje.*

1. ¿Nos pusiste los bates y los guantes en el carro?

   Sí, ______________________ en el carro.

2. ¿Les compraste barras de proteína a los jugadores?

   Sí, ______________________ .

3. ¿Les trajiste muchos refrescos también?

   Sí, ______________________ también.

4. ¿Me pusiste hielo en la heladera?

   Sí, ______________________ en la heladera.

5. ¿Te dije que tenemos otro partido mañana?

   Sí, ______________________ .

07-42 La incrédula. You have an incredulous aunt who questions everything she hears. Imitate her speech by repeating each sentence with double object pronouns. Substitute the indirect object you hear, and the direct object you see, with correct corresponding object pronouns from your aunt's perspective.

Modelo: Sirvo limonada.
¿ ______________________ sirves?
a usted
¿*Me la* sirves?

1. Compro helado.

   ¿ ______________________ compras?

2. Venden los periódicos.

   ¿ ______________________ venden?

3. Digo la verdad.

   ¿ ______________________ dices?

4. Hago unas galletas de chocolate.

   ¿ ______________________ haces?

5. Lavan el carro.

   ¿ ______________________ lavan?

6. Busco unas entradas para el partido.

   ¿ ______________________ buscas?

Nombre: ______________________________ Fecha: ______________________

¿Cuánto saben? (Textbook p. 240)

07-43 ¿Saben usar el pretérito de los verbos irregulares (III)? Complete each sentence with the correct irregular preterit form of the most appropriate verb from the word bank. Use each verb only once.

hacer	poner	venir	querer	saber	poder

1. Ayer Jorge ____________________ que su padre fue atleta en la universidad.
2. Teresa, ¿dónde ____________________ (tú) mis lentes de natación? Quiero ir a nadar y no los encuentro.
3. Unos amigos ____________________ alpinisimo en las montañas de Colorado el fin de semana pasado, pero yo no ____________________ ir con ellos.
4. Anoche Fernando y Raúl ____________________ a mi casa a ver una película en la televisión.
5. Nosotros ____________________ comprar entradas para el partido de fútbol americano, pero no quedó ninguna.

07-44 ¿Saben usar los pronombres de objeto indirecto y directo juntos? Complete each sentence with appropriate double object pronouns, according to the context given.

Modelo: Una amiga me prestó (*lent*) esa novela y después *te la* presté a ti.

1. Anita compró unos esquís y ____________________ dio a su hijo.
2. Yo leí el periódico y después ____________________ di a ti.
3. Raúl le tiró (*threw*) la pelota a Pepe, y Pepe ____________________ tiró a Adrián.
4. Mi madre hizo un pastel de manzana y ____________________ trajo a mi esposa y a mí.
5. Mi hermano compró una bicicleta nueva y ____________________ prestó a mí por algunos días.

07-45 ¿Quién hizo qué para estar en la playa? You and a group of friends went to the beach yesterday, and one friend asked a lot of questions. Answer each question you hear based on the cue provided. Use double object pronouns in each answer, and be sure to follow the model closely.

Modelo: ¿Quién te compró ese traje de baño?
Me lo compró mi madre.

1. ____________________ yo.
2. ____________________ Julio.
3. ____________________ mis hermanas.
4. ____________________ yo.
5. ____________________ en la heladera.

Nombre: ______________________ Fecha: ______________________

07-46 **¿Comprenden bien?** Listen to the dialog between two friends, Ignacio and Mónica, and select the response that most logically completes each sentence.

1. Ignacio invita ______ .
   a. a Mónica a la playa
   b. a Mónica y a su novio Enrique a la playa
   c. a Mónica y a su novio Enrique a un partido de voleibol

2. Hoy la hermana de Enrique ______ .
   a. tiene el último partido de voleibol de la temporada
   b. va a la playa con Ignacio
   c. tiene que levantar pesas en el gimnasio

3. Fernanda, la novia de Ignacio, va a preferir ______ .
   a. ver un partido de béisbol
   b. ir a la playa
   c. hacer ejercicio

4. Después del partido, los amigos ______ .
   a. van a esquiar en el agua
   b. van a comer algo en un restaurante
   c. van a comer algo en la playa

5. ______ lleva los refrescos.
   a. Fernanda
   b. Ignacio
   c. Mónica

6. Van a nadar porque ______ .
   a. va a hacer muy buen tiempo
   b. Enrique lleva la música
   c. tienen trajes de baño nuevos

07-47 **¿Saben contestar por escrito?** Listen to five questions about your sports-related experiences. Write a truthful, complete response in Spanish for each question you hear. Be sure to use object pronouns where possible.

1. ______________________________
2. ______________________________
3. ______________________________
4. ______________________________
5. ______________________________

07-48 **¿Saben contestar oralmente?** Listen to five questions about recent activities in your life. Give a truthful, complete oral response in Spanish for each question you hear. Be sure to use object pronouns where possible.

1. ...
2. ...
3. ...
4. ...
5. ...

Nombre: ______________________ Fecha: ______________________

Observaciones: ¡Pura Vida! Episodio 7 (Textbook p. 241)

Antes de ver el video

07-49 **¿Qué pasa?** Select the response that best answers each question.

1. How might Marcela describe what she has just been doing?
   a. No pasa nada.
   b. Estuve en la playa surfeando.
   c. Ayer llovió todo el día y toda la noche.

2. How might Silvia explain why she feels the way she does?
   a. Ayer fui a bailar a la discoteca y creo que bebí demasiado.
   b. Nadie supo qué hacer hasta muy tarde.
   c. Es que decidimos ir a última hora.

3. What would Felipe say to indicate that he is upset?
   a. Argentina perdió el partido de ayer.
   b. Pusieron el partido en la televisión.
   c. Es que España siempre pierde, pero Argentina no pierde nunca.

4. Both Marcela and Silvia dislike soccer. What statement does *not* support their opinion?
   a. A mí tampoco me gusta el fútbol.
   b. En España ponen fútbol a todas horas.
   c. No soy aficionada al fútbol.

5. As Felipe tries to determine the name of a particular Argentine soccer player, what might he ask?
   a. ¿Es que nadie lo vio?
   b. ¿Era alto o bajo? ¿De dónde era?
   c. Y a ti, ¿qué te pasa?

Nombre: ______________________ Fecha: ______________________

A ver el video

07-50 ¿Quién fue? Select the character that best matches each action or description.

1. Vio el partido de fútbol en la televisión.
   a. Felipe b. Hermés c. Marcela d. Silvia
2. Fue a la playa a surfear.
   a. Felipe b. Hermés c. Marcela d. Silvia
3. Fue a bailar y bebió demasiado.
   a. Felipe b. Hermés c. Marcela d. Silvia
4. Baila genial.
   a. Felipe b. Hermés c. Marcela d. Silvia
5. Le gusta estar al aire libre.
   a. Felipe b. Hermés c. Marcela d. Silvia
6. Fue a una fiesta el viernes.
   a. Felipe b. Hermés c. Marcela d. Silvia

Después de ver el video

07-51 El tiempo libre. Select the response that best completes each sentence.

1. Anoche Silvia salió ______ .
   a. al restaurante Nuestra Tierra
   b. al cine
   c. a una discoteca
2. Marcela cree que el boxeo (*boxing*) es un deporte ______ .
   a. espléndido
   b. violento
   c. aburrido
3. El lugar donde Marcela surfea es ______ .
   a. el Parque Nacional Braulio Carrillo
   b. el Mercado Central
   c. la playa
4. Hermés fue a un concierto de ______ .
   a. salsa
   b. merengue
   c. bachata
5. A Marcela no le gusta ______ .
   a. bailar
   b. surfear
   c. ver la televisión
6. ______ ganó la final de la Copa de América hace unos años.
   a. Argentina
   b. Brasil
   c. Perú
7. Felipe quiere saber el nombre ______ .
   a. de la hermana de Silvia
   b. del futbolista argentino
   c. del novio de Silvia
8. El novio de la hermana de Silvia se llamaba ______ .
   a. Chuqui
   b. Diego Maradona
   c. Kily González

Nombre: ______________________________ Fecha: ______________________

Nuestro mundo

Panoramas: Las islas hispánicas del Caribe (Textbook p. 242)

07-52 ¡A informarse! Based on information from **Panoramas**, decide if each statement is **cierto** or **falso**.

1. Las bellas playas del Caribe atraen a muchos turistas. Cierto Falso
2. No hubo invasiones por piratas en el Caribe durante los siglos pasados. Cierto Falso
3. El Morro es una fortaleza en Santiago de Cuba. Cierto Falso
4. Un pasatiempo popular en el Morro es volar un papalote. Cierto Falso
5. El Viejo San Juan es un barrio colonial que data del año 1521. Cierto Falso
6. Cayo Hueso (*Key West*) se encuentra muy lejos de Cuba. Cierto Falso
7. Hay más beisbolistas cubanos que dominicanos en las Grandes Ligas. Cierto Falso
8. De los tres países hispanos caribeños, Puerto Rico tiene más éxito con los deportes olímpicos. Cierto Falso
9. Cuba tiene un gobierno comunista. Cierto Falso
10. Puerto Rico es un estado libre asociado a EE. UU. Cierto Falso

Nombre: ______________________ Fecha: ______________________

07-53 La geografía de las islas hispánicas del Caribe. Complete each sentence with the best response, based on the map.

1. La isla más grande de las Antillas es ______ .
   a. Cuba b. República Dominicana c. Puerto Rico

2. Haití y ______ forman parte de la misma isla.
   a. Cuba b. República Dominicana c. Puerto Rico

3. De los tres países hispanos caribeños, ______ es el más pequeño.
   a. Cuba b. República Dominicana c. Puerto Rico

4. La capital de ______ es San Juan.
   a. Cuba b. República Dominicana c. Puerto Rico

5. La capital de ______ es La Habana.
   a. Cuba b. República Dominicana c. Puerto Rico

6. La capital de ______ es Santo Domingo.
   a. Cuba b. República Dominicana c. Puerto Rico

Nombre: ______________________________ Fecha: ______________________________

Páginas: "Entrevista con Ricky Martin, Embajador de Buena Voluntad de la UNICEF", *Estrella* (Textbook p. 244)

07-54 **¿Cierto o falso?** Based on information from the **Páginas** section of the text, decide if each statement is **cierto** or **falso**.

1. La misión de Ricky Martin es mejorar las vidas de las personas ancianas. Cierto Falso
2. Los embajadores de UNICEF tienen en común el querer mejorar las vidas de los niños en todo el mundo. Cierto Falso
3. Según Ricky Martin, tenemos la obligación de ayudar a los niños porque son los que menos pueden defenderse. Cierto Falso
4. El tráfico de niños por motivos sexuales no es un tema que le preocupa a Ricky Martin. Cierto Falso
5. La educación y la salud de los niños son áreas que la Fundación Ricky Martin intenta mejorar. Cierto Falso
6. Ricky Martin no tiene hijos. Cierto Falso

Taller (Textbook p. 246)

07-55 **Los deportes en mi vida.** Write a brief paragraph in Spanish about the role of sports in your life. What sports do you practice regularly? Occasionally? When and with whom? Which ones do you enjoy watching? When and with whom? Provide details and offer reasons for any opinions you may include.

Modelo: *Los deportes son una parte importante de mi vida porque soy una persona activa y social. Un deporte que practico casi todos los días es el jogging. Me encanta correr con una amiga y estar al aire libre cuando hace fresco…*

____

____

____

____

____

____

____

____

____

____

____

____

Nombre: ______________________ Fecha: ______________________

8 ¿En qué puedo servirle?

Primera parte

¡Así lo decimos! Vocabulario (Textbook p. 250–251)

Las compras y la ropa

08-01 ¡Así es la vida! Reread the brief dialogs in your textbook and indicate whether each statement is **cierto**, **falso**, or **No se sabe** (*unknown*).

1. "El Progreso II" es un mercado al aire libre en Quito. Cierto Falso No se sabe.
2. Graciela desea probarse unos zapatos. Cierto Falso No se sabe.
3. Graciela calza el número treinta y seis. Cierto Falso No se sabe.
4. Los trajes tienen un descuento del cincuenta por ciento. Cierto Falso No se sabe.
5. Luis se prueba un traje de lana negra. Cierto Falso No se sabe.
6. El traje le queda bien a Luis. Cierto Falso No se sabe.

Nombre: ______________________________ Fecha: ______________________

08-02 La ropa. Match each article of clothing with the expression for it in Spanish.

1.  ______

2. ______

3. 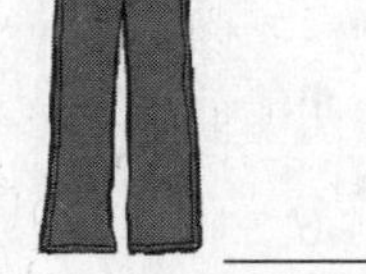 ______

4.  ______

5.  ______

6.  ______

7.  ______

8.  ______

a. las corbatas

b. el suéter de rayas

c. las chanclas

d. la gorra

e. el vestido de seda

f. el bolso de cuero

g. las botas

h. los vaqueros

Nombre: ______________________ Fecha: ______________________

08-03 En una tienda de ropa. Your cousin Clara loves to talk about clothes and shopping. Complete each of her statements with the most logical word from the word bank.

abrigo	ganga	probador	tarjeta de crédito
caja	manga corta	rebaja	tela

1. Cuando hace mucho calor, compro blusas de ______________________ .
2. Cuando hace mucho frío, necesito un buen ______________________ .
3. El algodón es una buena ______________________ para todas las estaciones del año.
4. Cuando voy a una tienda de ropa, me la pruebo en el ______________________ .
5. Cuando la ropa está barata es porque está en ______________________ .
6. Las faldas en esa tienda están muy baratas; ¡son una ______________________ !
7. Voy a la ______________________ para pagar por la ropa que quiero comprar.
8. Prefiero pagar con ______________________ .

08-04 Expresiones para comprar. You are at a shopping center in Peru, and the sales clerks ask various questions to help you. Select the most appropriate response for each question.

1. ¿En qué puedo servirle? ______
2. ¿Qué tal le queda el suéter de lana? ______
3. ¿Qué talla usa usted? ______
4. ¿Qué número calza? ______
5. ¿Cómo desea pagar? ______

a. Uso la talla 40.
b. Quiero una corbata azul para mi padre, por favor.
c. Con tarjeta de débito, por favor.
d. Calzo el número 37.
e. Me queda muy bien, gracias.

Nombre: ______________________ Fecha: ______________________

08-05 Diálogos entre dependientes y clientes. While shopping at a department store in Peru, you overhear bits of dialog between various sales clerks and customers. Complete the dialogs with appropriate words and expressions from the word bank.

calzo	número	probarme	tacón alto
estrechos	probador	servirle	talla

A. DEPENDIENTA: Buenos días, señora. ¿En qué puedo (1) ______________?

CLIENTE: Quiero (2) ______________ este vestido, por favor.

DEPENDIENTA: Muy bien, aquí está el (3) ______________.

B. CLIENTE: Esta camisa no me queda bien. ¿Me puede traer otra talla, por favor?

DEPENDIENTE: Sí, señor, por supuesto. ¿Qué (4) ______________ necesita?

CLIENTE: La mediana.

C. CLIENTE: Me gustaría probarme estos zapatos de (5) ______________, por favor.

DEPENDIENTA: ¿Qué (6) ______________ calza, señorita?

CLIENTE: Yo (7) ______________ el número 39.

DEPENDIENTA: Enseguida se los traigo.

D. DEPENDIENTE: ¿Qué tal le quedan esos pantalones, señor?

CLIENTE: Me quedan (8) ______________. ¿Los tienen en una talla más grande?

DEPENDIENTE: Creo que sí. ¿Qué talla le traigo?

Nombre: ______________________________ Fecha: ______________________

08-06 En un gran almacén. You are out shopping with your little brother, who often makes comments about the world around him. Listen to his statements and indicate whether each one is **cierto**, **falso**, or **No se sabe** (*unknown*), based on what you see in the drawing.

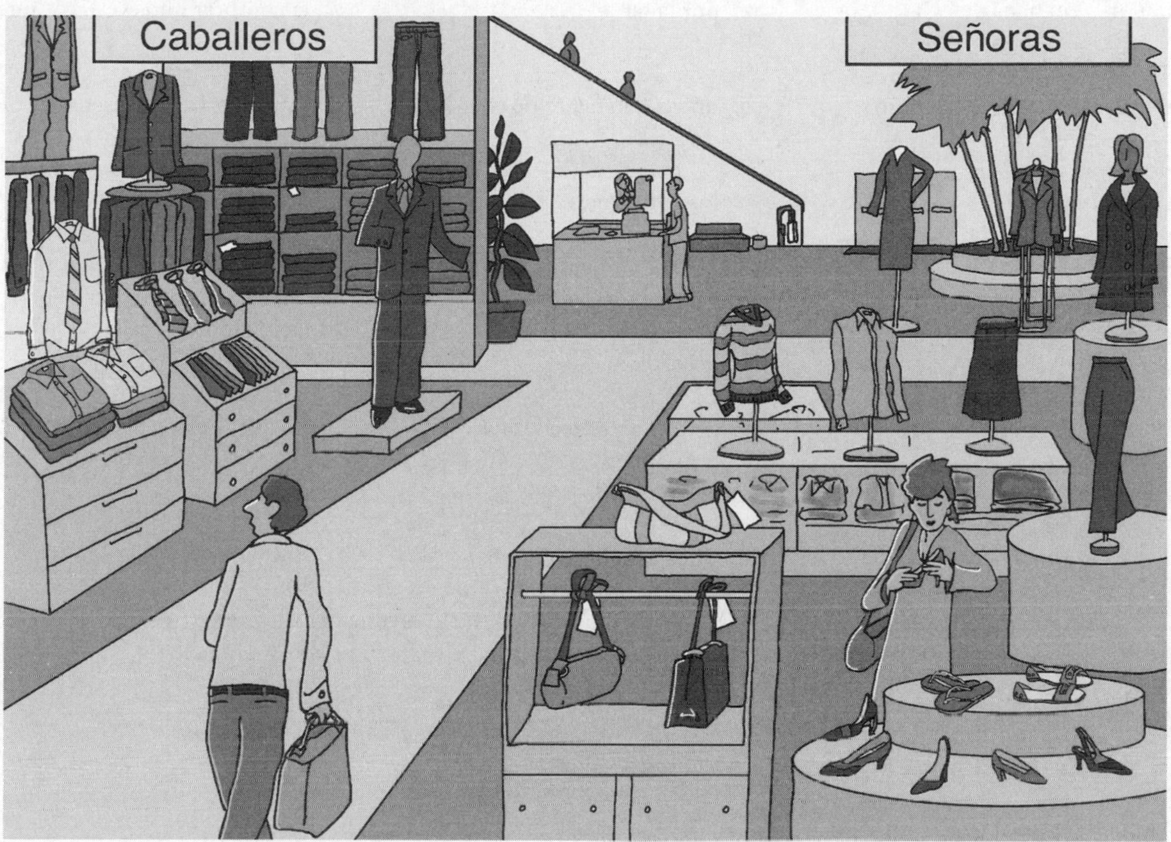

1. Cierto	Falso	No se sabe.	4. Cierto	Falso	No se sabe.
2. Cierto	Falso	No se sabe.	5. Cierto	Falso	No se sabe.
3. Cierto	Falso	No se sabe.	6. Cierto	Falso	No se sabe.

Nombre: ______________________ Fecha: ______________________

08-07 Las compras de Rita. Rita and her friend Luisa are talking with a sales clerk at a clothing store. First listen to their conversation in its entirety. Then select all items that are true for each statement, based on what you hear.

1. Rita y su amiga Luisa van a la tienda ______ .
   a. por la mañana
   b. por la tarde
   c. a comprar unos vestidos nuevos

2. Rita quiere ver ______ .
   a. unos pantalones de cuero
   b. un vestido negro de cuero
   c. una blusa azul de seda

3. Hoy están en rebaja ______ .
   a. las blusas
   b. los pantalones
   c. los vestidos

4. Rita ______ .
   a. no quiere probarse la ropa
   b. va a los probadores con Luisa
   c. usa una talla mediana en los pantalones

5. A Rita ______ .
   a. le quedan perfectos los pantalones
   b. le quedan estrechos los pantalones
   c. le queda estrecha la blusa

6. Rita compra ______ .
   a. la blusa azul de seda
   b. unos calcetines en rebaja
   c. los pantalones de cuero

08-08 ¿Qué ropa prefieres llevar? What do you prefer to wear on the following occasions? Begin each answer with a verb phrase like **llevo**, **me gusta llevar**, or **prefiero llevar**. Be sure to include information about colors, fabrics, patterns, and sleeve lengths when describing your clothing choices.

Modelo: Para ir a clase en otoño, *prefiero llevar unos vaqueros azules y una camiseta de algodón. También llevo mis zapatos de tenis blancos.*

1. Para ir a un partido de fútbol americano en otoño, ______________________

   ______________________ .

2. Cuando hace mucho frío en invierno, ______________________

   ______________________ .

3. Cuando hace mucho calor en verano, ______________________

   ______________________ .

4. Para ir a una celebración formal, ______________________

   ______________________ .

5. Para hacer ejercicio en el gimnasio, ______________________

   ______________________ .

Nombre: ______________________________ Fecha: ______________________

¡Así lo hacemos! Estructuras

1. The imperfect of regular and irregular verbs (Textbook p. 254)

08-09 Los recuerdos de mi abuela. Your grandmother often tells stories of how things were in her day. Describe various customs of the past by changing each verb from the present to the imperfect.

Modelo: Ahora bailamos rock.
Antes *bailábamos* vals.

1. Ahora trabajamos cincuenta horas a la semana.

   Antes ______________________ cuarenta horas a la semana.

2. Ahora comemos en restaurantes.

   Antes ______________________ en casa.

3. Ahora compramos en centros comerciales.

   Antes ______________________ en tiendas pequeñas.

4. Ahora pagamos con tarjeta de crédito.

   Antes ______________________ en efectivo.

5. Ahora las mujeres llevan pantalones.

   Antes las mujeres ______________________ faldas.

08-10 Las compras durante mi niñez (*childhood*). Marta describes her family's typical shopping excursions during her childhood. Complete each of her descriptions with the correct imperfect form of the verb in parentheses.

1. Cuando mi familia y yo íbamos de compras, ______________ (preferir) comprar en los grandes almacenes.
2. Muchas veces ______________ (haber) una liquidación.
3. Mi madre ______________ (encontrar) muchas gangas.
4. Mi padre nunca ______________ (saber) cuál era su talla.
5. Los dependientes siempre nos ______________ (ayudar) con paciencia.
6. Mientras tanto mis hermanos ______________ (jugar) en los probadores.
7. Nosotros normalmente ______________ (pagar) en efectivo.
8. Mis padres siempre ______________ (guardar) los recibos de las compras después.

08-11 Los recuerdos de Martín. Martín often writes about the past in his journal. Complete each of his paragraphs about work and play with the correct imperfect forms of each verb indicated. Remember that **ser**, **ver**, and **ir** are all irregular in the imperfect.

A. ser Cuando yo (1) ________________ dependiente en una tienda de ropa deportiva, (2) ________________ muy amable con los clientes. Mis compañeros también (3) ________________ muy amables. Nosotros (4) ________________ un buen equipo.

B. ver En la tienda de ropa deportiva, mis compañeros y yo (5) ________________ a todo tipo de clientes. Mientras un cliente (6) ________________ la ropa en rebaja, otro cliente (7) ________________ lo último (*the latest*) en el equipo deportivo. Todos los clientes (8) ________________ el valor (*value*) de nuestros productos claramente (*clearly*).

C. ir Cuando mis amigos y yo (9) ________________ de vacaciones en la playa para descansar del trabajo, yo siempre (10) ________________ al mar a nadar. Cuando hacía mucho calor, algunos amigos (11) ________________ al cine a ver una película en el aire acondicionado. Por la noche todos nosotros (12) ________________ juntos a cenar en algún restaurante.

08-12 El trabajo de la dependienta. Complete a sales clerk's reflections on her job with the correct imperfect form of each verb in parentheses.

Cuando yo (1) ________________ (trabajar) de dependienta, todos nosotros (2) ________________ (tener) que llegar a la tienda temprano. Nuestra jefa siempre (3) ________________ (abrir) las puertas de la tienda a las nueve de la manaña en punto. Los clientes (4) ________________ (ser) amables generalmente, pero a veces, ellos (5) ________________ (ponerse) molestos si no (6) ________________ (ver) gangas. A nosotros nos (7) ________________ (gustar) mucho trabajar en la tienda porque (8) ________________ (divertirse, *to have fun*) todos los días.

Nombre: ______________________________ Fecha: ______________________

08-13 ¿Qué hacían todos cuando llamé ayer por la tarde? Yesterday you were given a big job promotion! You excitedly called family and friends on their cell phones to tell them the good news. Based on each drawing, indicate what they were doing when you called. Complete each sentence with the most appropriate word or expression from the work bank, and conjugate the verb in the imperfect. Be sure to follow the model.

almorzar	dar un paseo	leer un libro
comprar un vestido	escribir una carta (*letter*)	ver la televisión

Modelo: Cuando llamé ayer por la tarde, mi tío Jacinto *escuchaba música.*

1. Cuando llamé ayer por la tarde, mi madre (Rosa) ______________________.

2. Cuando llamé ayer por la tarde, mi hermano Héctor ______________________.

3. Cuando llamé ayer por la tarde, mi hermana Lucy y su novio Memo ______________________.

4. Cuando llamé ayer por la tarde, mi abuela y mi primo Arturo ______________________.

5. Cuando llamé ayer por la tarde, mi amiga Raquel ______________________.

6. Cuando llamé ayer por la tarde, mi amiga Paula ______________________.

Nombre: ______________________ Fecha: ______________________

08-14 Su papá de pequeño. Ramón is curious about his dad's childhood and asks him various questions. Complete his dad's responses by providing the correct imperfect form of each verb, based on the cues provided.

Modelo: ¿Comías tus verduras de pequeño, papá?
Sí, hijo, yo las *comía.*

1. Yo ______________________ un poco introvertido.
2. No, hijo, no la ______________________ mucho.
3. Sí, ______________________ al cine todos los viernes por la tarde.
4. Sí, ______________________ camisa y corbata.
5. Sí, los ______________________ .
6. Sí, nosotros ______________________ al béisbol casi todos los días en verano.

08-15 Cuestionario sobre tu niñez. What were you like when you were a child? What activities did you like to do? Answer each question truthfully in a complete sentence in Spanish.

1. ¿Cómo eras de pequeño/a?

   ____ .

2. ¿Dónde vivías?

   ____ .

3. ¿Qué hacías en la escuela?

   ____ .

4. ¿Veías mucho a tus tíos y a tus primos?

   ____ .

5. ¿Adónde ibas con tus amigos?

   ____ .

Nombre: ______________________________ Fecha: ______________________

2. Ordinal numbers (Textbook p. 258)

08-16 Los números en un almacén. Claudia is out shopping at her favorite department store with her friend Alicia. Claudia explains various aspects of the store and the bargains she is finding. Complete each of her statements with an ordinal number, following the cue provided. Be sure to watch for shortened forms before masculine singular nouns and for agreement in gender and number.

Modelo: Los trajes formales están en el (2) *segundo* piso.

1. Esta semana es la (1) ____________________ liquidación del año en mi almacén favorito.
2. ¡Hoy es la (3) ____________________ vez que vengo al almacén esta semana!
3. Necesito comprarle algo a mi novio. La sección de ropa para hombres está en el

   (3) ____________________ piso.
4. Busco una chaqueta nueva. La sección de ropa para mujeres está en el (2) ____________________ piso.
5. ¿Qué te parecen estos zapatos marrones de cuero? ¡Es el (4) ____________________ par de zapatos que compro hoy! ¡Qué ganga!
6. ¿Te gusta este bolso? Está muy de moda. Es solamente el (1) ____________________ que compro hoy.
7. Voy a entrar ahora en el (1) ____________________ probador a la izquierda.
8. Quiero comprar una minifalda y es la (7) ____________________ que me pruebo hoy.
9. ¿Dices que vas a estar en el (6) ____________________ probador a la derecha?
10. Pero, mujer, es la (10) ____________________ vez que te digo que el color amarillo no te va bien. Debes probarte algo rojo.

Nombre: ______________________________ Fecha: ______________________

08-17 ¿En qué planta está? In Chapter 5 **Variaciones**, you learned that **piso** means "apartment" in Spain. The following guide from Spain shows the term **planta** used instead of **piso** to express the floor of a building. On which floor of this popular Spanish department store will you find each of the following items? Complete each statement with the correct ordinal number, based on the guide.

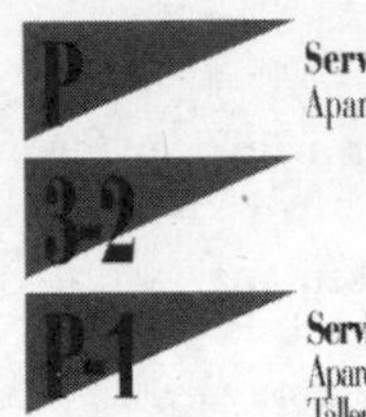

Servicios: Aparcamiento.

Servicios: Aparcamiento. Carta de compra. Taller de Montaje de accesorios de automóvil. Oficina postal.

Departamentos: Librería. Papelería. Juegos. Fumador. Mercería. Supermercado de Alimentación. Limpieza.

Servicios: Estanco. Patrones de moda.

Departamentos: **Complementos de Moda.** Bolsos. Marroquinería. Medias. Pañuelos. Sombreros. Bisutería. Relojería. Joyería. Perfumería y Cosmética. Turismo.

Servicios: Reparación de relojes y joyas. Quiosco de prensa. Optica 2.000. Información. Servicio de intérpretes. Objetos perdidos. Empaquetado de regalos.

Departamentos: **Hogar Menaje.** Artesanía. Cerámica. Cristalería. Cubertería. Accesorios automóvil. Bricolaje. Loza. Orfebrería. Porcelanas, (Lladró, Capodimonte). Platería. Regalos. Vajillas. Saneamiento. Electrodomésticos.

Servicios: Listas de boda. Reparación de calzado. Plastificación de carnés. Duplicado de llaves. Grabación de objetos.

Departamentos: **Niños/as.** (4 a 10 años). Confección. Boutiques. Complementos. Juguetería. **Chicos/as.** (11 a 14 años) Confección. Boutiques. **Bebés.** Confección. Carrocería. Canastillas. Regalos bebé. Zapatería de bebé. **Zapatería.** Señoras, caballeros y niños. **Futura Mamá.**

Servicios: Estudio fotográfico y realización de retratos.

Departamentos: **Confección de Caballeros.** Confección ante y piel. Boutiques. Ropa interior. Sastrería a medida. Artículos de viajes. Complementos de Moda. Zapatería. Tallas especiales.

Servicios: **Servicio al Cliente.** Venta a plazos. Solicitudes de tarjetas. Devolución de I.V.A. Peluquería de caballeros. Agencia de viajes y Centro de Seguros.

Departamentos: **Señoras.** Confección. Punto. Peletería. Boutiques Internacionales. Lencería y Corsetería. Tallas Especiales. Complementos de Moda. Zapatería. Pronovias.

Servicios: Peluquería de señoras. Conservación de pieles. Cambio de moneda extrajera.

Departamentos: **Juventud.** Confección. Territorio Vaquero. Punto. Boutiques. Complementos de moda. Marcas Internacionales. **Deportes.** Prendas deportivas. Zapatería deportiva. Armería. Complementos.

Departamentos: **Muebles y Decoración.** Dormitorios. Salones. Lámparas. Cuadros. **Hogar textil.** Mantelerías. Toallas. Visillos. Tejidos. Muebles de cocina.

Servicios: **Creamos Hogar.** Post-Venta. Enmarque de cuadros. Realización de retratos.

Departamentos: **Oportunidades** y Promociones.

Servicios: **Cafetería. Autoservicio** "La Rotonda". **Restaurante** "Las Trébedes".

ANEXOS

Preciados, 1. Tienda de la Electrónica: Imagen y Sonido. Hi-Fi. Radio. Televisión. Ordenadores. Fotografía. **Servicios:** Revelado rápido.

Preciados, 2 y 4. Discotienda: Compact Disc. Casetes. Discos. Películas de video. **Servicios:** Venta de localidades.

Modelo: Busco una blusa para mi hermana. Voy a la *cuarta* planta.

1. Deseo una corbata para mi papá. Voy a la ______________________ planta.
2. Necesito unos zapatos para mi hijo de seis años. Voy a la ______________________ planta.
3. Me gusta leer y quiero comprar un libro. Voy al ______________________ sótano (*basement floor*).
4. Mi madre quiere comprar toallas. Ella va a la ______________________ planta.
5. Tengo hambre. Voy a la cafetería en la ______________________ planta.
6. Me gustaría comprar una falda. Voy a la ______________________ planta.

Nombre: ______________________________ Fecha: ______________________

08-18 **En la cola (*line*) para comprar entradas.** Various people are standing in line to buy tickets to an upcoming concert. Listen to each statement and indicate whether it is **cierto**, **falso**, or **No se sabe** (*unknown*), based on the drawing.

1. Cierto Falso No se sabe.
2. Cierto Falso No se sabe.
3. Cierto Falso No se sabe.
4. Cierto Falso No se sabe.
5. Cierto Falso No se sabe.
6. Cierto Falso No se sabe.

¿Cuánto saben? (Textbook p. 259)

08-19 **¿Saben usar el imperfecto?** Adrián wants to tell you about past shopping excursions with friends. Complete each of his statements with the correct imperfect form of the verb in parentheses.

1. Cuando mis amigos y yo ______________________ (ir) de compras, siempre lo ______________________ (pasar) muy bien.
2. Mientras Mario y yo ______________________ (buscar) ropa deportiva, Julio ______________________ (querer) ver el equipo deportivo.
3. Julio ______________________ (mirar) los modelos más recientes de bicicletas.
4. Julio y Mario siempre ______________________ (pagar) por sus compras con tarjeta de crédito, pero yo ______________________ (preferir) pagar en efectivo para gastar menos.
5. Y tú, ¿con quién ______________________ (ir) de compras y qué ______________________ (desear) comprar?

Nombre: ________________________________ Fecha: ________________________

08-20 ¿Saben los números ordinales? You need to shop for a new pair of pants. Match each step of the process to its logical order.

1. primero ______ a. Me pruebo los pantalones.
2. segundo ______ b. Salgo del almacén.
3. tercero ______ c. Busco la sección de ropa.
4. cuarto ______ d. Pago con tarjeta de crédito.
5. quinto ______ e. Entro en un gran almacén.

08-21 ¿Comprenden bien? Listen to a daughter's story about her mother in its entirety. Then select all the items that are true for each statement, based on what you hear.

1. La mamá trabajaba ______ .
   a. cuando su hija era niña
   b. en un centro comercial
   c. en una tienda de ropa para mujeres

2. La mamá se levantaba ______ .
   a. temprano cinco días a la semana
   b. antes de las ocho de la mañana
   c. a las ocho de la mañana

3. La mamá ______ .
   a. no sabía bien qué ropa estaba de moda
   b. prefería llevar camisetas de algodón
   c. compraba ropa elegante

4. A los clientes les gustaba ir a la tienda cuando la mamá trabajaba porque ______ .
   a. les daba muchos descuentos
   b. les daba el mejor servicio
   c. era guapísima

5. La mamá salía del trabajo ______ .
   a. a las seis de la tarde
   b. cuando la tienda cerraba
   c. muy cansada y sin ganas de volver

6. Cuando la mamá regresaba de casa, ______ .
   a. su hija la esperaba
   b. cenaba con su hija en su restaurante favorito
   c. cenaba con su hija en casa

Nombre: ______________________ Fecha: ______________________

08-22 ¿Saben contestar por escrito? Listen to five questions about school and family when you were a child. Write a truthful, complete response in Spanish for each question you hear. Be sure to use correct verb forms in the imperfect.

1. ______________________
2. ______________________
3. ______________________
4. ______________________
5. ______________________

08-23 ¿Saben contestar oralmente? Listen to five questions about friends, activities, and clothes during your childhood. Give a truthful, complete oral response in Spanish for each question you hear. Be sure to use correct verb forms in the imperfect.

1. …
2. …
3. …
4. …
5. …

Nombre: ______________________ Fecha: ______________________

Perfiles (Textbook p. 260)

Mi experiencia: De compras en Perú

08-24 Según María Antonia. Reread this section of your textbook and give the best answer to complete each statement. Not all expressions in the word bank will be used.

almacenes	centros comerciales al aire libre	encuentro social	música
artesanía	compras	mercados al aire libre	tiendas pequeñas

1. A María Antonia, una chica canadiense de Toronto, le impresiona la forma de hacer las ______________________ en Perú.
2. En las ciudades grandes, hay ______________________ con un horario de once a ocho de la tarde, que a María Antonia le parecen pocas horas.
3. También hay ______________________ que están cerradas de dos a cuatro de la tarde, las horas del almuerzo.
4. Por otra parte, son populares los ______________________, donde venden de todo de manera muy informal.
5. Los ______________________ combinan las compras con un ambiente agradable, con música e incluso con un escenario donde tienen conciertos.
6. Se escucha, por ejemplo, la ______________________ de Yawar, un conjunto peruano popular, en este tipo de centro comercial.

Mi música: "Compañera" (Yawar, Perú)

08-25 Asociar datos. Read about this group in your textbook and follow the directions to listen to the song on the Internet. Then match each item with the best description.

1. Yawar ______
2. la música de Yawar ______
3. el tema de "Compañera" ______
4. el ritmo de "Compañera" ______
5. la quena ______
6. la zampoña ______

a. lento y melancólico
b. la separación temporal (*temporary*) de una pareja
c. flauta andina (de un solo tubo)
d. grupo musical peruano
e. mezcla ritmos andinos y contemporáneos
f. instrumento compuesto de (*made up of*) varias flautas de diferentes larguras (*lengths*)

Nombre: ______________________ Fecha: ______________________

Segunda parte

¡Así lo decimos! Vocabulario (Textbook p. 262–263)

Tiendas y productos personales

08-26 ¡Así es la vida! Reread the dialog in your textbook in its entirety. Then indicate whether each statement is **cierto**, **falso**, or **No se sabe** (*unknown*).

1. Esta mañana Lucía llamó a Victoria dos veces. Cierto Falso No se sabe.
2. Victoria contestó el teléfono la segunda vez que llamó Lucía. Cierto Falso No se sabe.
3. Victoria no contestó antes porque su celular no tenía buena recepción en el centro comercial donde estaba. Cierto Falso No se sabe.
4. Victoria fue primero a una joyería. Cierto Falso No se sabe.
5. Victoria encontró una cadena de plata por cien dólares. Cierto Falso No se sabe.
6. Después Victoria compró desodorante en la farmacia. Cierto Falso No se sabe.
7. Victoria fue a una perfumería a comprar colonia. Cierto Falso No se sabe.
8. Lucía está ahora mismo enfrente de una heladería. Cierto Falso No se sabe.

08-27 Los productos personales. Match each personal item with the expression for it in Spanish.

1. ______

4. ______

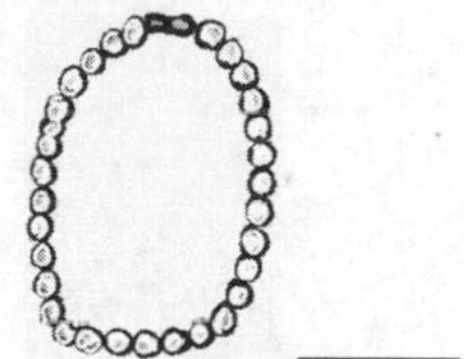

2. ______

5. ______

3. ______

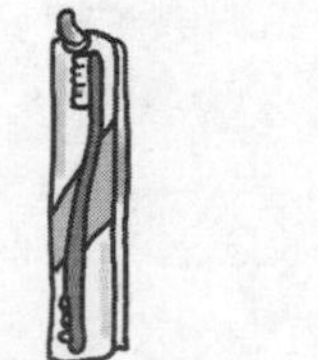

6. ______

a. el desodorante

d. el collar de perlas

b. la pasta de dientes

e. el cepillo de dientes

c. los aretes de diamantes

f. el reloj de pulsera

Nombre: ______________________________ Fecha: ______________________

08-28 Las tiendas y los productos personales. Find these 10 words related to the names of stores and personal items in the following word search. Be sure to look for words horizontally, vertically, and diagonally, both forward and backward.

cadena	florería	joyería	perfumería	talco
farmacia	heladería	papelería	pulsera	zapatería

B	S	A	R	Í	F	H	A	R	E	S	L	U	P	U
J	X	M	P	G	L	A	T	L	E	P	N	I	S	F
U	O	F	A	A	O	I	R	D	O	J	E	T	A	B
L	E	Y	P	G	R	L	O	M	T	A	R	I	S	A
L	T	U	E	E	E	O	R	A	A	O	U	L	V	Í
O	F	L	L	R	R	U	B	N	I	C	M	A	T	R
A	U	B	E	Z	Í	P	Y	Í	R	U	I	S	L	E
Í	L	P	R	R	A	A	T	T	U	C	A	A	O	M
R	M	O	Í	G	A	F	O	M	A	R	C	I	L	U
E	D	R	A	P	T	U	L	Í	S	U	B	I	F	F
D	C	U	L	R	O	B	R	C	S	U	Q	T	O	R
A	A	B	R	U	S	E	I	N	C	L	U	A	S	E
L	O	V	O	P	T	A	T	N	I	F	E	C	H	P
E	M	A	C	A	D	E	N	A	Y	A	J	E	I	C
H	B	L	P	N	J	A	T	Í	G	U	B	R	A	Z
M	A	A	U	L	B	L	O	P	U	R	N	O	L	U
O	Z	T	L	Í	P	E	T	G	I	T	A	L	C	O

Nombre: ______________________ Fecha: ______________________

08-29 **A completar.** Listen to each of the following incomplete statements and select all expressions that logically complete it.

1. a. ...pulseras.
   b. ...anillos.
   c. ...champú.
2. a. ...es de una buena papelería.
   b. ...es de la farmacia.
   c. ...hace juego con este collar de plata.
3. a. ...una heladería.
   b. ...una zapatería.
   c. ...una florería.
4. a. ...el perfume.
   b. ...la pasta de dientes.
   c. ...un cepillo de dientes.
5. a. ...gastar el dinero de mi cumpleaños.
   b. ...devolver unos pantalones cortos que no me quedan bien.
   c. ...mirar una cadena de oro que me gusta.
6. a. ...unas chanclas.
   b. ...un helado de vainilla.
   c. ...unas botas de cuero.

08-30 **Dos amigas.** Inés and Marcela are longtime friends who run into each other while leaving the mall. First listen to their conversation in its entirety. Then select all items that accurately complete each statement, based on what you hear.

1. Marcela ______ .
   a. va a ir a la joyería
   b. va a devolver unos aretes de oro
   c. recibió los aretes para su cumpleaños
2. Marcela quiere ______ .
   a. un descuento que tienen ahora
   b. aretes de plata
   c. aretes de perlas
3. Inés ______ .
   a. está de compras con su mamá
   b. va a comprar desodorante
   c. necesita comprar pasta de dientes
4. La mamá de Inés ______ .
   a. está enferma
   b. llegó esta mañana
   c. trabaja en la farmacia
5. Marcela decide ______ .
   a. comprar una cadena de plata también
   b. hablar más con Inés
   c. ir a la farmacia primero

08-31 **Unos regalos.** You enjoy buying birthday presents for others. Complete the sentences with information about what you bought for each of the following people over the past year, and where you purchased it. Answer truthfully or use your imagination. Be sure to follow the model closely and include an indirect object pronoun in each sentence.

Modelo: A mi mamá *le compré su perfume favorito en una perfumería.*

1. A mi mamá ______________________________ .
2. A mi papá ______________________________ .
3. A mis hermanos/as ______________________________ .
4. A mi novio/a (o esposo/a) ______________________________ .
5. A mi mejor amigo/a ______________________________ .

Nombre: ______________________ Fecha: ______________________

Letras y sonidos: The sequences *j, ge, gi,* and *x* (Textbook p. 264)

08-32 ***J, ge, gi, x.*** Complete each sentence with the word you hear. Be sure to pay close attention to spelling. Each word contains one of the following letter combinations to produce the *h* sound in English *hip*: **j, ge, gi, x.**

1. Los zapatos están en ______________________.
2. Mi amigo Pedro es ______________________.
3. Necesito ______________________ la ropa del piso.
4. Voy al ______________________.
5. Necesito comprar un ______________________ nuevo.
6. El cliente es ______________________.

08-33 **¿Sí o no?** Listen carefully to each Spanish word. Select **sí** if it contains the *h* sound in English *hip,* and select **no** if it does not. Remember that in most varieties of Spanish, the letters **j, ge, gi,** and sometimes **x** all correspond to the *h* sound in English *hip.*

1.	sí	no	6.	sí	no
2.	sí	no	7.	sí	no
3.	sí	no	8.	sí	no
4.	sí	no	9.	sí	no
5.	sí	no	10.	sí	no

¡Así lo hacemos! Estructuras

3. Preterit versus imperfect (Textbook p. 266)

08-34 **¿Una vez o habitualmente?** Juan Carlos has good childhood memories about his local swim team. Indicate whether each event he describes took place one time (**una vez**) or habitually (**habitualmente**) in the past.

1. De pequeño me encantaba nadar.	una vez	habitualmente
2. Iba a la piscina municipal cerca de nuestra casa.	una vez	habitualmente
3. Mis padres me compraron unos lentes de natación.	una vez	habitualmente
4. Decidí competir con el equipo de natación.	una vez	habitualmente
5. El entrenador del equipo era muy bueno.	una vez	habitualmente
6. Fui campeón en la temporada de 1990.	una vez	habitualmente
7. ¡Me emocioné mucho cuando gané!	una vez	habitualmente
8. Me divertía mucho en esa piscina municipal.	una vez	habitualmente

Nombre: ______________________________ Fecha: ______________________

08-35 En el mercado al aire libre. Maribel and her parents used to go to their town's open-air market on Saturdays. Complete each of her descriptions with the most appropriate verb form, either in the preterit or the imperfect, according to the context.

1. Los sábados mis padres y yo siempre [a. fuimos / b. íbamos] al mercado al aire libre a comprar.
2. Mientras mis padres [a. buscaron / b. buscaban] gangas, a mí me fascinaba mirar a todas las personas diferentes.
3. Una vez mi madre [a. encontró / b. encontraba] una pulsera de oro a muy buen precio y me la compró.
4. El mismo día mi padre [a. vio / b. veía] una billetera de cuero que le gustaba y decidió comprarla.
5. Normalmente no [a. gastamos / b. gastábamos] tanto dinero en el mercado, ¡pero ese sábado gastamos mucho!
6. El sábado después, [a. hicimos / b. hacíamos] un pícnic en el parque para ahorrar (*to save*) un poco de dinero, aunque volvimos a la costumbre (*custom*) de ir al mercado la semana siguiente.

08-36 Ese día fue diferente. Special events typically change normal routines. Here your mother reflects back on her wedding day and how it was different from other days in the past. Complete each statement with appropriate forms of the verb given, using the preterit or the imperfect based on context.

1. Mi hermano David siempre ________________ chanclas y camisetas de algodón, pero ese día ________________ zapatos de cuero y un traje oscuro. (llevar)
2. Yo casi nunca ________________ joyas, pero ese día ________________ los aretes de diamantes de mi abuela. (ponerse)
3. Generalmente, a mí no me ________________ bien los colores claros, pero ese día me ________________ de maravilla el vestido blanco. (quedar)
4. Ese día todos mis parientes me ________________ regalos preciosos, aunque típicamente nosotros no ________________ regalos porque la familia era tan grande. (dar)
5. Ese día mis padres ________________ mucho dinero, aunque normalmente no ________________ tanto. (gastar)
6. Los días con mi familia siempre ________________ especiales, pero para mí ese día ________________ el más especial de todos. (ser)

08-37 Los veranos en Guayaquil. Complete Alejandro's description of summers with his cousin in Guayaquil. Use the correct preterit or imperfect form of each verb in parentheses, according to the context.

Todos los veranos yo (1) ________________ (ir) a casa de mis tíos en Guayaquil. Mi primo Jaime y yo (2) ________________ (hacer) muchas actividades juntos. Durante el día (3) ________________ (ir) de compras a la ciudad. Generalmente, yo no (4) ________________ (comprar) nada, pero un día en el centro comercial, mi primo (5) ________________ (ver) una chaqueta que a mí me gustó mucho. Nosotros (6) ________________ (entrar) en la tienda. La dependienta nos (7) ________________ (decir) que la chaqueta (8) ________________ (costar) cincuenta dólares. Yo (9) ________________ (probarse) la chaqueta y enseguida (10) ________________ (pagar) con tarjeta de crédito.

Nombre: ______________________________ Fecha: ________________________

08-38 ¿Una vez o habitualmente en el pasado? Ana María recalls fun times with her sisters when they were children. Indicate whether each action you hear her describe took place one time (**una vez**) or habitually (**habitualmente**) in the past.

1. una vez habitualmente
2. una vez habitualmente
3. una vez habitualmente
4. una vez habitualmente
5. una vez habitualmente
6. una vez habitualmente

08-39 El sábado de Lucía. Lucía spent last Saturday afternoon on a shopping spree. Based on the drawing, answer the following questions in complete sentences.

1. ¿Qué hacía Lucía en su dormitorio mientras miraba sus compras?

   ____.

2. ¿Qué llevaba Lucía?

   ____.

3. ¿En qué almacén fue Lucía de compras?

   ____.

4. ¿Qué compró en el almacén?

   ____.

5. ¿Cómo se sentía su esposo cuando entró en el cuarto?

   ____.

Nombre: ______________________ Fecha: ______________________

08-40 El sábado de Marta y Luis. Marta and Luis had a productive Saturday. Based on the drawings, narrate what they did together. Use appropriate preterit and imperfect verb forms, according to the context. Be sure to follow the model as a guide.

Modelo: *Por la mañana, Marta y Luis limpiaron la casa. Mientras Marta pasaba la aspiradora, Luis...*

____

____

____

____

____

____

____

____

____

4. Impersonal constructions with *se* (Textbook p. 271)

08-41 ¿Qué se hace en...? Match each place or event with the most logical verb phrase expressed with impersonal constructions with se.

1. En la caja ______ .
2. En el probador ______ .
3. En una liquidación ______ .
4. En la zapatería ______ .
5. En la joyería ______ .
6. En la farmacia ______ .

a. se buscan gangas
b. se gasta mucho dinero en joyas
c. se paga con tarjeta de crédito
d. se prueba la ropa
e. se compran artículos personales de todo tipo
f. se venden zapatos

Nombre: ______________________________ Fecha: ______________________

08-42 En mi pueblo. Cristina loves the small town where she lives. Complete each of her sentences explaining why by conjugating the given verb in the present using impersonal constructions with **se**.

Modelo: *Se va* (ir) a conciertos en el parque.

1. ____________________ (vivir) sin mucho estrés (*stress*).
2. ____________________ (llegar) a lugares en bicicleta.
3. ____________________ (comprar) a precios razonables (*reasonable*).
4. ____________________ (conocer) a buenas personas.
5. ____________________ (comer) en restaurantes económicos.

08-43 ¡La liquidación! A friend wants to tell you about an upcoming clearance sale at a local department store. Using impersonal constructions with **se** in the present, complete each sentence with the appropriate form of the verb in parentheses.

(1) ____________________ (decir) que el gran almacén va a tener una liquidación el próximo sábado empezando a las diez de la mañana. (2) ____________________ (vender) todo en rebaja y (3) ____________________ (regatear) con los dependientes para conseguir (*to get*) descuentos adicionales. Normalmente (4) ____________________ (comprar) mucho y (5) ____________________ (pagar) con tarjeta de crédito. Después no (6) ____________________ (poder) devolver nada, porque no (7) ____________________ (permitir) devoluciones (*returns*). Las puertas (8) ____________________ (cerrar) a las nueve de la noche.

08-44 Las compras donde vives. In complete sentences, answer the following questions about shopping in your town or city using impersonal constructions with **se** in the present.

1. ¿En qué lugar de compras se encuentran las mejores rebajas de tu pueblo o de tu ciudad?

   ____.

2. ¿Qué se vende en ese lugar de compras?

   ____.

3. En tu opinión, ¿dónde se compra la mejor ropa?

   ____.

4. ¿Dónde se compran los mejores zapatos?

   ____.

5. ¿Hay tiendas donde no se aceptan tarjetas de crédito? ¿Qué tiendas son?

   ____.

Nombre: ______________________________ Fecha: ______________________

¿Cuánto saben? (Textbook p. 274)

08-45 ¿Saben diferenciar el pretérito del imperfecto? Complete Jacobo's paragraph about a bicycle he really wanted by selecting the most appropriate form of each verb, either in the preterit or the imperfect, according to the context.

Cuando yo (1) (fui / era) más joven, (2) (fui / iba) de compras con mis padres de vez en cuando. Un día nosotros (3) (fuimos / íbamos) al centro comercial y yo (4) (vi / veía) una bicicleta especial, el último modelo de una marca (*brand*) italiana. La bicicleta (5) (fue / era) rápida, azul y algo cara. Yo la (6) (quise / quería) mucho, pero en aquellos tiempos mis padres no (7) (tuvieron / tenían) el dinero para comprármela. Unos años después, yo (8) (conseguí / conseguía) (*I got*) un trabajo y (9) (empecé / empezaba) a ahorrar (*to save*) dinero. Finalmente (10) (compré / compraba) la bicicleta y ahora la monto felizmente casi todos los días.

08-46 ¿Saben diferenciar y conjugar en el pretérito o el imperfecto? Complete Marlena's paragraph about her visit to a jewelry store with the most appropriate form of each verb, either in the preterit or the imperfect, according to the context.

(1) ____________ (ser) las siete y media de la noche cuando yo (2) ____________ (llegar) a la joyería. (3) ____________ (haber) muchas personas comprando anillos, aretes, collares y pulseras de muchos estilos. ¡Yo no (4) ____________ (entender) por qué las personas (5) ____________ (comprar) tanto! Cuando yo (6) ____________ (salir) de la joyería, (7) ____________ (ver) que todo (8) ____________ (tener) un increíble descuento del 75%. ¡Yo (9) ____________ (volver) a entrar en la joyería y también (10) ____________ (comprar) mucho!

08-47 ¿Saben usar el *se* impersonal? A friend is showing you around town and shares tidbits about the local shopping scene. Using impersonal constructions with **se** in the present, complete each sentence with the appropriate form of the verb in parentheses.

1. ____________________ (decir) que hay buenas gangas en esa tienda de ropa.
2. En una tienda de ropa formal generalmente no ____________________ (permitir) comer.
3. En ese restaurante del centro comercial ____________________ (comer) muy bien.
4. En aquella joyería ____________________ (poder) regatear para conseguir (*to get*) mejores precios.
5. En ese almacén ____________________ (encontrar) buenos calcetines de lana.
6. En esa zapatería ____________________ (vender) botas de cuero muy caras.
7. En esa heladería ____________________ (servir) muy buen helado.
8. En ese mercado al aire libre ____________________ (hablar) español.

Nombre: ______________________ Fecha: ______________________

08-48 **¿Comprenden bien?** Carmen went shopping, but her friend Lucía wasn't able to go with her. First listen to their phone conversation in its entirety. Then indicate whether each statement is **cierto**, **falso**, or **No se sabe** (*unknown*).

1. Carmen gastó mucho dinero. — Cierto Falso No se sabe.
2. Primero Carmen fue a la florería. — Cierto Falso No se sabe.
3. Unos amigos de Carmen querían comprarse relojes de pulsera. — Cierto Falso No se sabe.
4. Marcos y Estela llevaban ropa formal. — Cierto Falso No se sabe.
5. Carmen fue a almorzar con Marcos y Estela. — Cierto Falso No se sabe.
6. Carmen compró pantalones, dos blusas y unos zapatos italianos en una liquidación. — Cierto Falso No se sabe.
7. Las dos blusas eran de algodón. — Cierto Falso No se sabe.
8. Carmen fue a la farmacia a comprar perfume. — Cierto Falso No se sabe.
9. Carmen llegó a casa a las ocho y media. — Cierto Falso No se sabe.
10. Después Carmen salió a cenar. — Cierto Falso No se sabe.

08-49 **¿Saben contestar por escrito?** Listen to five questions about shopping and products when you were an adolescent or recently. Write a truthful, complete response in Spanish for each question you hear. Be sure to use correct verb forms in the preterit and/or the imperfect, according to context.

1. ______________________
2. ______________________
3. ______________________
4. ______________________
5. ______________________

8-50 **¿Saben contestar oralmente?** Listen to five questions about clothing. Give a truthful, complete oral response in Spanish for each question you hear. Be sure to use appropriate verb forms.

1. …
2. …
3. …
4. …
5. …

Nombre: ______________________ Fecha: ______________________

Observaciones: ¡Pura Vida! Episodio 8 (Textbook p. 275)

Antes de ver el video

08-51 ¿Qué pasa? Select the response that best answers each question.

1. How would the market vendor begin her conversation with Silvia?
   a. Ay, señorita, no es mucho dinero.
   b. Mira, Silvia. ¡Mira qué arco!
   c. Dígame, señorita, ¿en qué puedo servirle?

2. What would be a logical response?
   a. ¿Qué precio tiene esta pieza?
   b. Mire, señorita, diez mil y todo está bien.
   c. No, gracias. Mire, a mí no me gusta regatear.

3. How might Silvia ask about the quality of the sandals she sees at the market?
   a. Mira qué sandalias. ¿Son de cuero?
   b. ¿No quieren nada más?
   c. ¿De qué número son?

4. What might Marcela say to convince Silvia that the blouse is perfect for her?
   a. Bueno, Silvia, yo quería comprarte algo.
   b. Y esta, ¿no te gusta? ¡Es lindísima!
   c. ¿Qué talla usas?

5. How would Silvia disagree with Marcela about the blouse?
   a. Marcela, esta ropa no está de moda.
   b. Sí, fenomenal. Muchas gracias.
   c. Además hace juego con tu bolso.

A ver el video

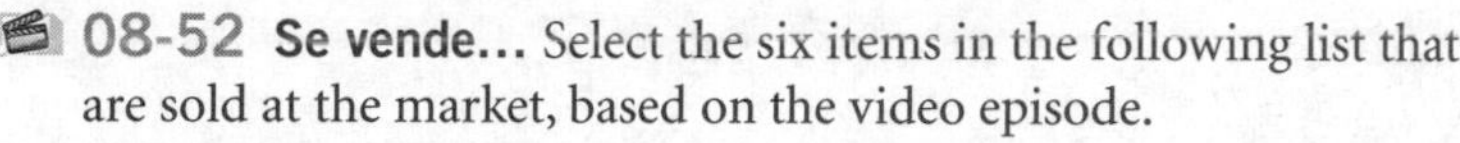

08-52 Se vende... Select the six items in the following list that are sold at the market, based on the video episode.

arcos (*arcs, bows*) _____

aretes _____

blusas _____

botas _____

chocolates _____

faldas _____

figuras de madera (*wood*) _____

flautas (*flutes*) _____

frutas _____

pantalones _____

platos de cerámica _____

sandalias _____

Nombre: ______________________ Fecha: ______________________

Después de ver el video

08-53 En el mercado. Select the expression that best completes each sentence.

1. Silvia quiere gastar ______ .
   a. veinte colones b. diez mil colones c. quince mil colones
2. Marcela cree que los ______ son bonitos.
   a. aretes b. colones c. arcos
3. La figura que quiere comprar Silvia es de ______ .
   a. porcelana b. cerámica c. madera (*wood*) de cocobolo
4. La señora pide veinte mil colones por la pieza, y después de que regatea Marcela, Silvia paga ______ .
   a. diez mil colones b. quince mil colones c. dieciocho mil colones
5. Silvia le regala (*gifts*) la figura a ______ .
   a. su mamá b. su hermano c. Marcela
6. La falda es de ______ .
   a. cuadros b. rayas c. seda
7. Marcela quiere regalarle ______ a Silvia.
   a. una falda de algodón b. una blusa de colores c. unas sandalias de cuero
8. Silvia cree que la blusa ______ .
   a. no está de moda b. es bonita c. le queda pequeña

08-54 La acción y los personajes. Indicate whether each statement is **cierto** or **falso**, based on the video episode.

1. La madera de cocobolo es de diferentes colores. Cierto Falso
2. En el mercado se puede regatear. Cierto Falso
3. Silvia paga con tarjeta de crédito. Cierto Falso
4. Los precios están más caros ahora porque hay más turismo. Cierto Falso
5. La blusa de colores es la talla de Silvia, pero a Silvia no le gusta. Cierto Falso

Nombre: ______________________________ Fecha: ______________________

Nuestro mundo

Panoramas: El reino inca: Perú y Ecuador (Textbook p. 276)

08-55 **¡A informarse!** Based on information from **Panoramas**, decide if each statement is **cierto** or **falso**.

1. En las Islas Galápagos no existe vida animal. Cierto Falso
2. El Centro de Investigación Charles Darwin está en las Islas Galápagos. Cierto Falso
3. Charles Darwin era ecuatoriano. Cierto Falso
4. El galápago, el booby con patas azules y la iguana marina son especies protegidas (*protected*). Cierto Falso
5. Según la leyenda, Inti Tayta creó la civilización inca. Cierto Falso
6. Las tradiciones incas no existen en la actualidad (*at the present time*). Cierto Falso
7. La mejor época del año para hacer el Camino Inca es en diciembre. Cierto Falso
8. El Camino Inca está a 2.380 metros de altura. Cierto Falso
9. No hay volcanes en Ecuador. Cierto Falso
10. Se habla español y quechua en Perú y Ecuador. Cierto Falso

Nombre: ______________________________ Fecha: ______________________

08-56 La geografía de Perú y Ecuador. Complete each sentence with the best response, based on the map.

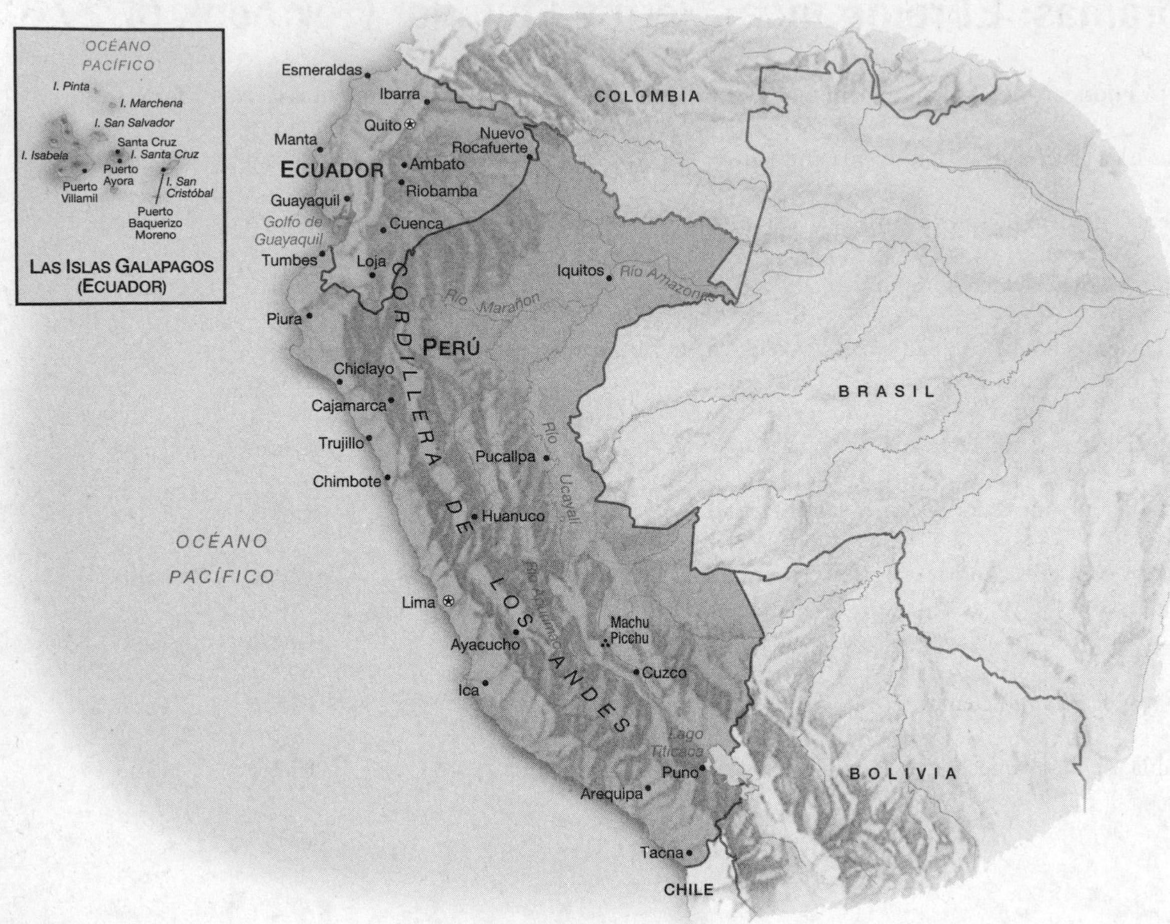

1. La capital de Perú es ______ .
   a. Machu Picchu b. Cuzco c. Lima

2. La capital de Ecuador es ______ .
   a. Quito b. Guayaquil c. Ibarra

3. Ecuador está al ______ de Perú.
   a. sur b. norte c. este (*east*)

4. Las Islas Galápagos son parte de ______ .
   a. Ecuador b. Perú c. Chile

El Lago Titicaca está en ______ .
   . Ecuador b. Perú c. Chile

Nombre: ______________________________ Fecha: ______________________

Páginas: "Los rivales y el juez" (Ciro Alegría, Perú) (Textbook p. 278)

08-57 **¿Cierto o falso?** Based on information from the **Páginas** section of the text, decide if each statement is **cierto** or **falso**.

1. Las obras (*works*) de Ciro Alegría no tienen relación con el folklore indígena. Cierto Falso
2. En la fábula "Los rivales y el juez", los rivales son un perro y un gato (*cat*). Cierto Falso
3. Los rivales discuten (*argue*) sobre cuál de ellos tiene la mejor voz (*voice*). Cierto Falso
4. El juez decide que el perro tiene mejor voz. Cierto Falso
5. El juez no toma ninguna decisión sobre las voces de los rivales. Cierto Falso
6. Finalmente el juez come a los dos rivales. Cierto Falso

Taller (Textbook p. 280)

08-58 **Una ocasión de compras.** Write a paragraph describing a significant shopping experience from your past. Include information about where, with whom, and why you went shopping, what you bought, and how much and how you paid. Be sure to use correct verb forms in the preterit and/or the imperfect, according to context.

Modelo: *El año pasado fui de compras con mi hermana para comprarle algo especial a nuestra mamá para su cumpleaños. Fuimos a...*

____

____

____

____

____

____

____

____

____

____

____

____

Nombre: ______________________ Fecha: ______________________

9 Vamos de viaje

Primera parte

¡Así lo decimos! Vocabulario (Textbook pp. 284–285)

En el aeropuerto

09-01 ¡Así es la vida! First reread the brief dialogs in your textbook in its entirety. Then select all items that are true for each statement.

1. Marisela, Mauricio y Daniel ______ .
   a. son estudiantes b. viven en Colombia c. van a Colombia

2. Los tres compañeros están ______ .
   a. en una agencia de viajes b. en el aeropuerto c. haciendo cola

3. Van a ______ .
   a. pasar por el control de seguridad b. viajar por avión c. estar en la playa

4. Tienen un paquete de viaje que incluye ______ .
   a. el pasaje de ida y vuelta b. el hotel en Cartagena c. una excursión a San Andrés

5. El paquete cuesta ______ por persona.
   a. 2.000 bolívares b. 1.200 bolívares c. 2.200 bolívares

09-02 Fuera de lugar. For each set of words or expressions about travel, choose the one that is out of place based on its meaning.

1. a. despegar b. aterrizar c. la aduana d. viajar por avión
2. a. el agente de viajes b. la puerta de embarque c. abordar d. la tarjeta de embarque
3. a. hacer las maletas b. la salida c. facturar el equipaje d. el reclamo de equipaje
4. a. el piloto b. el asistente de vuelo c. el viajero d. el folleto
5. a. la tarjeta de embarque b. el pasaporte c. el boleto d. la demora
6. a. el asiento de ventanilla b. la clase turista c. hacer un crucero d. el asiento de pasillo

Nombre: ______________________________ Fecha: ______________________

09-03 Un poco de lógica. Roberto is an experienced traveler who wants to explain some air travel procedures to an interested friend. For each group of phrases, number them 1 to 3 in logical order.

1. Espero con ganas mi viaje. ______

   Hago una reserva. ______

   Compro el boleto. ______

2. Hacemos las maletas. ______

   Facturamos el equipaje. ______

   Reclamamos el equipaje. ______

3. Abordas el avión. ______

   Vas a la sala de espera. ______

   Pasas por el control de seguridad. ______

4. Se cierra la puerta de embarque. ______

   El avión aterriza. ______

   El avión despega. ______

5. Vamos al reclamo de equipaje. ______

   Nos bajamos del avión. ______

   Pasamos por la aduana. ______

09-04 De viaje. Roberto wants to share some additional tidbits about travel. Select the word or expression that best completes each sentence.

1. Un pasaje de ida que consiste en dos vuelos tiene ______ .
   a. una cola b. una escala c. una sala de espera

2. ______ sirven bebidas y ayudan a los pasajeros durante el vuelo.
   a. Los agentes de viaje b. Los pilotos c. Los asistentes de vuelo

3. Prefiero viajar rápida y económicamente. Siempre compro boletos de ______ .
   a. la clase turista b. la primera clase c. la llegada

4. Hay demora en el vuelo a Bogotá. Vamos a sentarnos en ______ .
   a. la aduana b. la sala de espera c. el control de seguridad

5. Me gusta viajar por el mar. Voy a viajar ______ .
   a. por autobús b. por barco c. por tren

6. No quiero llevar maletas por el aeropuerto. Voy a ______ .
   a. bajarme del avión b. sentarme en el asiento de pasillo c. facturar el equipaje

Nombre: ______________________ Fecha: ______________

09-05 Jorge y Virginia hacen un viaje. First listen to the entire conversation that takes place between Jorge and Virginia in an airport. Then indicate whether each statement is **cierto**, **falso**, or **No se sabe** (*unknown*).

1. Hay mucha demora en el vuelo de Avianca. Cierto Falso No se sabe.
2. Jorge y Virginia facturaron el equipaje para el vuelo de Aeropostal. Cierto Falso No se sabe.
3. Tienen tres maletas en este viaje. Cierto Falso No se sabe.
4. El vuelo de Avianca no hace escala. Cierto Falso No se sabe.
5. El vuelo de Aeropostal hace escala en Caracas. Cierto Falso No se sabe.
6. El vuelo de Avianca va a despegar en menos de media hora. Cierto Falso No se sabe.
7. Virginia tiene las tarjetas de embarque. Cierto Falso No se sabe.
8. Virginia se pone nerviosa cuando viaja por avión. Cierto Falso No se sabe.

09-06 El viaje de Silvia y Marcelo. Listen to the entire conversation between Silvia and Marcelo as they make plans for their honeymoon. Then select all items that are true for each statement.

1. Silvia y Marcelo quieren ______ .
   a. hacer un viaje a otro país
   b. hacer un crucero
   c. visitar varias ciudades

2. Silvia describe ______ .
   a. dos viajes interesantes
   b. un viaje de dos semanas en España
   c. un viaje de dos semanas en México

3. El viaje a España incluye ______ .
   a. las comidas
   b. el pasaje de ida y vuelta
   c. excursiones a Toledo y Ávila

4. El viaje a México ______ .
   a. es para ir a Acapulco
   b. tiene todo incluido
   c. no incluye el hotel

5. El viaje a España es ______ .
   a. tan caro como el viaje a México
   b. más caro que el viaje a México
   c. menos caro que el viaje a México

6. Marcelo y Silvia van a ir ______ .
   a. a España
   b. a México
   c. a la playa

7. Van a tomar un vuelo que ______ .
   a. sale el catorce de junio
   b. sale por la mañana
   c. sale por la tarde

8. En el avión ______ .
   a. Marcelo prefiere un asiento de pasillo
   b. Marcelo prefiere un asiento de ventanilla
   c. Silvia prefiere un asiento de ventanilla

Nombre: ______________________ Fecha: ______________________

09-07 Anuncio de una agencia de viajes. You would like to travel to a Spanish-speaking country and you see the following ad in a major newspaper. Based on the information given, answer the questions with complete sentences in Spanish.

1. ¿Cómo se llama la agencia de viajes?

____.

2. ¿Dónde está la agencia?

____.

3. ¿Qué anuncia la agencia?

____.

4. ¿Cuál es el viaje más barato?

____.

5. ¿Cuáles son los viajes más caros?

____.

6. ¿Cuál de los viajes prefieres y por qué?

____.

Nombre: ____ Fecha: ______________________________

09-08 Preguntas sobre tus preferencias. You and a friend are planning a trip to the Colombian island of San Andrés. Your friend e-mails you some questions about your travel preferences. Answer with complete sentences in Spanish.

1. ¿Hacemos las reservas en una agencia de viajes o por la Internet? ¿Por qué?

   ____.

2. ¿Compramos pasajes en primera clase o en la clase turista? ¿Por qué?

   ____.

3. ¿Prefieres un asiento de ventanilla o de pasillo?

   ____.

4. ¿Qué equipaje vas a facturar y qué vas a llevar en el avión?

   ____.

5. ¿Tienes pasaporte o necesitas pedir uno?

   ____.

¡Así lo hacemos! Estructuras

1. *Por* or *para* (Textbook p. 289)

09-09 Emparejar. Julio and his wife Ana travel frequently and often say the following things to each other. Match each question or statement with the best response. Be sure to use each response only once.

1. ¿Cuándo sale el vuelo? ______
2. El vuelo llegó dos horas tarde pero ahora está aquí. ______
3. ¿Dónde está el reclamo de equipaje? ______
4. ¿Quieres el asiento de ventanilla? ______
5. Traes tu pasaporte, ¿no? ______
6. ¿Traes suficiente dinero en efectivo? ______

a. ¡Por fin!
b. Por supuesto.
c. Por ahora, pero mañana vamos a necesitar más.
d. Por la tarde.
e. Por aquí.
f. Sí, por favor, mi amor.

Nombre: ______________________ Fecha: ______________________

09-10 Un viaje a Caracas. Alberto is describing the beginning of a family trip to Caracas. Complete each sentence with **por** or **para**, according to the context.

1. El mes pasado fuimos a la agencia de viajes ________________ los pasajes.
2. Compramos los boletos ________________ mil dólares en total.
3. Tomamos unos folletos ________________ leer en casa.
4. Llegamos al aeropuerto ayer ________________ la tarde.
5. Caminamos ________________ el aeropuerto buscando la puerta de embarque.
6. Estuvimos en la sala de espera ________________ una hora.
7. El avión salió ________________ Caracas a tiempo.
8. Fue un vuelo agradable ________________ todos nosotros.

09-11 La piloto. Carolina is a young professional in the airline industry. Complete each sentence about her with **por** or **para**, according to the context.

1. Carolina estudió ________________ ser piloto.
2. Estudió ________________ cuatro años en la universidad.
3. ________________ el final de su cuarto año, tenía dos ofertas (*offers*) de trabajo (*job*).
4. ________________ ser tan joven, ahora recibe un buen salario (*salary*).
5. Vuela a Caracas cinco veces ________________ semana.
6. Le encanta viajar ________________ el mundo (*world*).
7. ________________ Carolina, volar es emocionante y divertido.
8. ________________ ahora, está muy contenta con la vida (*life*) que tiene.

09-12 En la Isla Margarita. Teresa e-mailed a friend to share her plans for an upcoming Caribbean vacation. Complete each sentence with **por** or **para**, according to the context.

El próximo sábado mi esposo y yo vamos a salir (1) ________________ Venezuela. Vamos a la Isla Margarita (2) ________________ descansar (*to rest*) un poco. Vamos a estar en la isla (3) ________________ dos semanas. Ayer fuimos (4) ________________ los boletos de avión. El agente de viajes planeó muchas actividades (5) ________________ nosotros. (6) ________________ las mañanas, vamos a montar en bicicleta, jugar a voleibol y nadar. (7) ________________ las tardes, vamos a visitar las ciudades de Porlamar y Pampatar (8) ________________ ir de compras en sus centros comerciales. (9) ________________ las noches, vamos a cenar en buenos restaurantes y dar paseos (10) ________________ la playa. ¡Tenemos muchas ganas de conocer la Isla Margarita!

Nombre: ______________________________ Fecha: ______________________

09-13 Viajes Venezolanos. Antonio lives in Caracas and sees the following ad in the newspaper. Based on the information given, answer the following questions with complete sentences in Spanish. Pay special attention to the uses of **por** and **para**.

1. ¿Es por autobús o por avión el viaje desde Caracas a Bogotá?

____.

2. ¿Cuánto se paga por un viaje a Maracaibo?

____.

3. ¿Es por autobús o por avión el viaje desde Caracas a Miami?

____.

4. ¿Para cuándo es la salida del viaje a San Juan, Puerto Rico?

____.

5. ¿Por cuántos días es el viaje a Quito?

____.

09-14 **Cuestionario.** A local travel agency is carrying out a survey. Answer their questions with complete sentences in Spanish. Pay special attention to the uses of **por** and **para**.

1. Dentro de EE. UU. o Canadá, ¿prefieres viajar por avión, por tren, por autobús o por carro? ¿Por qué?

   ____.

2. En un país extranjero (*foreign*), ¿cómo prefieres viajar? ¿Por qué?

   ____.

3. Cuando viajas por avión, ¿prefieres salir por la mañana o por la tarde? ¿Por qué?

   ____.

4. ¿Compras tus boletos por la Internet, por teléfono o por una agencia de viajes? ¿Por qué?

   ____.

5. Por lo general, ¿para qué viajas?

   ____.

2. Adverbs ending in *-mente* (Textbook p. 293)

09-15 **¿De qué manera?** Luisa loves to tell her mother about her friends. Select the adverb in parentheses that logically fits each of her descriptions.

1. Ana María es de Colombia. Habla español (fácilmente / difícilmente).
2. Raúl piensa que Bogotá es la capital de Venezuela. Piensa (correctamente / erróneamente).
3. Susana y Pablo están muy contentos como esposos. Están (felizmente / infelizmente) casados.
4. Andrés y Paula tienen cuidado cuando van de compras y buscan gangas. Gastan su dinero (frívolamente / prudentemente).
5. Liliana es asistente de vuelos. Viaja por avión (frecuentemente / infrecuentemente).
6. Miguel es un buen agente de viajes y por eso tiene muchos clientes. Trabaja (eficientemente / ineficientemente).

Nombre: ______________________ Fecha: ______________________

09-16 ¿Lógico o ilógico? Your uncle likes to test others as he speaks, to see if they are paying attention. Indicate whether each statement you hear is **lógico** or **ilógico**, based on the adverb ending in **-mente** that he uses.

Modelo: "Hago ejercicio frecuentemente, una vez al año."
ilógico

1. lógico ilógico
2. lógico ilógico
3. lógico ilógico
4. lógico ilógico
5. lógico ilógico
6. lógico ilógico

09-17 ¿Cómo se viaja? Rogelio travels frequently and likes to observe how things are done. Complete each sentence with an adverb ending in **-mente**, based on the adjective given in parentheses.

Modelo: Me gusta hacer una reserva *inmediatamente* (inmediato).

1. Viajo por avión ______________________ (regular).
2. Siempre hago la maleta ______________________ (cuidadoso, *careful*).
3. Cuando viajo, me visto ______________________ (cómodo, *comfortable*).
4. En el aeropuerto, los pasajeros hacen cola ______________________ (paciente).
5. Durante el vuelo, el piloto habla ______________________ (tranquilo, *calm*).
6. El avión despega ______________________ (rápido).
7. Los asistentes de vuelo pasan ______________________ por el avión (lento, *slow*).
8. Casi siempre llegamos ______________________ (puntual, *punctual*).

Nombre: ______________________________ Fecha: ______________________

09-18 **¿Quién hace qué y cómo?** Combine elements from the three lists to form complete, logical sentences about how people perform different actions. Be sure to use each element only once, conjugate each verb accurately, and correctly transform each adjective into an adverb ending in **-mente**. Follow the model closely.

Yo	comer helado	ocasional
Mi mejor amigo/a	*gastar dinero*	(in)completo
Mi novio/a (o esposo/a)	ir de compras	(in)frecuente
Mi novio/a (o esposo/a) y yo	ver películas	(ir)*responsable*
Mis padres	verse	(im)paciente
Mis padres y yo	visitar museos	nervioso
Tú	viajar a otros países	contento
¿...?	¿...?	¿...?

Modelo: *Mis padres gastan dinero responsablemente.*

1. ____.
2. ____.
3. ____.
4. ____.
5. ____.

09-19 **¿Cómo lo hago yo?** Your Spanish instructor wants to know more about you. Complete each sentence truthfully in Spanish with an adverb ending in **-mente**. Provide a different adverb for each response.

1. Hago ejercicio ______________________.
2. Estudio ______________________.
3. Hablo español ______________________.
4. Viajo por avión ______________________.
5. Viajo por EE. UU. y Canadá ______________________.
6. Como pizza ______________________.
7. Bebo vino ______________________.
8. Salgo con amigos ______________________.

Nombre: ______________________ Fecha: ______________________

¿Cuánto saben? (Textbook p. 295)

09-20 ¿Saben usar *por* y *para*? María José is going on a trip to Colombia and tells a co-worker about it. Complete each sentence with **por** or **para**, according to the context.

Hoy (1) ______________ la mañana fui a una agencia de viajes (2) ______________ pedir más información sobre mi viaje a Colombia. Voy a irme de vacaciones (3) ______________ una semana y salgo (4) ______________ Cartagena de Indias el sábado que viene. ¡(5) ______________ fin voy a conocer esta preciosa ciudad colonial! Tengo que pagar (6) ______________ el viaje (7) ______________ el lunes. (8) ______________ supuesto, ¡voy a divertirme mucho!

09-21 ¿Saben formar los adverbios que terminan en *–mente*? Andrea describes a cruise she took with her family. Complete each sentence with an adverb ending in **-mente**, based on the adjective given in parentheses.

Modelo: *Fácilmente* (Fácil) decidimos hacer un crucero.

1. Esperamos ______________ (ansioso) el día de la salida del crucero.
2. Cuando llegó el día, abordamos el barco ______________ (alegre).
3. El barco salió del puerto ______________ (*port*) (eventual).
4. Toda la semana comimos ______________ (excesivo).
5. Durante las comidas todos hablamos ______________ (cordial).
6. Lo pasamos ______________ (maravilloso) bien.

09-22 ¿Comprenden bien? You are at the airport with your little brother, who often makes comments about the world around him. Listen to his statements and indicate whether each one is **cierto**, **falso**, or **No se sabe** (*unknown*), based on what you see in the drawing.

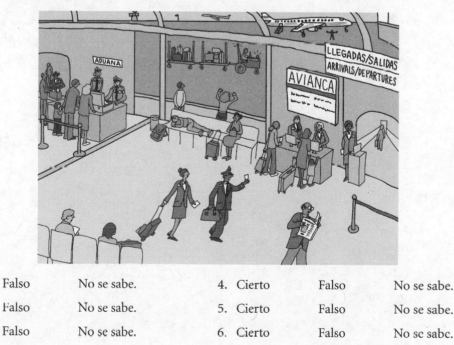

1. Cierto	Falso	No se sabe.	4. Cierto	Falso	No se sabe.
2. Cierto	Falso	No se sabe.	5. Cierto	Falso	No se sabe.
3. Cierto	Falso	No se sabe.	6. Cierto	Falso	No se sabe.

Nombre: ______________________ Fecha: ______________________

09-23 ¿Saben contestar por escrito? Listen to five questions about your travel preferences and habits. Write a truthful, complete response in Spanish for each question you hear. Pay close attention to your use of **por**, **para**, and adverbs ending in **-mente**.

1. ______________________.
2. ______________________.
3. ______________________.
4. ______________________.
5. ______________________.

9-24 ¿Saben contestar oralmente? Listen to five questions about how you carry out various activities. Give a truthful, complete oral response in Spanish for each question you hear. Pay close attention to your use of adverbs ending in **-mente**.

1. ...
2. ...
3. ...
4. ...
5. ...

Nombre: ______________________________ Fecha: ______________________

Perfiles (Textbook p. 296)

Mi experiencia: Auyentepuy: un viaje de aventura

09-25 Según Felipe. Reread this section of your textbook and give the best answer to complete each statement. Not all expressions in the word bank will be used.

Auyentepuy	campamentos	cuevas	Orinoco
bárbaro	continente	helicóptero	viajando

1. Felipe va a pasar este verano __________________ por Latinoamérica en su furgoneta (*van*).
2. Primero Felipe hizo un trekking de diez días a __________________ , una montaña en el Parque Nacional Canaima en Venezuela.
3. Durmió en diferentes __________________ dentro del parque.
4. También hizo kayaking por el río __________________ .
5. Vio las cascadas del Salto Ángel desde un __________________ .
6. Felipe menciona la canción "Me enamora", del cantante colombiano Juanes, porque está enamorado de este

   __________________ de las Américas.

Mi música: "Me enamora" (Juanes, Colombia)

09-26 Asociar datos. Read about this artist in your textbook and follow the directions to listen to the song on the Internet. Then match each item with the best description.

1. Juanes ______
2. Colombia ______
3. los álbumes de Juanes ______
4. diecisiete ______
5. el tema de "Me enamora" ______
6. el ritmo de "Me enamora" ______

a. alegre y constante

b. el número de Grammy Latinos que tiene Juanes

c. el país de origen de Juanes

d. tienen el mayor número de ventas (*sales*) del rock latino

e. figura importante como cantante de rock latino y activista social

f. los aspectos de una persona que hacen enamorar a otra persona

Nombre: ______________________ Fecha: ______________________

Segunda parte

¡Así lo decimos! Vocabulario (Textbook pp. 298–299)

Los viajes

09-27 ¡Así es la vida! Remember that Marisela, Mauricio, and Daniel, three university friends, got a great vacation deal on travel to Colombia. Now reread Marisela's e-mail messages to her friend Raquel in your textbook and indicate whether each statement is **cierto**, **falso**, or **No se sabe** (*unknown*).

1. Marisela y sus amigos fueron primero a Cartagena. Cierto Falso No se sabe.
2. Llegaron a la Isla de San Andrés por la tarde. Cierto Falso No se sabe.
3. El hotel de San Andrés era de lujo. Cierto Falso No se sabe.
4. Marisela no tuvo tiempo para bucear en el mar Caribe. Cierto Falso No se sabe.
5. Recorrieron la isla a caballo. Cierto Falso No se sabe.
6. El hotel de Cartagena es colonial y tiene un jardín tropical. Cierto Falso No se sabe.
7. Los dos hoteles tienen jacuzzi. Cierto Falso No se sabe.
8. Los dos hoteles tienen buenas vistas. Cierto Falso No se sabe.

09-28 ¡A completar! Raquel wants to tell Marisela about the trip she took with her husband to the Great Lakes region of the U.S. Complete each statement with the most appropriate word or expression from the word bank below.

cargador	estadía	gira	isla	tarjeta de memoria
centro histórico	flores	guía turística	recorrer	vista

1. Hicimos una ____________________ de dos semanas por los Grandes Lagos.
2. Compramos una ____________________ sobre la región.
3. Queríamos sacar muchas fotos durante el viaje. Por eso compramos otra ____________________ para la cámara digital.
4. Puse el ____________________ de pilas para la cámara en mi maleta.
5. Un lugar que visitamos fue Mackinac, una ____________________ en el norte de Michigan.
6. Nuestra ____________________ en el famoso Gran Hotel Victoriano fue por dos noches.
7. La ____________________ del lago Huron desde nuestra habitación fue impresionante.
8. En verano hay muchas ____________________ en los jardínes.
9. Es necesario ____________________ la Isla Mackinac en bicicleta, porque no se permiten carros.
10. En el ____________________ de la isla, se vende mucho helado y *fudge*.

Nombre: ______________________ Fecha: ______________________

09-29 Definiciones. You are about to travel abroad to a Spanish-speaking country, and a friend with a lot of travel experience reviews with you the meanings of some words and expressions. Match each one with the best definition.

1. el adaptador eléctrico ______
2. el plano de la ciudad ______
3. el cuarto doble ______
4. el hostal ______
5. el salto de agua ______
6. la tarjeta postal ______
7. comprar recuerdos ______
8. montar a caballo ______
9. quedarse ______
10. viajar al extranjero ______

a. un papel fuerte con alguna imagen donde se escribe a otra persona, normalmente durante un viaje
b. un hotel más barato e informal, muchas veces sin baño privado y/o con muchas camas por habitación
c. hace posible el uso de aparatos eléctricos en diferentes países
d. salir de viaje a otro país
e. un deporte o un modo de transporte por un animal
f. pasar tiempo en algún lugar; antónimo de *salir*
g. resulta cuando hay grandes diferencias de altitud en un río (*river*); sinónimo de *catarata*
h. una habitación de hotel para dos personas
i. pagar por objetos que representan un lugar o una experiencia
j. un mapa detallado (*detailed*) de las calles (*streets*) y los lugares de interés

Nombre: ______________________ Fecha: ______________________

09-30 Un crucigrama. A friend from Venezuela wants to quiz you on some Spanish travel vocabulary. Complete the following crossword puzzle with the correct information below.

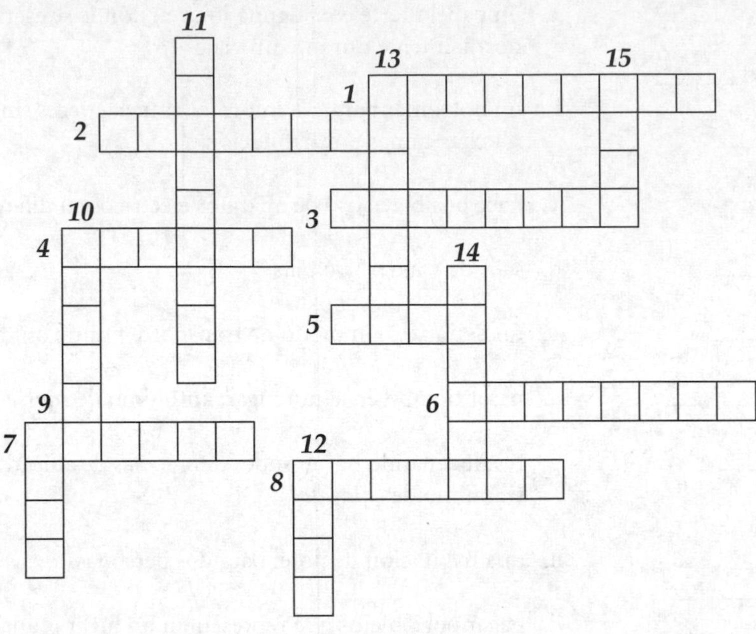

Across

1. Una ______________________ es un viaje breve para visitar un museo u otro lugar de interés cercano (*nearby*).
2. Cuando queremos esquiar en la nieve, vamos a las ______________________ .
3. Una ______________________ resulta cuando hay grandes diferencias de altitud en un río (*river*).
4. Nadar bajo el agua es ______________________ .
5. Hay un gran ______________________ en Venezuela que se llama Maracaibo.
6. Una ______________________ es un edificio grande e importante para una religión.
7. Una actividad que se hace en el mar, en un lago o en un río (*river*), por comercio (*commerce*) o por diversión, es ______________________ .
8. El/la ______________________ está a cargo de (*in charge of*) un hotel.

Down

9. Una ______________________ hace funcionar una cámara digital o de video.
10. En el ______________________ hay muchos árboles (*trees*).
11. Hoy Machu Picchu es un ______________________ de la cultura inca.
12. Un/a ______________________ es el/la líder (*leader*) de una excursión o una gira.
13. La ______________________ de la Libertad está en Nueva York.
14. Un ______________________ es una montaña que produce lava.
15. La ______________________ Margarita está en la costa venezolana.

Nombre: ______________________ Fecha: ______________________

09-31 Después de las vacaciones. First listen to the entire conversation between Gabriela and her mother after Gabriela's return from her vacation in Venezuela. Then select all items that are true for each statement, according to what you hear.

1. Gabriela y Jorge _____ .
   a. llegaron de su viaje anoche
   b. llegaron dos horas tarde
   c. lo pasaron de maravilla en Venezuela
2. Durante sus vacaciones _____ .
   a. hacía mal tiempo
   b. Jorge estaba muy contento porque pescó mucho
   c. los dos montaron a caballo
3. El hotel _____ .
   a. tenía piscina
   b. no era de lujo
   c. tenía buenas vistas de las montañas
4. A Gabriela _____ .
   a. le parecieron preciosas las flores del hotel
   b. le gustó sacar fotos
   c. le gustaron los bosques y las montañas del sur del país
5. La mamá de Gabriela _____ .
   a. también habló por teléfono con Jorge
   b. quiere ver a su hija en persona
   c. va a ver a Gabriela el sábado

Letras y sonidos: The letter *g* in sequences other than *ge* and *gi* in Spanish (Textbook p. 300)

09-32 La *g* de *golf*. For each pair of words you hear, first determine which one has a hard *g* sound like the *g* in English *good*. Then write that word in the space provided.

Modelo: ganas, lugar
ganas

1. ______________________
2. ______________________
3. ______________________
4. ______________________
5. ______________________
6. ______________________

09-33 La *g* de *llegada*. For each pair of words you hear, first determine which one has a soft *g* sound like the *g* in English *sugar*. Then write that word in the space provided.

Modelo: lago, golf
lago

1. ______________________
2. ______________________
3. ______________________
4. ______________________
5. ______________________
6. ______________________

Nombre: ______________________ Fecha: ______________________

¡Así lo hacemos! Estructuras

3. The Spanish subjunctive: An introduction (Textbook p. 302)

09-34 ¿Infinitivo, indicativo o subjuntivo? Maribel is expressing some facts and some desires. Indicate whether the underlined verb in each of her statements is an infinitive, the indicative mood, or the subjunctive mood, based on its form and context. Be sure to pay attention to the meaning of the *italicized* verb or verb phrase also, to determine whether it expresses a fact or a desire to influence others.

1. *Quiero* nadar en el mar. — infinitivo / indicativo / subjuntivo
2. *Quiero* que Marisela nade conmigo. — infinitivo / indicativo / subjuntivo
3. *Necesito* ir a comprar. — infinitivo / indicativo / subjuntivo
4. *Necesito* que vayas a comprar por mí. — infinitivo / indicativo / subjuntivo
5. Mi padre nos *dice* que somos buenos. — infinitivo / indicativo / subjuntivo
6. Mi padre nos *dice* que seamos buenos. — infinitivo / indicativo / subjuntivo
7. *Es necesario* viajar al extranjero. — infinitivo / indicativo / subjuntivo
8. *Es necesario* que los estudiantes de español viajen al extranjero. — infinitivo / indicativo / subjuntivo

09-35 Escuchar a una amiga. A friend calls to tell you about an excursion that she and her new boyfriend are discussing. For each sentence you hear, indicate whether the dependent clause uses an infinitive, the indicative mood, or the subjunctive mood, based on its form and context.

1. infinitivo indicativo subjuntivo
2. infinitivo indicativo subjuntivo
3. infinitivo indicativo subjuntivo
4. infinitivo indicativo subjuntivo
5. infinitivo indicativo subjuntivo
6. infinitivo indicativo subjuntivo

Nombre: ______________________________ Fecha: ______________________

09-36 ¿Qué piden los asistentes de vuelo? Flight attendants have various requests to ensure a good, safe flight. Complete each request with the present subjunctive form of the verb given.

Los asistentes de vuelo *piden* que los pasajeros...

1. no ______________________ (correr) por el pasillo del avión.
2. no ______________________ (traer) más de una maleta pequeña en el avión.
3. ______________________ (guardar) sus pertenencias (*belongings*) debajo del asiento.
4. no ______________________ (poner) objetos en el pasillo del avión.
5. no ______________________ (usar) los teléfonos celulares durante el vuelo.
6. no ______________________ (levantarse) mucho durante el vuelo.
7. les ______________________ (dar) dinero en efectivo si compran bebidas alcóholicas.
8. les ______________________ (hablar) respetuosamente.

09-37 Procedimientos para viajar (*travel procedures*). Complete each suggested travel procedure with the present subjunctive form of each verb in parentheses.

A. El agente de viajes *quiere* que tú...

1. ______________________ (reservar) un pasaje de ida y vuelta por su agencia.
2. ______________________ (pagar) con tarjeta de crédito enseguida.
3. ______________________ (volver) a la agencia para planear tus futuros viajes.

B. Los inspectores en el control de seguridad *quieren* que ustedes...

4. ______________________ (hacer) cola pacientemente.
5. ______________________ (mostrar) sus pasaportes y sus tarjetas de embarque.
6. ______________________ (abrir) las maletas si se pide.

C. El asistente de vuelo *quiere* que nosotros...

7. ______________________ (abordar) el avión a tiempo.
8. ______________________ (sentarse) en nuestros asientos inmediatamente.
9. ______________________ (quedarse) en los asientos durante el vuelo.

D. Nosotros *queremos* que el piloto...

10. ______________________ (saber) volar bien en todas las condiciones del tiempo.
11. ______________________ (tener) mucha experiencia volando.
12. ______________________ (aterrizar) cuidadosamente.

Nombre: ______________________ Fecha: ______________________

09-38 Diferencias de opinión. Jorge and his family are planning a trip to San Diego and have different suggestions about activities. Select the verb form, either the infinitive, present indicative, or present subjunctive, that correctly completes each sentence.

1. Yo *quiero* [a. visitar / b. visito / c. visite] el famoso zoo de San Diego.
2. Mi madre *prefiere* que todos nosotros [a. ir / b. vamos / c. vayamos] al museo de arte.
3. Mi padre *recomienda* que mi madre [a. ver / b. ve / c. vea] la exposición con mi hermana por la mañana.
4. Mi padre *prefiere* [a. hacer / b. hace / c. haga] actividades al aire libre.
5. Mi hermana *dice* que mi padre [a. ser / b. es / c. sea] inflexible.
6. Yo *digo* que cada persona [a. seleccionar / b. selecciona / c. seleccione] (*to select*) una actividad para hacer entre todos.
7. Ahora mi hermana *quiere* que todos [a. montar / b. montamos / c. montemos] en bicicleta por la costa.
8. Mi padre *desea* que todos [a. jugar / b. jugamos / c. juguemos] al golf con él. ¡Vamos a tener que descansar (*to rest*) mucho después de este viaje!

09-39 ¡Vamos a la playa! Enrique and his girlfriend María want to take a vacation. Complete each sentence with the correct verb form, either the infinitive, present indicative, or present subjunctive, according to the context.

1. *Necesitamos* ______________ (encontrar) un lugar barato para ir de vacaciones.
2. María *sugiere* que nosotros ______________ (ir) a un lugar cerca de la playa.
3. Yo le *sugiero* que ella ______________ (buscar) más información en la Internet.
4. Ella me *pide* que yo la ______________ (ayudar) a buscar un buen lugar también.
5. Yo le *digo* que ______________ (haber) un hostal barato cerca de una playa bonita que conozco.
6. Ella me *dice* que yo ______________ (llamar) enseguida para pedir una reserva.
7. Ahora solamente *necesitamos* ______________ (hacer) la maleta.
8. *Dicen* que ______________ (hacer) muy buen tiempo ahora en la playa, ¡y tenemos muchas ganas de ir!

09-40 ¡Tus vacaciones! Now express your desires for your own vacation. Complete each sentence with an appropriate verb form, either in the infinitive or the present subjunctive, according to each context.

Modelos: Quiero *viajar a Cancún con mi mejor amigo/a.*
Quiero que *nosotros vayamos en marzo.*

1. Quiero ______________________________.
2. Quiero que ______________________________.
3. No quiero que ______________________________.
4. Necesito ______________________________.
5. Necesito que ______________________________.
6. Deseo mucho que ______________________________.

4. The subjunctive to express influence (Textbook p. 306)

09-41 Los deseos del gerente. Pedro is a good hotel manager with clear ideas about how things are to be done. Complete each sentence with the present subjunctive form of the verb in parentheses.

El gerente...

1. *insiste* en que todos sus empleados (*employees*) ______________ (llegar) puntualmente al trabajo.
2. les *aconseja* a sus cocineros (*cooks*) que ______________ (preparar) el bufé (*buffet*) del desayuno para las seis de la mañana.
3. les *pide* a sus empleados que ______________ (limpiar) las habitaciones para las dos de la tarde.
4. no *permite* que nadie ______________ (fumar) (*to smoke*) en el hotel.
5. *quiere* que sus clientes ______________ (estar) contentos con su estadía.
6. *desea* que el hotel ______________ (tener) éxito (*success*).

09-42 En un hotel de lujo. Personnel in a luxury hotel readily offer advice and recommendations about services and area activities. Complete each sentence with the correct verb form, either the infinitive, present indicative, or present subjunctive, according to the context.

El recepcionista nos *recomienda* que (1) ______________ (dormir) mucho por la noche y que (2) ______________ (hacer) muchas actividades durante el día. También nos *sugiere* que (3) ______________ (sacar) muchas fotos durante las excursiones. El nos *dice* que las playas cerca del hotel (4) ______________ (ser) magníficas y que *es preciso* (5) ______________ (montar) a caballo por ellas.

El guía del hotel nos *aconseja* que (6) ______________ (ir) al centro histórico para ver la catedral, los monumentos y los jardínes. También *dice* que (7) ______________ (haber) un buen mercado al aire libre donde venden de todo. Nos *recomienda* que (8) ______________ (comprar) recuerdos en el mercado porque tienen los mejores precios. Nosotros *necesitamos* (9) ______________ (regatear) en el mercado de todas maneras, ¡porque es así!

Es bueno que el hotel (10) ______________ (dar) consejos (*advice*) a los viajeros. ¡Es un servicio indispensable!

Nombre: ______________________ Fecha: ______________________

09-43 Recomendaciones. A friend of yours wants some advice about traveling and going on vacation. Give your recommendations by completing each sentence with an appropriate verb form, either in the infinitive or the present subjunctive, according to each context. Use a different verb in each sentence.

Modelos: Te recomiendo que *compres un boleto electrónico por la Internet.*
Es bueno *comprar una guía turística antes de salir de viaje.*

1. Te recomiendo que ______________________.
2. Te sugiero que ______________________.
3. También te aconsejo que ______________________.
4. Es bueno ______________________.
5. Es preciso ______________________.
6. Es importante que ______________________.

09-44 ¿Es lógico? Various friends are discussing travel plans. Listen to each brief monolog and indicate whether it is **lógico** or **ilógico**, based on its meaning.

1. lógico ilógico
2. lógico ilógico
3. lógico ilógico
4. lógico ilógico
5. lógico ilógico
6. lógico ilógico

¿Cuánto saben? (Textbook p. 310)

09-45 ¿Saben formar el presente del subjuntivo? Travelers prefer optimal flight, hotel, and weather conditions. Complete each preference with the present subjunctive form of the verb given.

Los viajeros *prefieren* que...

1. los vuelos ______________ (ser) baratos.
2. no ______________ (haber) demoras.
3. los pilotos ______________ (saber) volar bien.
4. los aeropuertos ______________ (tener) buenos restaurantes y tiendas.
5. los restaurantes ______________ (servir) buena comida.
6. los hoteles ______________ (incluir) el desayuno.
7. la habitación del hotel ______________ (estar) limpia (*clean*).
8. ______________ (hacer) buen tiempo todos los días.

Nombre: ______________________ Fecha: ______________________

09-46 **¿Saben usar el presente del subjuntivo para expresar influencia?** Pablo and his friends want to go on vacation, as he describes in the following blog entry. Select the verb form, either the infinitive, present indicative, or present subjunctive, that correctly completes each sentence.

¡Me encanta ir de vacaciones! En mis próximas vacaciones, *quiero* que mis mejores amigos (1) [a. ir / b. van / c. vayan] conmigo. El hotel *necesita* (2) [a. ser / b. es / c. sea] de lujo. También *necesito* que el hotel (3) [a. estar / b. está / c. esté] cerca de la playa. Mi amigo Rafael *recomienda* que (4) [a. buscar / b. buscamos / c. busquemos] información por la Internet. Rafael *dice* que (5) [a. haber / b. hay / c. haya] mucha información sobre hoteles y lugares de interés. Yo también *quiero* (6) [a. preguntar / b. pregunto / c. pregunte] por paquetes y precios en una agencia de viajes. Mi amigo Antonio *sugiere* que (7) [a. pasar / b. pasamos / c. pasemos] una semana en la Isla Margarita. Yo *digo* que (8) [a. viajar / b. viajamos / c. viajemos] por barco a la Isla de San Andrés. En cualquier caso, todos *deseamos* (9) [a. divertirnos / b. nos divertimos / c. nos divertamos] y (10) [a. hacer / b. hacemos / c. hagamos] muchas actividades.

09-47 **¿Comprenden bien?** First listen to the following advertisement for Hotel Margarita in its entirety. Then indicate whether each statement is **cierto**, **falso**, or **No se sabe** (*unknown*).

1. En el Hotel Margarita, hay cincuenta habitaciones. Cierto Falso No se sabe.
2. El hotel no tiene ni piscina ni jacuzzi. Cierto Falso No se sabe.
3. En el restaurante del hotel, sirven platos deliciosos. Cierto Falso No se sabe.
4. El hotel tiene bicicletas para el uso de sus clientes. Cierto Falso No se sabe.
5. El hotel les recomienda a los viajeros que traigan sus cámaras a la isla. Cierto Falso No se sabe.
6. La isla está a treinta minutos de Caracas por avión. Cierto Falso No se sabe.
7. El hotel sugiere que los viajeros hagan sus reservas dos semanas antes de su viaje. Cierto Falso No se sabe.
8. El hotel no organiza excursiones para sus clientes. Cierto Falso No se sabe.

Nombre: ______________________ Fecha: ______________________

09-48 ¿Saben contestar por escrito? Listen to five questions about travel-related suggestions you might give to others. Write a truthful, complete response in Spanish for each question you hear. Be sure to use correct forms of the present subjunctive, where appropriate.

1. ______________________
2. ______________________
3. ______________________
4. ______________________
5. ______________________

09-49 ¿Saben contestar oralmente? Listen to five questions about travel-related restrictions and suggestions that others might give you. Give a truthful, complete oral response in Spanish for each question you hear. Be sure to use correct forms of the present subjunctive, where appropriate.

1. …
2. …
3. …
4. …
5. …

Observaciones: ¡Pura Vida! Episodio 9 (Textbook p. 311)

Antes de ver el video

09-50 ¿Qué pasa? Select the response that best answers each question.

1. What might David respond when asked how his flight was?
   a. Fenomenal. Pero casi pierdo el avión. Cambiaron la puerta de embarque.
   b. En nuestra organización necesitamos gente como tú.
   c. Desde la ventanilla del avión se veían muchos ríos.

2. As Patricio talks about the probability of seeing a jaguar, what might he say?
   a. Tenemos una gran población de ara macao…
   b. No creo que lo veamos ahora. Probablemente esté durmiendo en algún árbol.
   c. Bueno, lo importante es que ya está aquí.

3. How might Patricio describe the weather?
   a. No creo que sea un caimán. En esta parte del río sólo hay cocodrilos fluviales.
   b. Solamente en esta reserva hay más tipos de pájaros que en toda Europa.
   c. ¿Ven esa niebla? Eso es vapor del volcán.

4. David believes that Patricio is a skillful tour guide. Which statement is *not* consistent with this opinion?
   a. Veo que conoces muy bien la fauna. Ahora entiendo porque todo el mundo se apunta a tu grupo.
   b. Ah, sí. Es evidente que conoces esto mejor que nadie.
   c. Patricio, esto es muy interesante, pero quiero que me enseñes pájaros.

5. What might Silvia say about Patricio regarding his skills as a tour guide?
   a. ¡Un caimán! ¡Qué lástima no tener mi cámara de video!
   b. Es un apasionado de la naturaleza. Nadie está más informado que Patricio.
   c. ¿Recuperación de especies?

A ver el video

09-51 La fauna. Select the nine items in the following list that refer to the fauna of the jungle, as mentioned in the video episode.

el águila ______

el apio ______

el ara macao ______

el árbol ______

el caimán ______

el cocodrilo fluvial ______

el colibrí ______

el guacamayo ______

el jaguar ______

la orquídea ______

el pájaro ______

la palma ______

el tucán ______

Nombre: ______________________ Fecha: ______________________

Después de ver el video

09-52 En la selva. Select the expression that best completes each sentence.

1. Según Silvia y Patricio, _____ es una corriente de aire que hace que llueva excesivamente en algunos lugares y que otros lugares sean terriblemente secos.
   a. La Niña
   b. El huracán
   c. El Niño

2. Desde la ventanilla del avión, David vio _____ .
   a. muchos ríos (*rivers*)
   b. los guacamayos (*macaws*)
   c. la Estación Biológica

3. Según Patricio, en la selva hay _____ especies de animales y plantas únicas en el mundo.
   a. cientos de
   b. miles de
   c. cien mil

4. Panchito es _____ .
   a. un jaguar
   b. un cocodrilo fluvial
   c. un colibrí

5. Según Patricio, en esa reserva de la selva hay más tipos de pájaros que en toda _____ .
   a. la América del Sur
   b. Asia
   c. Europa

6. La organización donde trabaja David se llama CREFASI, o _____ .
   a. Centro de Reforestación y Fincas Sincronizadas
   b. Centro de Recuperación de Fauna Silvestre
   c. Centro de Ríos, Efluvios y Acueductos de la Sierra

7. Según David, mucha gente se apunta al grupo de Patricio porque él _____ .
   a. conoce bien la fauna
   b. tiene muchos pájaros
   c. sabe los nombres de las plantas

8. En su trabajo Patricio quiere que los turistas _____ .
   a. se entretengan (*are entertained*)
   b. lo ayuden a ganar más dinero
   c. aprecien y respeten el medio ambiente

Nombre: ______________________ Fecha: ______________________

Nuestro mundo

Panoramas: Los países caribeños de Sudamérica: Venezuela y Colombia (Textbook p. 312)

09-53 **¡A informarse!** Based on information from **Panoramas**, decide if each statement is **cierto** or **falso**.

1. Venezuela tiene mucho petróleo y por eso, hay pocas personas pobres en el país. Cierto Falso
2. Muchos turistas visitan Venezuela por su belleza natural y por los deportes extremos que hace posibles. Cierto Falso
3. Gabriel García Márquez es un pintor colombiano famoso. Cierto Falso
4. Gabriel García Márquez ganó el Premio Nobel de Literatura por *Cien años de soledad.* Cierto Falso
5. Cartagena de Indias es una ciudad colombiana con un puerto importante. Cierto Falso
6. Cartagena de Indias nunca fue una ciudad rica. Cierto Falso
7. Colombia es un país rico en oro y en piedras preciosas. Cierto Falso
8. Los conquistadores españoles no querían las riquezas de los indígenas. Cierto Falso
9. Colombia y Venezuela tienen climas similares. Cierto Falso
10. Colombia gana más dinero en turismo que Venezuela. Cierto Falso

Nombre: ______________________ Fecha: ______________________

09-54 La geografía de Colombia y de Venezuela. Complete each sentence with the best response, based on the map.

1. La capital de Colombia es _____ .
   a. Cartagena de Indias
   b. Bogotá
   c. Caracas

2. La capital de Venezuela es _____ .
   a. Caracas
   b. Maracaibo
   c. Bogotá

3. _____ tiene costas en el Océano Pacífico y en el Mar Caribe.
   a. Ecuador
   b. Venezuela
   c. Colombia

4. El lago Maracaibo está en _____ .
   a. Venezuela
   b. Colombia
   c. Venezuela y Colombia

5. Las islas holandesas de Aruba, Bonaire y Curazao están al _____ de Venezuela.
   a. sur
   b. norte
   c. este (*east*)

6. El río Orinoco pasa por _____ .
   a. Trinidad y Tobago
   b. Venezuela
   c. Colombia

Nombre: ______________________________ Fecha: ______________________

Páginas: Fiestas colombianas (Textbook p. 314)

09-55 **¿Cierto o falso?** Based on information from the **Páginas** section of the text, decide if each statement is **cierto** or **falso**.

1. Hay una síntesis de tradiciones indígenas y cristianas en las celebraciones de Corpus Cristi. Cierto Falso
2. Carnaval empezó durante la época colonial como festival de la clase alta. Cierto Falso
3. La palabra *carnaval* tiene relación con la palabra "carne". Cierto Falso
4. La ciudad de Barranquilla tiene las fiestas de Carnaval más coloridas de Colombia. Cierto Falso
5. Popayán y Mompox tienen las celebraciones de Semana Santa más famosas de Colombia. Cierto Falso
6. Hay pocas iglesias en las ciudades coloniales de Popayán y Mompox. Cierto Falso
7. En Colombia el Día de la Independencia se celebra el cuatro de julio. Cierto Falso
8. Simón Bolívar fue un líder importante para la independencia de Colombia de España, la cual se consiguió en 1810. Cierto Falso

Nombre: ______________________________ Fecha: ______________________

Taller (Textbook p. 316)

09-56 Un viaje que quiero hacer. Write a paragraph describing a trip you want to take. Include information about where, with whom, and why you want to go, and what activities you prefer to do. Describe also what you want the travel and hotel to be like, and what you need or want others to do on the trip. Be sure to include expressions like **querer (que), preferir (que), necesitar (que), desear (que), insistir en (que),** and/or **decir (que),** followed by an infinitive, the present indicative, or the present subjunctive, according to the context.

Modelo: *Quiero viajar a la Isla de San Andrés con mi esposo. Dicen que es una isla preciosa donde se puede bucear, montar a caballo y hacer otras actividades deportivas que nos gustan. Queremos que el vuelo no tenga muchas escalas. También preferimos que nuestro hotel esté cerca de la playa…*

____

____

____

____

____

____

____

____

____

____

____

____

Nombre: ______________________ Fecha: ______________________

10

¡Tu salud es lo primero!

Primera parte

¡Así lo decimos! Vocabulario (Textbook pp. 320–321)

Las partes del cuerpo humano

10-01 **¡Así es la vida!** Reread the brief dialogs in your textbook and indicate whether each statement is **cierto**, **falso**, or **No se sabe** (*unknown*).

1. Hoy hay muchas personas en la sala de espera del consultorio del médico. Cierto Falso No se sabe.
2. Anabel, la mujer con las muletas (*crutches*), se torció el pie. Cierto Falso No se sabe.
3. Anabel va a necesitar operarse (*undergo an operation*). Cierto Falso No se sabe.
4. Alfredo tiene náuseas y no se siente bien. Cierto Falso No se sabe.
5. Don Luis, el señor mayor, tiene dolor de espalda. Cierto Falso No se sabe.
6. Don Luis se lastimó limpiando el garaje de su casa. Cierto Falso No se sabe.
7. El hijo de Paloma tiene la temperatura normal. Cierto Falso No se sabe.
8. El niño tiene una enfermedad seria. Cierto Falso No se sabe.
9. Eugenio, el señor con la máscara (*mask*), tose mucho y se siente muy mal. Cierto Falso No se sabe.
10. A Marisa le interesa mucho conversar con Eugenio. Cierto Falso No se sabe.

Nombre: ______________________________ Fecha: ______________________

10-02 Las partes del cuerpo humano. Match each human body part with the expression for it in Spanish.

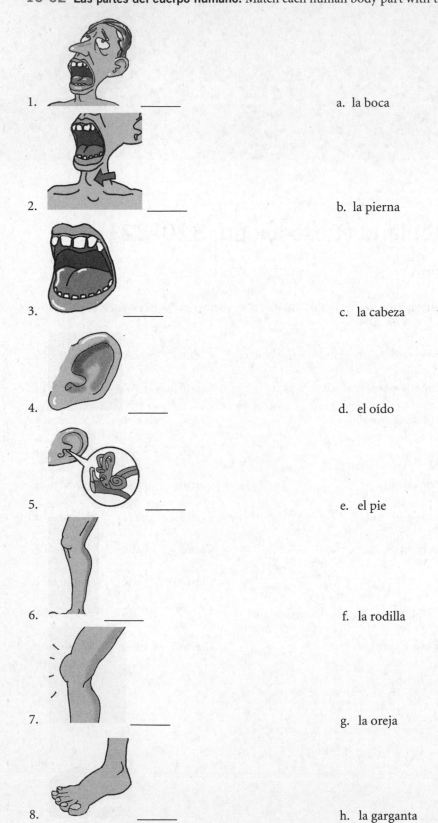

1. ______ a. la boca

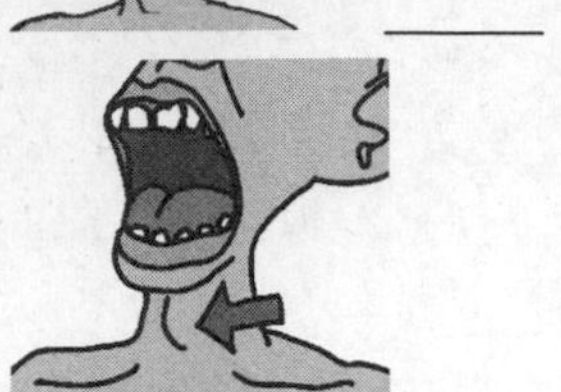

2. ______ b. la pierna

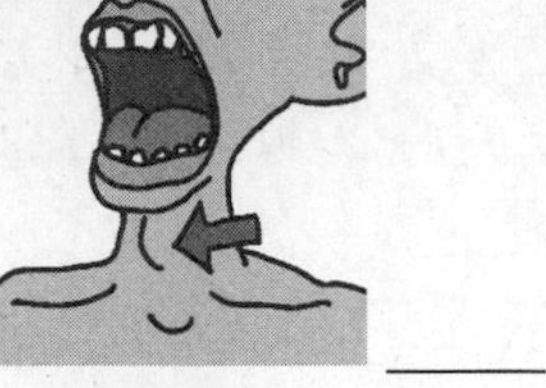

3. ______ c. la cabeza

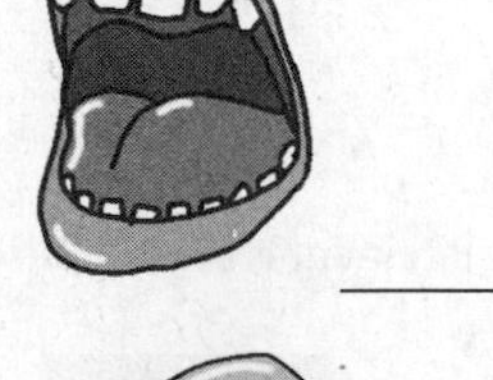

4. ______ d. el oído

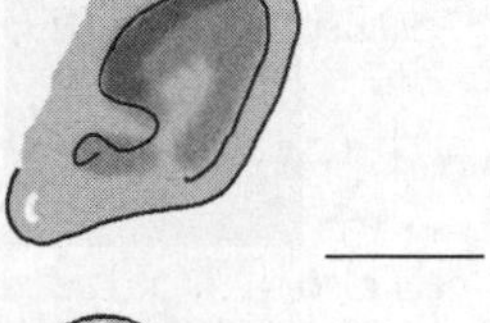

5. ______ e. el pie

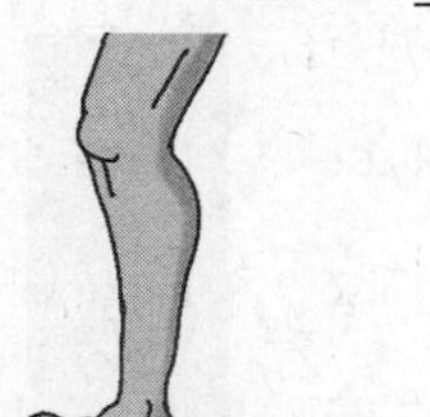

6. ______ f. la rodilla

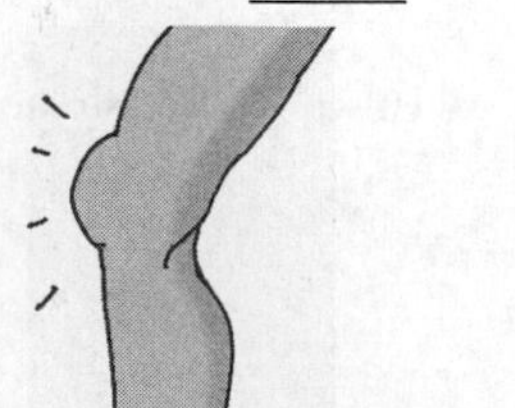

7. ______ g. la oreja

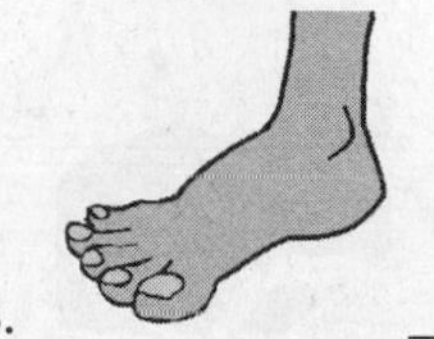

8. ______ h. la garganta

Nombre: ______________________________ Fecha: ______________________

10-03 Los problemas de salud y los remedios médicos. Find these 10 words related to body parts, health problems, and medical treatments in the following word search. Be sure to look for words horizontally, vertically, and diagonally, both forward and backward.

calmante	mejorarse	pecho	receta	síntoma
lastimarse	muela	pulmón	resfriado	urgencias

P	R	E	T	U	C	M	I	R	S	E	W	T	I	L
R	Ó	M	A	N	C	A	R	C	B	Í	N	S	E	U
T	X	M	Y	T	L	A	L	L	S	U	B	R	R	F
U	E	F	F	U	E	L	N	M	I	M	A	G	U	B
L	E	M	Ó	A	R	C	G	L	A	R	E	I	L	E
L	M	E	Z	E	E	C	E	L	A	N	R	Í	M	S
O	P	J	U	R	R	Ó	C	R	C	H	T	I	M	R
I	N	O	E	Z	A	C	A	I	S	A	D	E	L	A
Ó	D	R	O	C	Í	T	A	O	R	D	A	A	O	M
D	O	A	R	G	A	S	O	M	I	A	R	S	L	I
Í	E	R	Q	U	I	R	A	N	Ó	M	L	U	P	T
E	N	S	L	L	O	L	A	D	A	O	F	R	O	S
I	J	E	L	J	E	Í	S	N	O	T	S	O	S	A
T	R	O	O	U	T	U	T	Í	S	N	E	C	H	L
E	M	A	M	S	M	O	N	D	E	Í	C	E	I	C
H	R	E	S	F	R	I	A	D	O	S	D	Ó	N	T
C	H	Ó	C	P	H	R	Í	R	R	B	A	R	C	L
V	I	V	L	R	P	E	T	O	H	C	E	P	L	O

Nombre: ______________________________ Fecha: ______________________

10-04 ¡Fuera de lugar! Select the word that does not belong in each group.

1. a. la oreja b. la cabeza c. el oído d. la espalda
2. a. el brazo b. la boca c. la muela d. los dientes
3. a. la rodilla b. la pierna c. la garganta d. el pie
4. a. el brazo b. la lengua c. la mano d. los dedos
5. a. el corazón b. los pulmones c. el estómago d. los dedos del pie
6. a. la aspirina b. el jarabe c. la radiografía d. la pastilla
7. a. la fiebre b. la tos c. las náuseas d. el hueso
8. a. el paciente b. la receta c. el examen físico d. el diagnóstico

10-05 ¿Qué me recomienda usted? You are a doctor and recommend various courses of action to your patients. Match each health problem to the most appropriate advice or remedy.

Los problemas de los pacientes:	Los consejos del médico: Le *aconsejo* a usted que…
1. Toso tanto que no puedo dormir. _____	a. vaya al hospital para una radiografía.
2. Creo que me rompí el brazo. _____	b. guarde cama por dos días.
3. Comí demasiado y me duele el estómago. _____	c. se tome un antiácido.
4. Me duele mucho la cabeza. _____	d. se tome dos aspirinas.
5. Creo que tengo un resfriado. _____	e. se tome un antibiótico por siete días.
6. Me duele mucho la garganta y tengo fiebre. _____	f. se tome un jarabe para la tos.

Nombre: ________________________________ Fecha: ________________________

10-06 En el consultorio del médico. A friend of yours works in a doctor's office and loves to chat about what is happening there. Complete each sentence with the most appropriate word or expression from the word bank.

antibiótico	diagnóstico	hacer una cita	tomar la presión
dejar de fumar	dolor de cabeza	infección	tomarse la temperatura

1. Si alguien tiene un ____________________, debe tomarse dos aspirinas.
2. Si alguien siente fiebre, debe ____________________ antes de llamar al médico.
3. Para tener un examen físico completo, es necesario ____________________ con el médico antes.
4. Una parte rutinaria (*routine*) del examen físico es ____________________ .
5. Después de examinar al paciente, el médico le da el ____________________ del problema.
6. A veces cuando el paciente está enfermo, el médico le receta un ____________________ .
7. A veces una ____________________ del oído puede resultar de nadar mucho en el mar o en la piscina.
8. Hay que ____________________ para no causar daño (*damage*) a los pulmones.

10-07 Están enfermos. Listen to each of the following incomplete statements and select the word or expression that logically completes it.

1. a. ...la garganta. b. ...un hueso. c. ...el corazón.
2. a. ...romperte un hueso. b. ...hacer ejercicio. c. ...guardar cama.
3. a. ...un antiácido. b. ...un calmante. c. ...un jarabe.
4. a. ...dejó de fumar. b. ...se torció la rodilla. c. ...me recetó unas pastillas.
5. a. ...una infección. b. ...un hueso. c. ...una cita.
6. a. ...tengo un resfriado. b. ...me duele una muela. c. ...me duele el estómago.

Nombre: ______________________________ Fecha: ______________________

10-08 Los síntomas. First listen to the phone conversation between Paula and her mother in its entirety. Then select all items that are true for each statement, according to what you hear.

1. Paula tiene _____ .
   a. fiebre
   b. dolor de cabeza
   c. dolor de garganta
2. Paula también _____ .
   a. tose mucho por las noches
   b. tiene dolor de pecho cuando respira
   c. tiene náuseas
3. La mamá de Paula le dice que _____ .
   a. tiene un resfriado, nada más
   b. se tome un jarabe para la tos
   c. tiene una infección
4. La mamá de Paula también le dice que _____ .
   a. llame al médico para hacer una cita
   b. necesita un calmante
   c. necesita un antibiótico
5. A Paula _____ .
   a. no le gustan los médicos
   b. no le parece cierto el diagnóstico de su mamá
   c. le preocupa la salud de su hermano
6. A Marcos, el hermano de Paula, siempre le duele _____ .
   a. la cabeza
   b. el pecho
   c. el estómago
7. La mamá quiere que Marcos _____ .
   a. guarde cama
   b. se tome un jarabe
   c. se tome un antiácido
8. La mamá desea que sus dos hijos _____ .
   a. se mejoren rápidamente
   b. vayan al médico
   c. vayan al hospital enseguida

10-09 Preguntas médicas. You are initiating care at your university health center and are asked a few questions. Answer each question with a complete sentence in Spanish.

1. ¿Sigues los consejos del médico normalmente? ¿Por qué?

   ____ .

2. ¿A qué eres alérgico/a? ¿Qué tienes que hacer o no hacer como consecuencia?

   ____ .

3. ¿Te rompiste un hueso alguna vez? ¿Qué hueso y cuándo fue?

   ____ .

4. ¿Te duele alguna parte del cuerpo frecuentemente? ¿Qué parte y por qué?

   ____ .

5. ¿Haces una cita para un examen físico regularmente?

   ____ .

6. ¿Te dan miedo las inyecciones?

   ____ .

¡Así lo hacemos! Estructuras

1. Formal commands (Textbook p. 324)

10-10 La médica y la enfermera (*nurse*). A doctor gives instructions to a nurse about the medical treatments she wants different patients to receive. Match each drawing to the most appropriate treatment, based on the condition of the patient(s).

1. ______

2. ______

3. ______

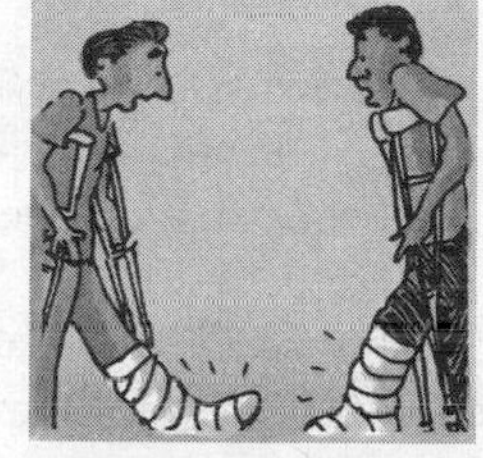

4. ______

5. ______

a. Llévelos al técnico de radiografías.

b. Tráigale hielo para el pie.

c. Déle dos aspirinas.

d. Tómele la temperatura.

e. Recomiéndeles un buen antiácido.

Nombre: ______________________ Fecha: ______________________

10-11 Consejos por teléfono. It's the weekend and Dr. Navarro is on call. Listen to each patient's concern and match it to the most logical response given by the doctor.

1. ______ a. Tómese usted un jarabe para la tos.
2. ______ b. Guarde usted cama por dos días. Vaya al médico si no se mejora después.
3. ______ c. Vaya usted a la sala de urgencias enseguida.
4. ______ d. Compre usted un antiácido en la farmacia, y coma menos.
5. ______ e. No beba usted café después de las cuatro de la tarde.

10-12 Sugerencias. Sr. Muñoz is not in good health, and his doctor offers various suggestions to help improve it. Complete each suggestion with the *singular* formal command of the verb.

Modelo: *Trabaje* (trabajar) usted menos horas en la oficina.

1. ______________________ (dormir) usted al menos ocho horas cada noche.
2. No ______________________ (acostarse) usted tarde.
3. ______________________ (comer) más verduras y frutas frescas.
4. ______________________ (beber) ocho vasos de agua al día.
5. No ______________________ (tomar) mucho alcohol.
6. ______________________ (dejar) de fumar.
7. ______________________ (hacer) ejercicio regularmente.
8. ______________________ (pedir) un examen físico completo una vez al año.

10-13 El profesor de medicina. Professor Vargas teaches at a university hospital. Complete each of his recommendations to students with the *plural* formal command of the verb.

Modelo: *Lleguen* (llegar) ustedes temprano al consultorio todos los días.

1. ______________________ (tratar) ustedes bien a los pacientes.
2. ______________________ (hablar) ustedes mucho con los pacientes para entender bien sus problemas de salud.
3. ______________________ (estudiar) todos los síntomas de los pacientes.
4. ______________________ (consultar) con otro médico sobre los diagnósticos.
5. No ______________________ (recetar) antibióticos frecuentemente.
6. ______________________ (visitar) a los pacientes en el hospital dos veces al día.
7. ______________________ (leer) la investigación reciente sobre los avances en la medicina.
8. ______________________ (poner) siempre atención a todo.

Nombre: ______________________ Fecha: ______________________

10-14 El médico en prácticas. You are an intern at a hospital and need to ask two different medical professors for advice. One responds negatively to your questions, and the other responds affirmatively. Complete each of their responses with the *singular* formal command of the verb. When possible, be sure to use object pronouns to avoid repetition and follow the model closely.

Modelo: ¿Le tomo la presión al paciente?
Profesor 1: No, no *se la tome* usted.
Profesora 2: Sí, *tómesela* usted.

1. ¿Preparo el horario de trabajo?

   Profesor 1: No, no ______________________ usted.

   Profesora 2: Sí, ______________________ usted.

2. ¿Leo la radiografía?

   Profesor 1: No, no ______________________ usted.

   Profesora 2: Sí, ______________________ usted.

3. ¿Le pido los datos al paciente?

   Profesor 1: No, no ______________________ usted.

   Profesora 2: Sí, ______________________ usted.

4. ¿Les pongo más inyecciones a los pacientes?

   Profesor 1: No, no ______________________ usted.

   Profesora 2: Sí, ______________________ usted.

5. ¿Le repito el examen médico a la Señora López?

   Profesor 1: No, no ______________________ usted.

   Profesora 2: Sí, ______________________ usted.

6. ¿Le doy dos pastillas al niño?

   Profesor 1: No, no ______________________ usted.

   Profesora 2: Sí, ______________________ usted.

10-15 Los consejos de los padres. Teenage twins tell their parents about plans for some upcoming activities. Play the role of the parents by giving advice to the twins using *plural* formal commands in the negative or the affirmative. Give a different command for each activity.

Modelo: Vamos a nadar en el río (*river*).
¡Tengan mucho cuidado!

1. Vamos a comprar en el centro comercial.

   ____.

2. Vamos a ver una película en el cine con nuestros amigos.

   ____.

3. Vamos a una fiesta en casa de Antonio.

   ____.

4. Vamos a jugar al voleibol en la playa.

   ____.

5. Vamos a estudiar en la biblioteca.

   ____.

2. The subjunctive to express feelings and emotions (Textbook p. 327)

10-16 Los sentimientos de los padres. Parents inevitably experience strong emotions when it comes to their children, including happiness, fear, and regret. Complete each sentence with the present subjunctive form of the verb.

Modelo: Los padres *lamentan* que sus hijos no los *visiten* (visitar) más frecuentemente.

A. Los padres *se alegran de* que sus hijos...

1. ______________________ (tener) buena salud.
2. no ______________________ (ser) alérgicos ni a comidas ni a medicinas.
3. ______________________ (seguir) los consejos del médico.

B. Los padres *temen* que sus hijos...

4. ______________________ (romperse) un hueso.
5. ______________________ (lastimarse) en un accidente.
6. ______________________ (enfermarse) seriamente.

C. Los padres *lamentan* que sus hijos...

7. no ______________________ (cuidarse) mejor.
8. no ______________________ (estar) contentos siempre.
9. no ______________________ (vivir) más cerca.

Nombre: ______________________ Fecha: ______________________

10-17 Buenos deseos para un viaje. María Ángeles and her friends are going on a trip to Bolivia. She doesn't have much travel experience and is a little nervous. In an e-mail to her sister, she expresses her good wishes for the trip. Complete each one with the present subjunctive form of the verb.

1. ¡*Ojalá* que no ______________________ (haber) problemas con los vuelos!
2. ¡*Ojalá* que nosotros ______________________ (conocer) a personas simpáticas!
3. ¡*Ojalá* que nosotros ______________________ (ver) muchos lugares interesantes!
4. ¡*Ojalá* que nos ______________________ (gustar) la comida!
5. ¡*Ojalá* que nosotros no ______________________ (ponerse) enfermos durante el viaje!
6. ¡*Ojalá* que nosotros ______________________ (divertirse) mucho!

10-18 Tres amigas como equipo. Pedro has three friends who are training for a triathlon. He is very proud of them and writes about it in his blog. Complete each sentence with the correct form of the verb, either in the infinitive, the present indicative, or the present subjunctive, according to the context.

Mariana, Rosa y Paula llevan meses preparándose para un triatlón (*triathlon*). *Están contentas* de (1) ______________________ (poder) participar en el evento como equipo para contribuir fondos (*funds*) a la lucha (*fight*) contra la leucemia (*leukemia*). *Es bueno* que cada una de ellas (2) ______________________ (tener) algún talento en uno de los tres deportes del triatlón. Mariana *espera* (3) ______________________ (nadar) bien para su equipo. Rosa va a montar en bicicleta, aunque *tiene miedo de* que esa mañana (4) ______________________ (llover) y que (5) ______________________ (ser) más complicado montar. Mariana y Rosa *se alegran de* que Paula (6) ______________________ (querer) correr para el equipo, porque es rápida. Paula *lamenta* que le (7) ______________________ (doler) las rodillas últimamente (*lately*) y que su carrera (*race*) no (8) ______________________ (poder) ser su mejor. En fin, *es fantástico* que estas tres amigas (9) ______________________ (participar) juntas (*together*) en el triatlón. Todos *dicen* que (10) ______________________ (ir) a ser un gran evento con muchas personas y mucha energía.

Nombre: ______________________ Fecha: ______________________

10-19 En mi familia. David speaks factually about health issues in his family. In his journal, however, he expresses his feelings about them. Listen to each of David's statements and turn it into a dependent clause to complete each sentence. Be sure to conjugate the verb in the present subjunctive. Follow the model closely.

Modelo: Mi abuelo siempre tiene náuseas.
Lamento que mi abuelo siempre *tenga náuseas.*

1. Me *enoja* que mi abuela ______________________.
2. Me *molesta* que mi padre ______________________.
3. Me *sorprende* que mi primo Rafael ______________________.
4. *Siento* que ahora mismo mi tía Marta ______________________.
5. *Me alegro de* que ______________________ en la familia.

10-20 La salud de tu familia. What are your feelings regarding your own family's health? Write five complete sentences in Spanish, using a different expression for each main clause. Some possible expressions are provided for you. Remember that if the subject of the dependent clause is different from the subject of the main clause, you need to conjugate the dependent verb in the present subjunctive.

Me alegro de que...	*Tengo miedo de* que...	*Me molesta* que...	*Espero* que...	*Lamento* que...
Me enoja que...	*Es fantástico* que...	*Es una lástima* que...	*Es malo* que...	

Modelo: *Tengo miedo de que mi hermano se lastime haciendo alpinismo.*

1. ______________________.
2. ______________________.
3. ______________________.
4. ______________________.
5. ______________________.

10-21 ¿Qué esperas? What do you hope will happen or not happen this year? Write five different complete sentences in Spanish, beginning each one with **¡Ojalá (que)...!**. Remember to conjugate each dependent verb in the present subjunctive.

Modelo: *¡Ojalá que la salud de mi hermano se mejore!*

1. ______________________.
2. ______________________.
3. ______________________.
4. ______________________.
5. ______________________.

Nombre: ______________________________ Fecha: ______________________

¿Cuánto saben? (Textbook p. 329)

10-22 ¿Saben usar los mandatos formales? Mariana wrote some simple guidelines for friends and family about how to live a good life. Complete each one with the *plural* formal command of the verb. Remember that object pronouns are placed before a negative command and attach to the end of an affirmative one, creating the need for a written accent mark.

Modelo: No *se vayan* (irse) de casa sin despedirse de los demás (*others*).

1. ______________________ (lavarse) bien las manos antes de comer.
2. No ______________________ (olvidarse) de tomar mucha agua diariamente.
3. ______________________ (ponerse) loción para protegerse (*protect yourselves*) del sol.
4. ______________________ (levantarse) a la misma hora todos los días.
5. No ______________________ (acostarse) muy tarde.
6. No ______________________ (enojarse) con el mundo (*world*).
7. ______________________ (divertirse) frecuentemente para controlar el estrés (*stress*).
8. ______________________ (alegrarse) siempre de tener buena salud y amor.

10-23 ¿Saben usar el presente de subjuntivo para expresar sentimientos y emociones? Patricio found out that his grandfather is ill and sent a brief e-mail to his aunt who is caring for him. Complete each sentence with the correct form of the verb, either in the infinitive or the present subjunctive, according to the context.

Querida Tía,

Lamento mucho que el abuelo (1) ________________ (estar) enfermo. *Espero* que (2) ________________ (guardar) cama y que (3) ________________ (tomar) la medicina que le recetó el médico. Como el abuelo no tiene buena opinión de los médicos, *tengo miedo de* que él no (4) ________________ (seguir) bien los consejos. *Ojalá* que (5) ________________ (mejorarse) pronto. *Espero* (6) ________________ (poder) visitarlo muy pronto.

Abrazos, Patricio

10-24 ¿Comprenden bien? Angelina works in the medical field and describes to a co-worker the many different scenarios that she observes. Match each description you hear to the drawing that best depicts it.

1. 

______

4. 

______

2. 

______

5. 

______

3. 

______

a. el paciente A

b. el paciente B

c. el paciente C

d. el paciente D

e. el paciente E

10-25 ¿Saben contestar por escrito? Listen to five interrelated questions about an imagined scenario in which you come down with an upper respiratory infection. Write a complete response in Spanish for each question you hear. Be sure to use the present subjunctive and formal commands when necessary.

1. ____

2. ____

3. ____

4. ____

5. ____

Nombre: ______________________________ Fecha: ______________________

10-26 **¿Saben contestar oralmente?** Listen to five questions about health issues in your family. Give a complete oral response in Spanish for each question you hear. Be sure to use the present subjunctive and formal commands when necessary.

1. …

2. …

3. …

4. …

5. …

Perfiles (Textbook p. 330)

Mi experiencia: La medicina tradicional en Bolivia

10-27 **Según Rosario Domínguez.** Reread this section of your textbook and give the best answer to complete each statement. Not all expressions in the word bank will be used.

aprender	calmante	moderna	té de coca
benéfico	internado	Octavia	tradicional

1. Rosario, una estudiante universitaria de antropología biológica en Toronto, hace un ______________________ en Bolivia con la Organización Panamericana de la Salud (OPS).
2. En Bolivia, Rosario quiere ayudar a las personas y ______________________ más sobre la medicina tradicional.
3. Los habitantes del pueblo boliviano donde trabaja Rosario practican y creen mucho en la medicina ______________________ .
4. Rosario probó con éxito (*success*) un ______________________ para su dolor de cabeza.
5. Rosario y sus colegas van a organizar un concierto ______________________ para recaudar fondos para la comunidad.
6. Va a tocar ______________________, una banda boliviana de música rock que es la más popular del país en este momento.

Nombre: ______________________________ Fecha: ______________________

Mi música: "Viaje" (Octavia, Bolivia)

10-28 Asociar datos. Read about this group in your textbook and follow the directions to listen to the song on the Internet. Then match each item with the best description.

1. Octavia ______
2. la música de Octavia ______
3. el instrumento de Omar ______
4. el instrumento de Jimbo ______
5. el tema de "Viaje" ______
6. el ritmo de "Viaje" ______

a. la zampoña, compuesta de (*made up of*) varias flautas de diferentes larguras (*lengths*)

b. el valor del hogar (*home*) y de uno mismo (*oneself*)

c. expresa el orgullo (*pride*) cultural boliviano

d. grupo musical boliviano

e. vivo y alegre

f. la voz, como cantante principal del grupo

Nombre: ______________________ Fecha: ______________________

Segunda parte

¡Así lo decimos! Vocabulario (Textbook pp. 332–333)

Los alimentos

10-29 ¡Así es la vida! Reread the brief dialog in your textbook and indicate whether each statement is **cierto**, **falso**, or **No se sabe** (*unknown*).

1. Los estudiantes en la clase tienen que saber la anatomía humana. Cierto Falso No se sabe.
2. La profesora les hace una pregunta sobre la dieta. Cierto Falso No se sabe.
3. Nadie menciona la importancia de las proteínas en la dieta. Cierto Falso No se sabe.
4. Ronaldo hace una distinción entre los carbohidratos buenos y los malos. Cierto Falso No se sabe.
5. La profesora prefiere la tercera respuesta. Cierto Falso No se sabe.
6. Los estudiantes en la clase quieren ser médicos. Cierto Falso No se sabe.

10-30 Los alimentos. We all need to understand nutrition in order to make sound choices. Match each category to the foods or beverages that typify it.

1. las proteínas ______
2. los carbohidratos complejos ______
3. el calcio y los productos lácteos (*dairy*) ______
4. la fibra ______
5. las grasas mono y poliinsaturadas ______
6. los carbohidratos sencillos ______
7. las grasas saturadas ______
8. las bebidas alcohólicas ______

a. la cerveza y el vino
b. el aceite de oliva y el aguacate (*avocado*)
c. la leche y el yogur
d. el pollo y el pescado
e. la mantequilla y el tocino (*bacon*)
f. los cereales y el pan integral (*whole grain*)
g. el jugo de naranja y las galletas
h. la pasta y las papas al horno

Nombre: ______________________________ Fecha: ______________________

10-31 El bienestar. Miguel Ángel is interested in health and wellness and likes to quiz others on important concepts. Select all items that accurately complete each statement.

1. Si alguien desea adelgazar, necesita eliminar ______ de su dieta.
   a. las frutas   b. las grasas saturadas   c. la fibra

2. Para bajar de peso y ponerse en forma, hay que ______ .
   a. engordar   b. hacer ejercicio   c. seguir una dieta razonable (*reasonable*)

3. Para mantenerse en forma, es bueno ______ .
   a. guardar la línea   b. hacer ejercicios aeróbicos   c. comer comida chatarra

4. Para subir de peso de manera saludable (*healthy*), se necesita ______ .
   a. levantar pesas   b. adelgazar   c. comer proteínas sin grasas

5. Una dieta con un exceso de ______ puede causar problemas para el corazón.
   a. antioxidantes   b. colesterol   c. grasas transformadas

6. Las frutas y las verduras de colores vivos y con mucha vitamina A y C son alimentos ricos en antioxidantes. Algunos ejemplos incluyen ______ .
   a. los tomates   b. las zanahorias   c. las fresas

7. Una persona que padece de diabetes debe evitar ______ .
   a. las bebidas alcohólicas   b. los dulces   c. el sobrepeso

8. Para cuidarse bien, es necesario ______ .
   a. minimizar el estrés   b. fumar cigarillos   c. comer una dieta sana (*wholesome*)

Nombre: ______________________ Fecha: ______________________

10-32 Los alimentos del menú. You and a friend are having lunch at the restaurant **El boliviano**. Your friend needs to start following a stricter diet and asks you to help identify foods in the following categories. Based on the restaurant menu, identify two to three items per category.

El boliviano
Menú del día
carnes
bistec
jamón
pollo (asado/a la parrilla)
pescados y mariscos
camarones
filete de pescado
langosta
Otros
arroz
ensalada
frijoles
pan tostado
postres
flan
galletas
helado
tarta de limón
torta de chocolate
bebidas
café con leche
café solo
cerveza
leche
limonada
té
vino (tinto/blanco)
verduras
lechuga
maíz
papas (patatas [Sp.])
papas fritas
tomate
zanahorias
frutas
banana
manzana
naranja
toronja
uvas

1. Alimentos ricos en proteínas: ______________________
2. Alimentos ricos en carbohidratos complejos: ______________________
3. Alimentos ricos en fibra: ______________________
4. Alimentos ricos en calcio: ______________________
5. Alimentos ricos en antioxidantes: ______________________
6. Dulces: ______________________

Nombre: ______________________ Fecha: ______________________

10-33 Nuestra salud. Ana María is a personal trainer who strives to educate her clients about health and fitness. Select the word or expression that best completes each statement you hear.

1. a. …mucha comida chatarra.
   b. …mucha grasa saturada.
   c. …mucha proteína.

2. a. …hacer ejercicios aeróbicos.
   b. …tomar bebidas alcohólicas.
   c. …comer alimentos con colesterol.

3. a. …una dieta rica en carbohidratos complejos.
   b. …alimentos ricos en antioxidantes.
   c. …alimentos con grasas transformadas.

4. a. …el estrés.
   b. …adelgazar.
   c. …el sobrepeso.

5. a. …guardar la línea.
   b. …bajar de peso.
   c. …engordar.

6. a. …la diabetes.
   b. …la fibra.
   c. …el bienestar.

10-34 "Me duele la espalda…" Mr. Díaz and his doctor discuss health, diet, and exercise during an appointment. First listen to their conversation in its entirety. Then select all items that accurately complete each statement, based on what you hear.

1. La doctora Roca _____ .
   a. le dice al señor Díaz que las radiografías salieron bien
   b. le recomienda pastillas para su dolor de espalda
   c. le dice que su mayor problema es el sobrepeso

2. El señor Díaz _____ .
   a. se siente bien
   b. tiene mucho dolor de espalda
   c. necesita cuidarse mejor

3. La doctora quiere que el señor Díaz _____ .
   a. baje de peso
   b. siga una buena dieta en moderación
   c. haga ejercicio regular

4. La doctora recomienda que el señor Díaz coma _____ .
   a. alimentos con muchas proteínas
   b. alimentos con carbohidratos sencillos
   c. muchas frutas y verduras

5. La doctora sugiere que el señor Díaz _____ .
   a. vaya a un gimnasio para hacer ejercicio
   b. haga ejercicio seis veces por semana
   c. haga jogging o monte en bicicleta al aire libre

6. El señor Díaz necesita _____ .
   a. adelgazar lentamente
   b. ver a la doctora en tres semanas
   c. hacer varias citas para ver gimnasios

Nombre: ______________________________ Fecha: ______________________

10-35 Preguntas sobre el bienestar. You are interested in exercise sessions with a personal trainer and are asked a few questions. Answer each question truthfully with a complete sentence in Spanish.

1. ¿Te mantienes en forma generalmente? ¿Qué tipo de ejercicio haces?

   ____.

2. ¿Qué tipo de alimentos comes? ¿Por qué?

   ____.

3. ¿Qué tipo de alimentos no comes? ¿Por qué?

   ____.

4. ¿Quieres mantener tu peso actual (*present*), o prefieres adelgazar o engordar? ¿Por qué?

   ____.

5. ¿Qué más haces o no haces para cuidarte?

   ____.

Letras y sonidos: The consonants *r* and *rr* (Textbook p. 334)

10-36 El contraste entre *r* y *rr* en español. Listen carefully and, for each pair of words, select the word that you hear.

1. a. pero (*but*) b. perro (*dog, m.*)
2. a. pera (*pear*) b. perra (*dog, f.*)
3. a. caro (*expensive*) b. carro (*car; cart* in Spain)
4. a. para (*for*) b. parra (*vine*)
5. a. ahora (*now*) b. ahorra (*s/he saves money*)
6. a. coro (*choir*) b. corro (*I run*)
7. a. cero (*zero*) b. cerro (*hill*)
8. a. coral (*coral, n.*; *choral, adj.*) b. corral (*farmyard, corral*)

Nombre: ______________________________ Fecha: ______________________

10-37 **¿Cuál es?** Listen carefully to each word. Then write it in the appropriate category, according to whether it contains a flap or a trill sound.

Flap: ____

____

Trill: ____

____

¡Así lo hacemos! Estructuras

3. The subjunctive to express doubt and denial (Textbook p. 337)

10-38 **Preocupaciones (*worries*).** Margarita worries a lot about health problems, and her doctor frequently reassures her that she and others do not have what she fears. Complete each statement by the doctor with the present subjunctive form of the verb.

Modelo: *No es verdad* que usted *tenga* (tener) el colesterol alto.

1. *No pienso* que usted y su esposo ______________________ (padecer) de diabetes.
2. *No creo* que usted ______________________ (necesitar) antibióticos.
3. *Niego* que usted ______________________ (respirar) mal.
4. *No es cierto* que su hijo ______________________ (ser) alérgico a estos alimentos.
5. *Es dudoso* que su hijo ______________________ (romperse) un hueso montando en bicicleta.
6. *Dudo* que el examen físico ______________________ (ir) a ser largo o difícil.

10-39 **Quizás…** Marcos and his wife Liliana would like to improve their health but find it difficult to fully commit to the process. Complete each of their statements with the *nosotros* form of the verb in the present subjunctive.

Modelo: *Quizás* nosotros *hagamos* (hacer) más ejercicio este mes.

1. *Quizás* nosotros ______________________ (ir) al gimnasio todas las mañanas.
2. *Quizás* nosotros ______________________ (levantar) pesas en el gimnasio.
3. *Quizás* nosotros ______________________ (ponerse) en forma.
4. *Tal vez* nosotros ______________________ (dejar) de fumar.
5. *Tal vez* nosotros no ______________________ (comer) tanta grasa.
6. *Tal vez* nosotros ______________________ (adelgazar).

Nombre: ______________________________ Fecha: ______________________

10-40 Ideas erróneas. Guillermo makes many unfounded statements about nutrition and fitness. Set him straight by expressing denial or doubt about his ideas. Complete each sentence by turning Guillermo's main clause into a dependent clause with the verb in the present subjunctive. Follow the model closely.

Modelo: Hay mucho calcio en el pescado.
No es cierto que *haya mucho calcio en el pescado.*

1. La carne tiene poca grasa.

   No es cierto que ____ .

2. Los dulces adelgazan.

   No es verdad que ____ .

3. El sobrepeso es bueno para la salud.

   Es dudoso que ____ para la salud.

4. Los ejercicios aeróbicos engordan.

   No creo que ____ .

5. Todos se mantienen en forma.

   No pienso que ____ en forma.

10-41 Opiniones opuestas. María disagrees with everything that her husband Carlos says. Play the role of María and change Carlos's statements either from affirmative to negative or from negative to affirmative. Be sure to change each verb conjugation to the subjunctive or the indicative accordingly, and follow the model closely.

Modelo: Carlos: *Creo* que nosotros comemos muchos dulces.
María: *No creo que nosotros comamos muchos dulces.*

1. Carlos: *Pienso* que el estrés tiene solución.

   María: ____ .

2. Carlos: *No dudo* que adelgazar es difícil.

   María: ____ .

3. Carlos: *Creo* que mis padres están a dieta.

   María: ____ .

4. Carlos: *Dudo* que mi madre guarde cama.

   María: ____ .

5. Carlos: *No pienso* que el médico sepa mucho.

   María: ____ .

6. Carlos: *Es dudoso* que nosotros hagamos ejercicio.

   María: ____ .

Nombre: ______________________ Fecha: ______________________

10-42 La salud de mi familia. Teresa wrote a blog entry about the health and wellness of her family. Select the verb form, either the infinitive, the present indicative, or the present subjunctive, that correctly completes each sentence, according to the context.

Tengo muchas opiniones sobre el bienestar de mi familia. Por lo general, *creo* que todos nosotros (1) [a. cuidarse / b. nos cuidamos / c. nos cuidemos] bastante bien. Mi esposo y yo *pensamos* que (2) [a. ser / b. es / c. sea] muy importante mantenerse en forma. Hacemos mucho ejercicio y comemos una dieta sana (*wholesome*). Mis hermanos también *están seguros de* (3) [a. querer / b. quieren / c. quieran] una vida (*life*) de buena salud. Hacen citas regulares con el médico, aunque *no creo* que (4) [a. hacer / b. hacen / c. hagan] ejercicio tan regularmente como deben. *Pienso* que mis padres (5) [a. tener / b. tienen / c. tengan] mucha influencia sobre la salud de la familia. Con más de setenta años cada uno, *es increíble* que mi madre todavía (*still*) (6) [a. correr / b. corre / c. corra] y que mi padre (7) [a. jugar / b. juega / c. juegue] al golf, casi todos los días. ¡*Es cierto* que los dos (8) [a. ser / b. son / c. sean] una inspiración para muchos!

10-43 Las ideas de Ricardo. Ricardo is sharing some thoughts about his family's health and well-being with an aunt. Choose the dependent clause that correctly completes each of his statements, based on whether the expression you hear in the main clause indicates certainty or uncertainty.

1. a. ...padece de diabetes.
   b. ...padezca de diabetes.
2. a. ...recomiendan tomar muchas bebidas alcohólicas.
   b. ...recomienden tomar muchas bebidas alcohólicas.
3. a. ...guardas la línea.
   b. ...guardes la línea.
4. a. ...tenemos mucho estrés.
   b. ...tengamos mucho estrés.
5. a. ...se mantienen en forma.
   b. ...se mantengan en forma.
6. a. ...necesita subir de peso.
   b. ...necesite subir de peso.

10-44 Tus ideas. A family member wants to know your thoughts about the health and well-being of others in the family. Share your ideas by completing each sentence with an appropriate verb form, either in the infinitive, the present indicative, or the present subjunctive, according to each context. Use a different verb in each sentence.

Modelos: Dudo *poder dejar de fumar.*
Dudo que *mi madre padezca de diabetes.*

1. *Creo* que ______________________________.
2. *No creo* que ______________________________.
3. *Dudo* ______________________________.
4. *Dudo* que ______________________________.
5. *Es verdad* que ______________________________.
6. *No es cierto* que ______________________________.

¿Cuánto saben? (Textbook p. 342)

10-45 ¿Saben usar el presente de subjuntivo para expresar duda o negación? Dr. Rodríguez is writing some medical notes to himself. Select the correct verb form, either the infinitive, the present indicative, or the present subjunctive, to complete each of his sentences.

1. *Estoy seguro de* que el Sr. Morales [a. cuidarse / b. se cuida / c. se cuide] bien.
2. *Es dudoso* que la Sra. Vargas [a. hacer / b. hace / c. haga] ejercicio regularmente.
3. *Pienso* que sus hijos [a. deber / b. deben / c. deban] seguir una dieta con menos azúcar.
4. *No estoy seguro de* [a. tener / b. tengo / c. tenga] suficientes datos sobre el paciente.
5. *Dudo* que nosotros [a. necesitar / b. necesitamos / c. necesitemos] operarle.
6. *No creo* que los Srs. Martínez [a. padecer / b. padecen / c. padezcan] del colesterol alto.
7. *Es cierto* que el número de personas con diabetes [a. subir / b. sube / c. suba].
8. *Es increíble* [a. poder / b. puede / c. pueda] ayudar a otras personas.

10-46 ¿Saben varios usos del presente de subjuntivo? Rafael is writing a letter to his mother about his upcoming plans for the summer. Complete each sentence of his letter below with the correct form of the verb, either in the infinitive, the present indicative, or the present subjunctive, according to the context.

¡*Estoy muy contento de* que las clases (1) ____________________ (terminar, *to end*) y que (2) ____________________ (empezar) las vacaciones de verano! *Espero* (3) ____________________ (pasar) mucho tiempo haciendo ejercicio para ponerme en mejor forma. Padezco de mucho estrés durante el año académico y *necesito* (4) ____________________ (controlar) la presión y el peso. El médico *no cree* que yo (5) ____________________ (tener) graves problemas de salud, pero *pienso* que (6) ____________________ (ser) preciso cuidarse. Voy a hacer mucho deporte y comer bien. *Prefiero* (7) ____________________ (montar) en bicicleta y *quiero* que mi amigo Rogelio (8) ____________________ (ir) conmigo. *Quizás* nosotros (9) ____________________ (practicar) natación también. ¡*Ojalá* que (yo) (10) ____________________ (estar) en buena forma para el final del verano!

Nombre: ______________________ Fecha: ______________________

10-47 ¿Comprenden bien? Listen to each statement about illness and well-being made in a doctor's office. Based on meaning, decide whether each one is more likely said by a doctor or a patient.

1. a. un médico b. un paciente
2. a. un médico b. un paciente
3. a. un médico b. un paciente
4. a. un médico b. un paciente
5. a. un médico b. un paciente
6. a. un médico b. un paciente

10-48 ¿Saben contestar por escrito? Listen to five questions about nutrition and write a truthful, complete response in Spanish for each question you hear. Be sure to use correct verb forms in the infinitive, the present indicative, or the present subjunctive, according to the context.

1. ______________________________
2. ______________________________
3. ______________________________
4. ______________________________
5. ______________________________

10-49 ¿Saben contestar oralmente? Listen to five questions about nutrition and well-being. Give a truthful, complete oral response in Spanish for each question you hear. Be sure to use correct verb forms in the infinitive, the present indicative, or the present subjunctive, according to the context.

1. …
2. …
3. …
4. …
5. …

Nombre: ______________________ Fecha: ______________________

Observaciones: ¡Pura Vida! Episodio 10 (Textbook p. 343)

Antes de ver el video

 **10-50 ¿Qué pasa?** Select the response that best answers each question.

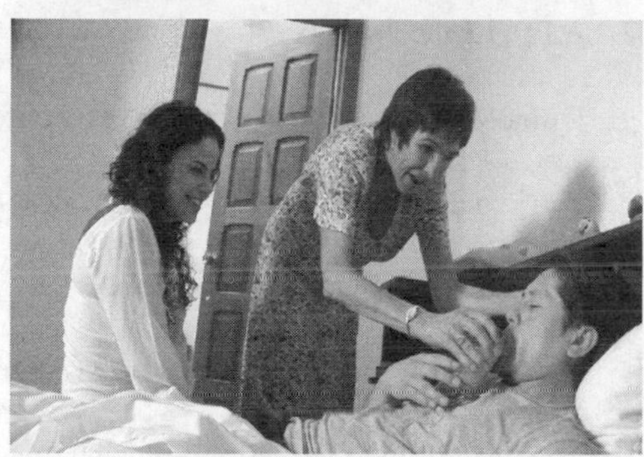

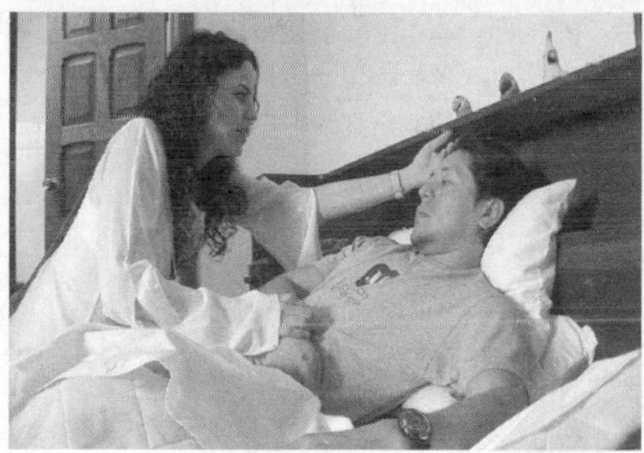

1. What might Patricio say his symptoms are?
   a. Lo único que necesito es descansar. Mañana voy a estar mucho mejor.
   b. Tengo un fuerte dolor de cabeza... y de espalda... y de garganta...
   c. No, por mí, no, doña María. Quiero adelgazar.

2. According to Patricio's symptoms, what does doña María diagnose him with?
   a. ¡Ay, mi hijo! ¡Tú tienes la gripe!
   b. ¿Cómo puede estar tan segura? Yo creo que hay que llamar a un médico.
   c. Sí, mi hijo, tienes que guardar la línea.

3. What might doña María recommend to Patricio to help him feel better?
   a. Espero que te mejores pronto.
   b. ¡Me apasiona el dulce! Pero no puedo tomarlo. Padezco de diabetes.
   c. Toma, mi hijo. Dos aspirinas... Y por la noche una buena sopita, ¿eh? Y mañana vas a estar como nuevo.

4. What might Marcela determine upon touching Patricio's forehead?
   a. ¿Alguna otra cosa...?
   b. ¿Tienes fiebre? Ay, dios mío, te quema la frente.
   c. ...pero no es muy interesante. Se trata de ayudar, ¿no?

5. How would Patricio let Marcela know that he is not seriously ill?
   a. Lo único que necesito es descansar. Mañana voy a estar mucho mejor.
   b. ¡Ay, usted es un ángel, doña María!
   c. Ya tomé jarabe, gracias. ¿No tiene una aspirina por ahí?

A ver el video

 **10-51 ¿Cómo se mejora?** Select the five items in the following list that indicate what Patricio does, or wants to do, to get better, based on the video episode.

Hace cita con el médico. ______

Quiere agua. ______

Quiere descansar. ______

Quiere tomar la sopa. ______

Quiere un calmante. ______

Toma antibióticos. ______

Toma aspirinas. ______

Toma jarabe. ______

Toma jugo. ______

Va al parque. ______

Nombre: ______________________ Fecha: ______________________

10-52 La lista. Identify the items that doña María wants Marcela to buy in each of the places indicated. There are five items all together.

En el mercado, debe comprar...

____

En la farmacia, debe comprar...

____

Después de ver el video

10-53 La acción y los personajes. Indicate whether each statement is **cierto** or **falso**, based on the content of this episode.

1. A Patricio le duele la cabeza. Cierto Falso
2. Doña María quiere que Patricio se acueste en la cama de su cuarto. Cierto Falso
3. Patricio quiere que doña María le traiga un té con limón. Cierto Falso
4. Marcela llama al médico para saber el diagnóstico. Cierto Falso
5. Marcela va al mercado a comprar los ingredientes para una sopa. Cierto Falso
6. Marcela también va a comprar azúcar para hacer un jugo. Cierto Falso
7. Patricio toma un calmante para ayudarlo a descansar. Cierto Falso
8. Marcela piensa que Felipe habló con Patricio sobre Elvira. Cierto Falso

Nuestro mundo

Panoramas: Bolivia y Paraguay: riquezas por descubrir (Textbook p. 344)

10-54 **¡A informarse!** Based on information from **Panoramas**, decide if each statement is **cierto** or **falso**.

1. Bolivia es un país con montañas donde es fácil vivir. Cierto Falso
2. El salar de Uyuni es un lago seco lleno de sal en Bolivia. Cierto Falso
3. El salar de Uyuni tiene grandes reservas de litio que atraen industrias. Cierto Falso
4. La Santísima Trinidad de Paraná es una misión moderna en Paraguay. Cierto Falso
5. El embalse de Itaipú se encuentra en el río Paraná entre Paraguay y Brasil. Cierto Falso
6. Toda la electricidad consumida en Paraguay viene del embalse de Itaipú. Cierto Falso
7. José Luis Félix Chilavert González es un futbolista boliviano. Cierto Falso
8. La población de Bolivia es más grande que la de Paraguay. Cierto Falso
9. En Bolivia se hablan tres lenguas: el español, el quechua y el aimara. Cierto Falso
10. En Paraguay se hablan tres lenguas: el español, el quechua y el guaraní. Cierto Falso

Nombre: ______________________ Fecha: ______________________

10-55 La geografía de Bolivia y Paraguay. Complete each sentence with the best response, based on the map.

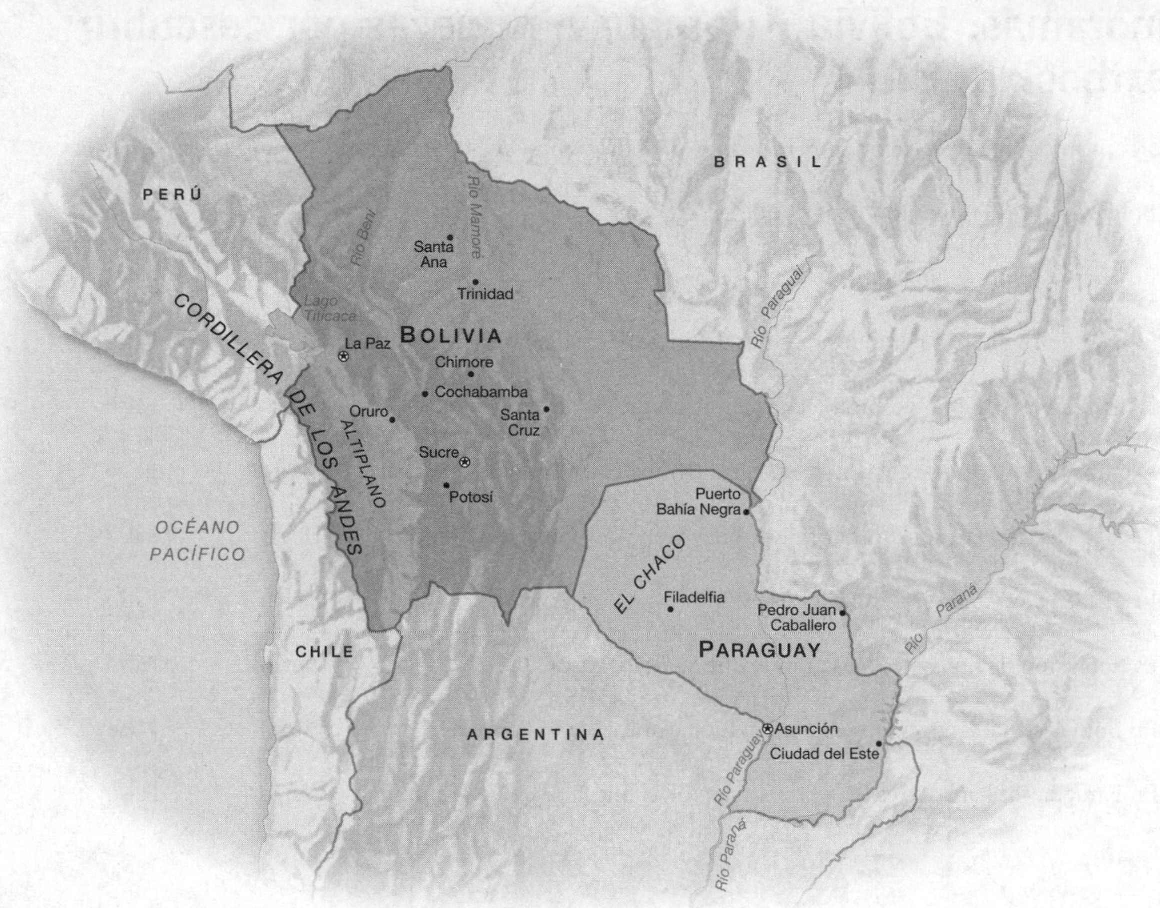

1. Las dos ciudades de _____ se indican como capitales en el mapa de Bolivia.
   a. Sucre y La Paz
   b. Potosí y La Paz
   c. Sucre y Potosí

2. La capital oficial de Bolivia es Sucre, aunque _____ es la sede (*seat*) del gobierno.
   a. Santa Cruz
   b. La Paz
   c. Potosí

3. La capital de Paraguay es _____ .
   a. Ciudad del Este
   b. Asunción
   c. Filadelfia

4. _____ tiene costa en el océano Pacífico.
   a. Bolivia
   b. Paraguay
   c. Ni Bolivia ni Paraguay

5. Los Andes pasan por _____ .
   a. Bolivia
   b. Paraguay
   c. Bolivia y Paraguay

6. El lago Titicaca se encuentra entre los países de _____ .
   a. Bolivia y Paraguay
   b. Paraguay y Brasil
   c. Bolivia y Perú

7. El río Paraguay pasa por _____ .
   a. Paraguay
   b. Brasil y Paraguay
   c. Bolivia y Paraguay

8. El río Paraná forma la frontera (*border*) _____ de Paraguay.
   a. sureña
   b. norteña
   c. occidental

Nombre: ______________________ Fecha: ______________________

Páginas: "La azucena del bosque" (Mito guaraní) (Textbook p. 346)

10-56 ¿Cierto o falso? Based on information from the **Páginas** section of the text, decide if each statement is **cierto** or **falso**.

1. Los dioses Tupá e I-Yara cooperaron para crear a dos hombres, llamados Pitá y Morotí, y a dos mujeres. Cierto Falso
2. Las familias de Pitá y de Morotí comían los frutos de la selva para vivir. Cierto Falso
3. Un día las dos mujeres descubrieron (*discovered*) el delicioso sabor de la carne animal. Cierto Falso
4. Las familias crearon armas para cazar y comer más animales. Cierto Falso
5. Nunca salieron problemas entre las familias. Cierto Falso
6. Tupá no estaba contento con las familias y causó un gran terremoto (*earthquake*) para matarlos (*kill them*). Cierto Falso
7. I-Yara bajó a la Tierra para comunicarles un mensaje de paz y de amor. Cierto Falso
8. I-Yara habló en contra de la ingratitud y de la envidia. Cierto Falso
9. Pitá y Morotí se abrazaron (*hugged each other*) y se transformaron en una montaña. Cierto Falso
10. La unión corporal de Pitá y de Morotí simboliza la paz entre hermanos. Cierto Falso

Nombre: ______________________ Fecha: ______________________

Taller (Textbook p. 348)

10-57 Tus opiniones sobre la salud, la dieta y el ejercicio. Write a paragraph stating your opinions, beliefs, and feelings about health, diet, and exercise as they pertain to you or a loved one. Be sure to use correct verb forms in the infinitive, the present indicative, or the present subjunctive, according to the context.

Modelo: *Creo que es muy importante cuidarse. Lamento mucho que mi hermano Rafael no se cuide mejor. Rafael come alimentos con muchas grasas saturadas, como el bistec y las hamburguesas. Ahora él padece de...*

____

____

____

____

____

____

____

____

____

____

____

____

Nombre: ______________________ Fecha: ______________________

11 ¿Para qué profesión te preparas?

Primera parte

¡Así lo decimos! Vocabulario (Textbook pp. 352–353)

Los oficios y las profesiones

11-01 ¡Así es la vida! Reread the brief dialogs in your textbook and indicate whether each statement is **cierto**, **falso**, or **No se sabe** (*unknown*).

1. Estas personas están en una oficina de empleo. Cierto Falso No se sabe.
2. El recepcionista no acepta ningún currículum vítae en estos momentos. Cierto Falso No se sabe.
3. La doctora Messi prefiere trabajar a tiempo parcial. Cierto Falso No se sabe.
4. Angélica, la obrera de construcción, está preocupada por sus beneficios. Cierto Falso No se sabe.
5. Sergio le sugiere que acepte cualquier (*any*) sueldo, incluso el sueldo mínimo. Cierto Falso No se sabe.
6. Angélica consigue un buen puesto de trabajo. Cierto Falso No se sabe.

Nombre: ______________________ Fecha: ______________________

11-02 Los oficios y las profesiones. Match each drawing with the occupation or profession that it depicts.

1. 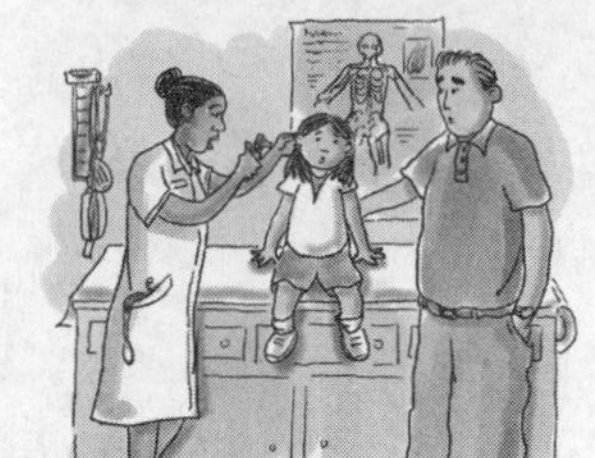 ____

2.  ____

3.  ____

4.  ____

5.  ____

6.  ____

7.  ____

8.  ____

a. la bombera

b. la arquitecta

c. la enfermera

d. el plomero

e. la peluquera

f. el analista de sistemas

g. el cartero

h. la cocinera

Nombre: ______________________________ Fecha: ______________________

11-03 Más oficios, profesiones y cargos. Find these ten words related to occupations, professions, and positions in the following word search. Be sure to look for words horizontally, vertically, and diagonally, both forward and backward.

contador	gerente	intérprete	periodista	veterinario
director	ingeniero	jefe	secretario	viajante

S I M V E T E R I N A R I O B
C B O P L A V I J A I M U L B
O C É R O T L C A M N B Y P U
N E B L E T N E R E G M U R D
T F D O V S I M T L E P T O M
A G I M T I D R A R N B E O L
D I R F E N A F É J I C R T A
O M E D L T C J R L E V U R I
R P C O Z É U M A O R B T I M
E C T A L R I B A N O F É G P
L B O N I P L O S D T L J P O
O M R I D R A L E P S E F E J
B L O N R E C U N O T R É S G
I N G P A T S I D O I R E P I
É S E C R E T A R I O G E F N
S E D T A R P N I É F L O P A

Nombre: ______________________________ Fecha: ______________________

11-04 Conceptos relacionados. Match each occupation or profession with the most logically associated activity.

1. el/la arquitecto/a _____
2. el/la bombero/a _____
3. el/la carpintero/a _____
4. el/la cartero/a _____
5. el/la dentista _____
6. el/la enfermero/a _____
7. el/la mecánico/a _____
8. el/la psicólogo/a _____
9. el/la veterinario/a _____
10. el/la viajante _____

a. vender productos y trabajar a comisión
b. curar los animales
c. cuidar a las personas con problemas médicos
d. escuchar y ayudar con los problemas personales
e. reparar los dientes
f. reparar carros
g. repartir el correo
h. apagar incendios
i. diseñar edificios
j. construir (*to construct*) objetos y edificios

11-05 Expresiones de trabajo. Jorge is sharing his thoughts about the workplace with his little brother. Complete each sentence with the most appropriate word or expression from the word bank.

cualificaciones	empresa	formación	salario
desempleo	entrenamiento	meta	trabajar a tiempo completo

1. Mi ______________________ es conseguir un buen puesto de trabajo con beneficios.
2. Para conseguir un buen puesto hoy en día, es importante tener una ______________________ universitaria.
3. Normalmente los empleados nuevos pasan por un programa de ______________________ antes de empezar a trabajar.
4. Un horario de trabajo de cuarenta horas a la semana es ______________________ .
5. Normalmente un/a viajante no tiene un ______________________ fijo (*fixed*) cuando trabaja a comisión.
6. Un/a director/a consigue su puesto porque tiene buenas ______________________ .
7. El/la jefe/a ejecutivo/a de una gran ______________________ tiene muchas responsabilidades.
8. Cuando muchas personas están en paro, hay una tasa (*rate*) de ______________________ alta.

Nombre: ______________________________ Fecha: ______________________

11-06 ¿En qué trabajan los miembros de mi familia? Maribel is a classmate who loves to talk about the work of different members of her family. Listen to each statement and complete it with the most logical word or expression.

1. a. ...arquitecta. b. ...dentista. c. ...psicóloga.
2. a. ...analista de sistemas. b. ...veterinario. c. ...cocinero.
3. a. ...plomero. b. ...bombero. c. ...viajante.
4. a. ...peluquera. b. ...carpintera. c. ...secretaria.
5. a. ...enfermero. b. ...veterinario. c. ...mecánico.
6. a. ...hombre de negocios. b. ...periodista. c. ...bombero.
7. a. ...intérprete. b. ...cartera. c. ...obrera de construcción.
8. a. ...ingeniero. b. ...cocinero. c. ...plomero.

11-07 Llamar por un puesto de trabajo. Alejandro calls a company and speaks with the receptionist about a recent job ad that he read. Listen to the conversation in its entirety. Then select all statements that are accurate, based on what you hear.

1. Alejandro leyó un anuncio (*ad*) de trabajo _____ .
   a. en el periódico
   b. en la Internet
   c. para obreros de construcción

2. Alejandro trabaja como _____ .
   a. mecánico
   b. plomero
   c. carpintero

3. La recepcionista le pide a Alejandro _____ .
   a. su nombre completo
   b. su dirección
   c. su número de télefono

4. El número de teléfono de Alejandro es el _____ .
   a. 345-71-66
   b. 345-71-77
   c. 345-51-67

5. El horario que Alejandro puede trabajar es _____ .
   a. todos los días
   b. de ocho y media a dos de la tarde
   c. de ocho hasta el mediodía

6. Alejandro _____ .
   a. está sin trabajo en estos momentos
   b. tiene diez años de experiencia
   c. va a recibir una llamada del jefe de la empresa

11-08 Preguntas sobre tu carrera. You are at your university's career counseling center and are asked to fill out a preliminary questionnaire. Answer each question with a complete sentence in Spanish.

1. ¿Para qué oficio o profesión te preparas?

   ____.

2. ¿Qué tipo de formación necesitas para ese oficio o esa profesión?

   ____.

3. ¿Qué actividades de trabajo son típicas para ese oficio o esa profesión?

   ____.

4. En tu opinión, ¿cuáles son las ventajas y desventajas de ese oficio o esa profesión?

   ____.

5. ¿Qué horario de trabajo prefieres tener? ¿Por qué?

   ____.

¡Así lo hacemos! Estructuras

1. *Tú* commands (Textbook p. 356)

11-09 Los mandatos del/de la jefe/a. What commands might each of these professionals receive from a boss? Match each drawing with the **tú** commands most likely directed at that individual.

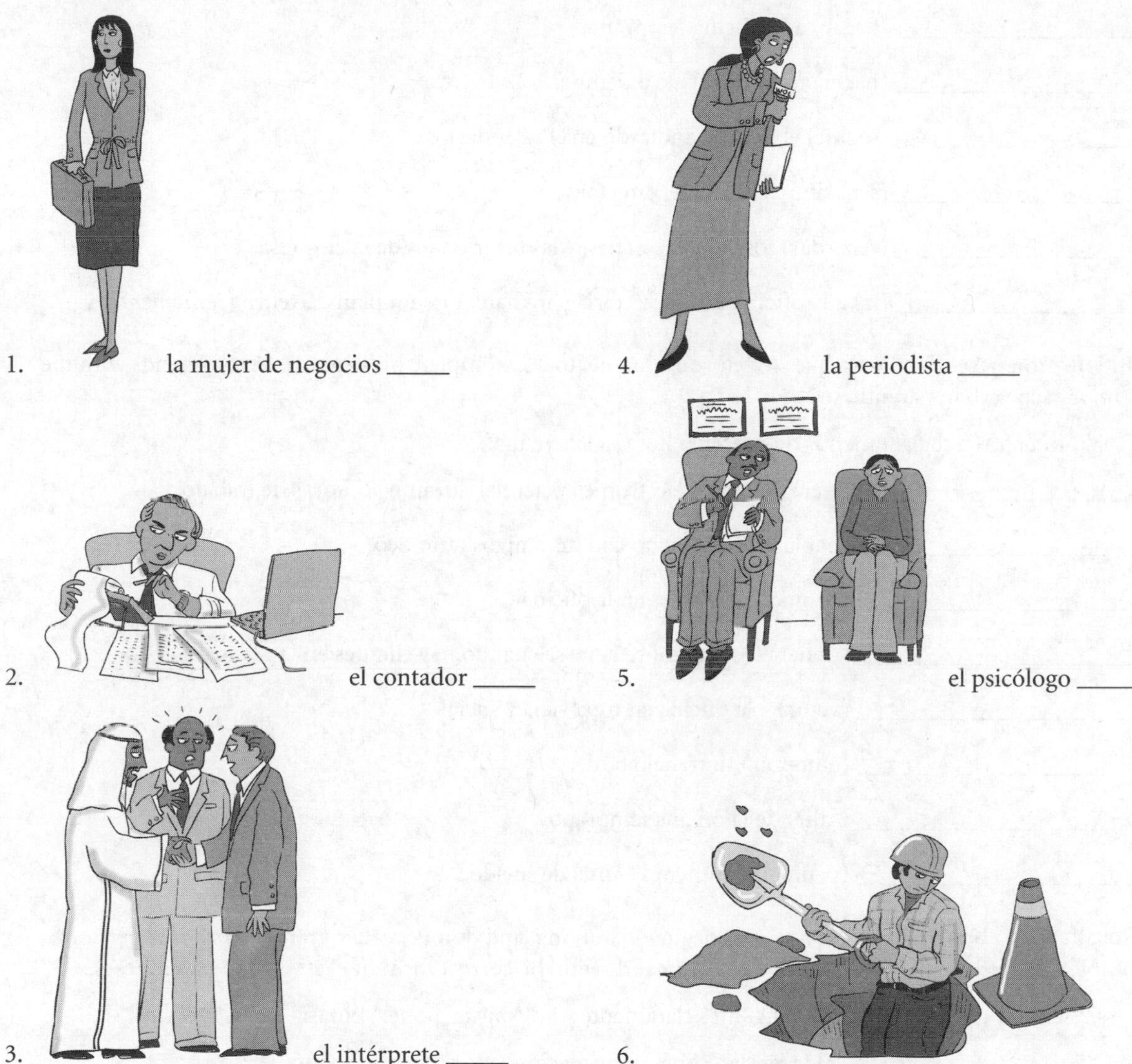

1. la mujer de negocios _____
2. el contador _____
3. el intérprete _____
4. la periodista _____
5. el psicólogo _____
6. el obrero de construcción _____

a. Trabaja cuidadosamente. ¡No hagas errores matemáticos!

b. Bebe mucha agua porque hoy hace calor. Termina el trabajo a tiempo, ¡pero no te lastimes!

c. Concéntrate mucho. No añadas ni frases ni ideas nuevas al diálogo.

d. Vende mucho, pero sé diplomática con los clientes. ¡No llegues tarde a tus citas con ellos!

e. Ofrece consejos razonables. Ten compasión para tus clientes, ¡pero no seas su amigo!

f. Investiga bien y comunica claramente con el público. No le des información incorrecta.

Nombre: ______________________________ Fecha: ______________________

11-10 En esta empresa. A friend of yours has just been hired at the company where you work. Use **tú** commands to give him advice, based on the verbs in parentheses.

Modelo: *Contesta* (contestar) los correos electrónicos enseguida.

1. ______________________ (escribir) formal y correctamente.
2. ______________________ (hablar) sinceramente.
3. ______________________ (llegar) a la oficina temprano.
4. ______________________ (hacer) todo el trabajo a tiempo.
5. ______________________ (seguir) el horario indicado en el calendario.
6. ______________________ (ser) simpático con el director.
7. ______________________ (recordar) los valores (*values*) y las prioridades de la empresa.
8. ______________________ (ir) a la oficina de la secretaria para hablar de un plan de retiro (*retirement*).

11-11 Tu jefe. You have a boss who likes to tell you what *not* to do. Complete his negative **tú** commands with the correct form of each verb in parentheses.

Modelo: No *trabajes* (trabajar) menos de cuarenta horas a la semana.

1. No ______________________ (leer) tu correo electrónico personal durante las horas de trabajo.
2. No ______________________ (hablar) por teléfono con tus amigos tampoco.
3. No ______________________ (comer) meriendas en la oficina.
4. No ______________________ (poner) los pies sobre la mesa cuando hay clientes en la oficina.
5. No ______________________ (venir) a la oficina en ropa vieja y sucia.
6. No ______________________ (empezar) tu trabajo tarde.
7. No ______________________ (salir) de la oficina temprano.
8. No ______________________ (pedir) un aumento (*raise*) de sueldo.

11-12 Rosalía y su abuelo. Rosalía is about to begin job hunting, and don Pepe, her grandfather, gives her some advice. Complete his affirmative and negative **tú** commands with the correct form of each verb in parentheses.

Modelo: *Presenta* (presentar) tus cualificaciones claramente y no *pongas* (poner) énfasis en tus defectos.

1. ______________________ (decir) la verdad sobre tu formación y tu experiencia y no ______________________ (perder) el contacto ocular (*eye*).
2. ______________________ (pedir) un buen salario y no ______________________ (trabajar) a comisión.
3. ______________________ (hacer) preguntas sobre los beneficios del puesto y no ______________________ (tener) miedo de pedir más información.
4. ______________________ (ser) amigable (*friendly*) y positiva y no ______________________ (decir) nada negativo sobre nadie.
5. Y más que nada, ______________________ (tener) metas profesionales, pero no ______________________ (vivir) exclusivamente para el trabajo.

Nombre: ______________________________ Fecha: ______________________

11-13 Más de un supervisor. You are a new employee at an office supply store and you report to two different supervisors. One supervisor responds affirmatively to your questions, while the other responds negatively. Complete each of their responses with the correct **tú** command form of the verb. When possible, be sure to use object pronouns to avoid repetition and follow the model closely.

Modelo: ¿Preparo los horarios de trabajo?
Supervisora 1: Sí, *prepáralos.*
Supervisor 2: No, no *los prepares.*

1. ¿Limpio los pasillos?

   Supervisora 1: Sí, ______________________________.

   Supervisor 2: No, no ______________________________.

2. ¿Abro esas cajas (*boxes*) de papel?

   Supervisora 1: Sí, ______________________________.

   Supervisor 2: No, no ______________________________.

3. ¿Ayudo a los otros empleados con las fotocopias?

   Supervisora 1: Sí, ______________________________ con las fotocopias.

   Supervisor 2: No, no ______________________________ con las fotocopias.

4. ¿Les pido identificación a todos los clientes?

   Supervisora 1: Sí, ______________________________.

   Supervisor 2: No, no ______________________________.

5. ¿Le doy un descuento especial a esta señora?

   Supervisora 1: Sí, ______________________________.

   Supervisor 2: No, no ______________________________.

Nombre: ______________________________ Fecha: ______________________

11-14 Los consejos de los padres. A young university student shares some of his career plans with his parents. Play the role of the parents by giving him advice using **tú** commands in the affirmative or the negative. Give a different command for each activity.

Modelo: Voy a trabajar en el centro de Manhattan.
¡Ten mucho cuidado!

1. Quiero ganar mucho dinero.

   ____.

2. No necesito tener beneficios.

   ____.

3. Quiero usar el español en mi trabajo.

   ____.

4. Voy a buscar un puesto con muchas responsabilidades.

   ____.

5. Voy a viajar a otros países como parte de mi trabajo.

   ____.

11-15 Consejos para un amigo. A friend of yours is looking for work and wants your advice. Respond to each of his questions using an affirmative or a negative **tú** command, based on the prompts provided. When possible, be sure to use object pronouns to avoid repetition, and follow the model closely.

Modelo: ¿Mando mi currículum vítae a muchas empresas?
Sí, *mándalo* a muchas empresas.

1. Sí, ______________________ por la Internet.
2. Sí, ______________________ también.
3. Sí, ______________________.
4. No, no ______________________ con vaqueros.
5. No, no ______________________ enseguida.
6. No, no ______________________.

Nombre: ______________________ Fecha: ______________________

2. The subjunctive and the indicative with adverbial conjunctions (Textbook p. 359)

11-16 Un puesto de trabajo nuevo. Adriana currently has a good job with a great boss. She recently received a new job offer, which she is considering. Complete each of her statements with the present subjunctive or the infinitive form of the verb, according to the context.

Modelo: No voy a considerar otra oferta *sin que* la empresa *permita* (permitir) un horario de trabajo flexible.

1. La nueva empresa ofrece buenos beneficios *para que* sus puestos ______________________ (ser) más atractivos.
2. No quiero aceptar un puesto nuevo *a menos que* me ______________________ (pagar) más dinero que mi puesto actual (*current*).
3. No quiero dejar mi puesto actual *sin* ______________________ (hablar) con mi jefa.
4. Voy a hablar con mi jefa *a fin de que* ella ______________________ (saber) de la nueva oferta (*offer*).
5. No pienso aceptar la nueva oferta *antes de que* ella ______________________ (tener) la oportunidad de responder.
6. Voy a esperar la respuesta de mi jefa *antes de* ______________________ (tomar) una decisión final.

11-17 Las metas de Gabriel. Gabriel is a passionate language learner and has many personal and professional goals. Complete each of his statements with the present indicative, the present subjunctive, or the infinitive form of the verb, according to the context.

Modelo: Quiero seguir aprendiendo *hasta que* yo *sepa* (saber) diez lenguas diferentes.

1. *Cuando* yo ______________________ (aprender) sobre otras lenguas y culturas, me siento muy feliz.
2. *En cuanto* yo ______________________ (llegar) a casa todos los días, veo películas de otros países.
3. Siempre escribo palabras nuevas *mientras que* ______________________ (escuchar) el diálogo de los actores.
4. Quiero ser intérprete *después de* ______________________ (terminar) mis estudios universitarios en español, francés y chino.
5. Voy a recibir entrenamiento en una escuela especial *hasta que* ______________________ (tener) las cualificaciones necesarias para conseguir un buen puesto de trabajo.
6. Quiero trabajar para una empresa internacional *tan pronto como* ______________________ (ser) posible.
7. Voy a viajar a muchos países diferentes *en cuanto* ______________________ (poder).
8. *Cuando* ______________________ (estar) al final de mi carrera, sé que voy a estar muy contento con mis decisiones profesionales.

Nombre: ______________________________ Fecha: ______________________

11-18 Los ideales de Alicia. Alicia has strong ideals and is determined to find a good job. Complete each of her statements with the present indicative, the present subjunctive, or the infinitive form of the verb, according to the context.

Yo soy idealista y voy a ser contadora. *Cuando* (1) ____________________ (querer) algo, normalmente lo consigo. Deseo encontrar un buen trabajo *tan pronto como* (2) ____________________ (poder). Primero, voy a contactar con muchas empresas *para que* los gerentes me (3) ____________________ (conocer) en persona. Voy a llevar copias de mi currículum vítae *a fin de que* me (4) ____________________ (recordar) luego. *Después de que* algunos gerentes me (5) ____________________ (llamar), voy a recibir varias ofertas (*offers*) de trabajo. Voy a estar contenta *con tal que* algún puesto (6) ____________________ (pagar) bien y (7) ____________________ (permitir) un horario de trabajo flexible. También voy a necesitar buenos beneficios *para* (8) ____________________ (estar) satisfecha (*satisfied*).

11-19 ¿Acción habitual o acción futura? Listen to the following statements about people in various professions. Indicate whether each statement refers to a habitual action (expressed by an indicative verb form in the dependent clause) or a future action (expressed by a subjunctive verb form in the dependent clause).

1. acción habitual acción futura
2. acción habitual acción futura
3. acción habitual acción futura
4. acción habitual acción futura
5. acción habitual acción futura
6. acción habitual acción futura

11-20 Miguel en su trabajo. Using the adverbial conjunctions in parentheses, combine each pair of statements to discover what Miguel does at work and how he thinks about it. The verb in the dependent clause needs to be in the present indicative, the present subjunctive, or the infinitive form, based on the context. Follow the model closely.

Modelo: Miguel va a ir a casa. Sale del trabajo. (*después de* (*que*))
Miguel va a ir a casa *después de salir del trabajo.*

1. Normalmente, Miguel llega a la oficina. Son las ocho de la mañana. (*cuando*)

   Normalmente, Miguel llega a la oficina ______________________________.

2. Él siempre habla con su jefe. Llega a la oficina. (*tan pronto como*)

   Él siempre habla con su jefe ______________________________.

3. Busca un café. Se sienta en su escritorio. (*antes de* (*que*))

   Busca un café ______________________________.

4. Hoy Miguel va a tener un día tranquilo. Pasa algo nuevo. (*a menos que*)

   Hoy Miguel va a tener un día tranquilo ______________________________.

5. Va a trabajar. Tiene 65 años. (*hasta que*)

   Va a trabajar ______________________________.

6. Miguel va a seguir contento en la empresa. Le suben el sueldo cada año. (*con tal de que*)

   Miguel va a seguir contento en la empresa ______________________________.

Nombre: ______________________________ Fecha: ______________________

11-21 Tu futuro trabajo. Using all adverbial conjunctions from the word bank, write five different sentences in Spanish about the job you would like to have after graduation. Use the present indicative and/or the present subjunctive appropriately, based on the context.

a menos que	con tal de que	cuando	en cuanto	hasta que

Modelo: *En cuanto me gradúe, voy a buscar un trabajo en un país hispanohablante.*

1. ______________________________
2. ______________________________
3. ______________________________
4. ______________________________
5. ______________________________

¿Cuánto saben? (Textbook p. 363)

11-22 ¿Saben bien los oficios y las profesiones? Match each description with the correct occupation or profession.

1. Habla dos o más idiomas. _____
2. Escribe artículos. _____
3. Reparte el correo. _____
4. Cuida a los enfermos. _____
5. Apaga incendios. _____
6. Trabaja en un restaurante. _____

a. el/la periodista
b. el/la enfermero/a
c. el/la cocinero/a
d. el/la bombero/a
e. el/la intérprete
f. el/la cartero/a

11-23 ¿Saben usar los mandatos de *tú*? You are a manager and have to direct your employees. Complete each affirmative or negative **tú** command with the correct form of the verb in parentheses.

1. Elena, no ______________________ (llegar) tarde al trabajo.
2. Ricardo, no ______________________ (hablar) por teléfono con tus amigos.
3. Rogelio, ______________________ (ser) más responsable.
4. Carlos, ______________________ (venir) a mi oficina ahora mismo.
5. María, no ______________________ (venderles) productos defectuosos (a los clientes).
6. Josefa, ______________________ (pedirles) más ayuda (a tus compañeros).

Nombre: ______________________ Fecha: ______________________

11-24 ¿Saben usar el subjuntivo con conjunciones adverbiales? Complete the following paragraph about Arturo and his job in the bank with the present indicative, the present subjunctive, or the infinitive form of each verb in parentheses, according to the context.

Cuando Arturo (1) ______________________ (tener) un proyecto importante en el banco, no tiene tiempo para sus amigos. Sus responsabilidades en el banco son muy importantes y tiene que trabajar, *a menos que* el banco (2) ______________________ (estar) cerrado (*closed*) o que su jefe le (3) ______________________ (dar) el día libre. *En caso de que* Arturo (4) ______________________ (dejar) su trabajo actual, no va a estar en paro por mucho tiempo. ¡Los gerentes lo van a llamar enseguida *después de* (5) ______________________ (leer) su currículum vítae!

11-25 ¿Comprenden bien? Listen to each of the following statements about the workplace and professions, and indicate whether each one is **lógico** or **ilógico**.

1. lógico ilógico
2. lógico ilógico
3. lógico ilógico
4. lógico ilógico
5. lógico ilógico
6. lógico ilógico

11-26 ¿Saben contestar por escrito? Listen to five questions about work in the present and the future. Write a truthful, complete response in Spanish for each question you hear. Be sure to use correct verbs in the present indicative, the present subjunctive, the infinitive, or **tú** commands.

1. ____
2. ____
3. ____
4. ____
5. ____

11-27 ¿Saben contestar oralmente? Listen to five questions about work in the present and the future. Give a truthful, complete oral response in Spanish for each question you hear. Be sure to use correct verbs in the present indicative, the present subjunctive, the infinitive, or **tú** commands.

1. …
2. …
3. …
4. …
5. …

Nombre: ______________________________ Fecha: ______________________

Perfiles (Textbook p. 364)

Mi experiencia: Los empleos y las recomendaciones

11-28 Según Cristina. Reread this section of your textbook and give the best answer to complete each statement. Not all expressions in the word bank will be used.

dentro de	editora	Fito Páez	internado
desempleo	empleo	fuera de	parcial

1. Cristina, una argentina que pronto termina sus estudios en las ciencias de la comunicación social, hizo un ____________________ en el *Clarín* este año.
2. Para los jóvenes argentinos, hay mucho ____________________ en la economía actual.
3. En el mundo hispano, es importante conocer a alguien ____________________ una organización para obtener un puesto.
4. Cristina va a contactar con la ____________________ de un periódico regional, a quien conoce por una conexión familiar.
5. Cristina piensa aceptar cualquier puesto de trabajo, sea de tiempo completo o de tiempo ____________________, porque sabe que es crucial simplemente entrar en una organización.
6. Cuando Cristina está desanimada (*discouraged*) por la situación laboral, para sentirse mejor le gusta escuchar la música de ____________________, un cantautor popular entre los jóvenes argentinos.

Mi música: "Yo vengo a ofrecer mi corazón" (Fito Páez, Argentina)

11-29 Asociar datos. Read about this artist in your textbook and follow the directions to listen to the song on the Internet. Then match each item with the best description.

1. Fito Páez _____
2. Ana Belén _____
3. Mercedes Sosa y Pablo Milanés _____
4. el tema de "Yo vengo a ofrecer mi corazón" _____
5. el ritmo de "Yo vengo a ofrecer mi corazón" _____

a. lento y sincero
b. la compasión y los deseos para un mundo mejor
c. cantautor argentino popular en el mundo latino
d. artista española que canta este dueto con Fito Páez
e. otros artistas famosos que cantan versiones de "Yo vengo a ofrecer mi corazón"

Nombre: ______________________ Fecha: ______________________

Segunda parte

¡Así lo decimos! Vocabulario (Textbook pp. 366–367)

La búsqueda de empleo

11-30 **¡Así es la vida!** Reread the brief dialogs in your textbook and indicate whether each statement is **cierto**, **falso**, or **No se sabe** (*unknown*).

1. El Sr. Torres solicita un puesto de trabajo. Cierto Falso No se sabe.
2. La Dra. Menéndez es una aspirante. Cierto Falso No se sabe.
3. El Sr. Torres tiene una entrevista con la directora general. Cierto Falso No se sabe.
4. La Dra. Menéndez habla con el Sr. Torres en su despacho. Cierto Falso No se sabe.
5. Según Alicia, el Sr. Torres no tiene buenas cartas de recomendación. Cierto Falso No se sabe.
6. La Dra. Menéndez ofrece un buen plan de retiro al Sr. Torres. Cierto Falso No se sabe.

11-31 **Conexiones lógicas.** Paula likes to tell you her latest work gossip. As you listen, you inevitably make assumptions about possible outcomes. Match each statement with the outcome that most logically follows.

1. Rosario ascendió en la empresa. _____
2. Tú quieres un aumento de sueldo. _____
3. Arturo quiere solicitar la vacante en la empresa. _____
4. Los empleados recibieron una buena bonificación anual. _____
5. El director de personal tiene 65 años. _____
6. Roberto no es honesto en el trabajo. _____

a. Tiene que rellenar una solicitud de empleo.
b. Recibió un aumento de sueldo.
c. A la empresa le va muy bien.
d. Vas a hablar con tu jefa.
e. El gerente lo va a despedir.
f. Va a retirarse pronto.

Nombre: ______________________ Fecha: ______________________

11-32 Una carta de presentación. Rodrigo read about a job opening that greatly interests him. Complete his cover letter to the company's manager with words and expressions from the word bank.

capaz	Estimada	La saluda atentamente	recomendación
entrevista	formulario	presentación	vacante

(1) ______________________ señora:

Le escribo esta carta de (2) ______________________ para solicitar la

(3) ______________________ de contador. Tengo mucha experiencia y mis cualificaciones son numerosas, como usted puede ver en mi currículum vítae. Soy una persona muy (4) ______________________. Incluyo tres cartas de

(5) ______________________ y el (6) ______________________ que me envió su secretaria.

Espero poder tener una

(7) ______________________ con usted.

Esperando su respuesta a la presente.

(8) ______________________,

Rodrigo Rodríguez

11-33 Otra carta de presentación. Isabel read an interesting job ad that prompted her to send the following cover letter. First read over her cover letter in its entirety. Then answer the questions using complete sentences in Spanish.

20 de julio de 2011

Sra. Jimena Galtieri de Posada, Gerente
Centro de Cómputo, S.A.
Apartado Postal 2225
Montevideo, Uruguay

Estimada señora:
La presente es para solicitar el puesto de analista programadora que anunció su empresa en *La Nación*. Me gradué de la Universidad de la República de Uruguay con especialización en informática y contabilidad. También tengo tres años de experiencia práctica.

Soy bilingüe y me considero una persona entusiasta, responsable y trabajadora. Adjunto mi currículum vítae.

Atentamente,
Isabel Urquiza Duarte
Isabel Urquiza Duarte

Anexo

1. ¿Quién es la Sra. Jimena Galtieri de Posada?

____

2. ¿Cómo se llama la empresa?

____

3. ¿Cuál es la vacante en la empresa?

____

4. Isabel menciona tres cualificaciones importantes en su carta de presentación. ¿Cuáles son?

____

5. Isabel usa tres adjetivos positivos para describirse. ¿Cuáles son?

____

Nombre: ______________________ Fecha: ______________________

11-34 Ideas sobre el trabajo. Liliana is quizzing her little brother on some facts about the workplace. Listen to each statement and select the word or expression that most logically completes it.

1. a. ...la despedida de una carta comercial.
   b. ...el saludo de una carta comercial.
   c. ...el título de una empresa popular.

2. a. ...la despedida de una carta comercial.
   b. ...el saludo de una carta comercial.
   c. ...el título de una empresa popular.

3. a. ...un despacho.
   b. ...un beneficio laboral.
   c. ...un puesto.

4. a. ...trabaja mucho.
   b. ...trabaja poco.
   c. ...no es ni justa ni honrada.

5. a. ...la vacante.
   b. ...el seguro médico.
   c. ...la solicitud de empleo.

6. a. ...el aspirante.
   b. ...la carta de presentación.
   c. ...la carta de recomendación.

7. a. ...el aviso clasificado.
   b. ...el plan de retiro.
   c. ...la guardería.

8. a. ...la licencia por enfermedad.
   b. ...la licencia por maternidad.
   c. ...la bonificación anual.

11-35 Un nuevo trabajo. Carlos is about to receive an important phone call about a job. First listen to the conversation in its entirety. Then select all statements that are accurate, based on what you hear.

1. Recientemente, Carlos Rodríguez fue _____ .
   a. enfermero
   b. plomero
   c. ayudante en una clase universitaria

2. La señora Pena _____ .
   a. va a retirarse pronto
   b. trabaja para una empresa de computación
   c. llama a Carlos para hablarle de un puesto

3. Carlos tiene experiencia en _____ .
   a. diseño
   b. el uso de computadoras
   c. medicina

4. El puesto _____ .
   a. conlleva un contrato renovable (*renewable contract*) anualmente
   b. es para una persona que sea amable con la gente
   c. es para una persona que enseñe bien a usar las computadoras

5. El puesto incluye varios beneficios, como por ejemplo, _____ .
   a. un seguro médico
   b. dos bonificaciones anuales
   c. un plan de retiro

6. La empresa _____ .
   a. es dinámica
   b. hace una evaluación de los empleados dos veces al año
   c. no ofrece aumentos de sueldo con frecuencia

Nombre: ______________________________ Fecha: ______________________

Letras y sonidos: The consonants *b* and *v* (Textbook p. 368)

11-36 La *b* de *beneficios* y la *v* de *vacante*. For each pair of words you hear, first determine which one has a hard **b** or **v** sound like the *b* in English *base*. Then write that word in the space provided.

Modelo: trabajo, beneficios
beneficios

1. ______________________ 4. ______________________

2. ______________________ 5. ______________________

3. ______________________ 6. ______________________

11-37 La *b* de *obrero* y la *v* de *avisos*. For each pair of words you hear, first determine which one has a soft **b** or **v** sound like a motor running. Then write that word in the space provided.

Modelo: avisos, ventaja
avisos

1. ______________________ 4. ______________________

2. ______________________ 5. ______________________

3. ______________________ 6. ______________________

¡Así lo hacemos! Estructuras

3. The subjunctive with indefinite people and things (Textbook p. 370)

11-38 Necesito ayudante (*assistant*). As small businesses expand, their owners often need to hire assistants to help out with odd jobs and lighten the load. Match each small business owner with the ad that he or she most logically placed in the local newspaper.

Necesito un/a ayudante (*assistant*) que...

1. el carpintero _____
2. el cocinero _____
3. el mecánico _____
4. la peluquera _____
5. la veterinaria _____

a. ...lave bien el pelo.
b. ...haga diseños sencillos de mesas y de sillas.
c. ...no tenga miedo de los animales.
d. ...sepa cambiarle el aceite a un carro.
e. ...corte rápidamente las frutas y las verduras.

Nombre: ______________________________ Fecha: ______________________

11-39 Se busca. It is natural to want improved job conditions over time. Complete the following sentences with verb forms in the present subjunctive to reveal the plans of these three professionals.

A. El analista de sistemas busca *unas computadoras nuevas* que...

1. ______________________ (costar) menos de mil dólares.
2. ______________________ (ser) portátiles.
3. ______________________ (tener) los últimos avances tecnológicos.

B. La psicóloga busca *un despacho grande* que...

4. ______________________ (estar) más cerca de su casa.
5. ______________________ (acomodar) un sillón, un sofá y un escritorio.
6. ______________________ (verse) cómodo y tranquilo.

C. El hombre de negocios busca *un puesto internacional* que...

7. ______________________ (permitir) viajar a otros países.
8. ______________________ (poner) énfasis en las relaciones humanas.
9. ______________________ (incluir) una bonificación anual.

11-40 Situaciones laborales. You overhear various conversations while sitting in the waiting room of an employment office. Complete each statement with verb forms in the present indicative or the present subjunctive, according to the context.

1. Hay muchos puestos que ______________________ (ser) de tiempo parical en esa empresa, pero no hay puestos que ______________________ (ser) de tiempo completo en estos momentos.
2. Esa empresa necesita empleados que ______________________ (trabajar) por la noche. Tiene muchos empleados que ______________________ (trabajar) por la mañana.
3. Conozco a un gerente que ______________________ (contratar) a personas con un solo año de experiencia, pero no conozco ninguno que ______________________ (contratar) a personas sin experiencia alguna.
4. Trabajamos en una empresa que ______________________ (ofrecer) un seguro médico, pero queremos un seguro médico que ______________________ (cubrir) la prevención.
5. No conozco empleados que ______________________ (ascender) por trabajar poco. Conozco a empleados que ______________________ (ascender) por ser trabajadores y capaces.

Nombre: ______________________ Fecha: ______________________

11-41 **¿Existente o inexistente?** Listen to the following statements about people, places, and things, and indicate whether each one refers to a definite, existent entity (**existente**) or to an indefinite, nonexistent entity (**inexistente**), based on the context.

1. existente inexistente
2. existente inexistente
3. existente inexistente
4. existente inexistente
5. existente inexistente
6. existente inexistente

11-42 **El trabajo de Paco.** Paco's current job situation is not optimal. Complete the paragraph about him with verb forms in the present indicative or the present subjunctive, according to the context.

Paco es viajante. Trabaja para una empresa que no (1) ______________ (tener) mucho éxito (*success*) últimamente y por eso está preocupado. Paco no es una persona que (2) ______________ (dejar) las cosas fácil y rápidamente en malos momentos, pero cree que necesita buscar una empresa que (3) ______________ (poder) asegurar una bonificación anual. Quiere un puesto nuevo que le (4) ______________ (hacer) posible el vender un volumen más alto de productos. También prefiere un jefe que (5) ______________ (ser) más dedicado y capaz del que tiene ahora. Ahora tiene un jefe que nunca (6) ______________ (ir) a la oficina porque prefiere jugar al golf.

11-43 **Mi trabajo.** What work conditions do you currently have and/or seek? Combine elements from the three lists to form five different, logical sentences in Spanish. Use correct verb forms in the present indicative or the present subjunctive, according to the context. Follow the models closely.

tener	una empresa	contratar a más empleados
conocer	un/a jefe/a	ascender a sus empleados
buscar	un puesto	tener buenos beneficios
necesitar	un contrato	atender bien a los clientes
querer	un salario	ser capaz / justo / honrado
¿...?	¿...?	¿...?

Modelos: *Tengo un jefe que es injusto y antipático.*
Quiero un jefe que sea justo y simpático.

1. ______________________________
2. ______________________________
3. ______________________________
4. ______________________________
5. ______________________________

Nombre: ______________________ Fecha: ______________________

¿Cuánto saben? (Textbook p. 374)

11-44 ¿Saben usar el subjuntivo con personas y cosas indefinidas? You and your friends are discussing various work conditions. Complete the sentences with correct verb forms in the present indicative or the present subjunctive, according to the context.

Modelo: No hay puesto que lo *ofrezca* (ofrecer) todo.

1. Tengo un puesto de trabajo que ______________ (estar) en Nueva York.
2. Prefiero un puesto que ______________ (estar) en Chicago.
3. Busco una guardería que ______________ (funcionar) bien con mi horario de trabajo.
4. No conozco ningún seguro médico que ______________ (ser) barato.
5. Conozco a una persona que ______________ (tener) las cualificaciones que buscan.
6. Hay un jefe en esa empresa que ______________ (despedir) a los empleados con frecuencia.

11-45 ¿Comprenden bien? First look over the employee names and job characteristics. Then listen to the descriptions in their entirety and select all of the characteristics that accurately describe each individual's salary and benefits.

Nombre	Trabaja a comisión	Sueldo fijo (*fixed*)	Plan de retiro	Seguro médico	Bonificación anual
1. Esteban	a.	b.	c.	d.	e.
2. Leonardo	a.	b.	c.	d.	e.
3. Carlos	a.	b.	c.	d.	e.
4. Susana	a.	b.	c.	d.	e.

11-46 ¿Saben contestar por escrito? Listen to five questions about your education as you prepare for a future career. Write a truthful, complete response in Spanish for each question you hear. Be sure to use correct verb forms in the present indicative or the present subjunctive, according to the context.

1. ______________________________
2. ______________________________
3. ______________________________
4. ______________________________
5. ______________________________

11-47 ¿Saben contestar oralmente? Listen to five questions about your ideal job. Give a truthful, complete oral response in Spanish for each question you hear. Be sure to use correct verb forms in the present indicative or the present subjunctive, according to the context.

1. ...
2. ...
3. ...
4. ...
5. ...

Nombre: ______________________ Fecha: ______________________

Observaciones: ¡Pura Vida! Episodio 11 (Textbook p. 375)

Antes de ver el video

 **11-48 ¿Qué pasa?** Select the response that best answers each question.

1. What qualifications might David be looking for in a strong job candidate like Patricio?
   a. Una persona con experiencia en un laboratorio de química.
   b. Una persona joven, entusiasta y capaz.
   c. Una persona con experiencia dando clases de japonés.

2. What job incentives might David offer Patricio?
   a. Un doctorado de una buena universidad.
   b. Unas vacaciones en Nueva York.
   c. Un plan de retiro y un seguro médico.

3. What might David say to recognize Patricio's strong qualifications?
   a. Los guacamayos están en peligro de extinción.
   b. Su formación profesional es brillante.
   c. Lo importante es que esto es una gran oportunidad para usted.

4. How might Patricio inquire about the hours he would be working?
   a. ¿Y el horario de trabajo?
   b. ¿Y el salario?
   c. ¿El doble? Ay, caramba, tienen mucha plata, ¿no?

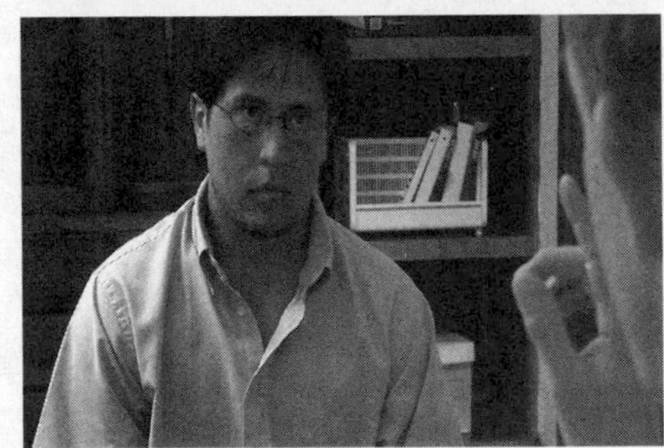

5. What would David's response to Patricio's question be?
   a. Tenemos buenos patrocinadores.
   b. Estamos buscando un coordinador de operaciones.
   c. Olvídese de horarios. Este no es un trabajo de oficina. Va a trabajar por su cuenta.

Nombre: ______________________________ Fecha: ____________________

A ver el video

11-49 **¿Un nuevo trabajo?** Select the seven items in the following list that David and Patricio discuss during the job interview.

los aumentos de sueldo _____

una bonificación anual _____

la comisión _____

un contrato _____

la coordinación de otros empleados a su cargo _____

un formulario _____

el horario de trabajo _____

un plan de retiro _____

el salario _____

el seguro médico _____

la supervisión de un científico _____

Después de ver el video

11-50 **La entrevista.** Select the word or expression that best completes each sentence, based on the content of the episode.

1. Para recuperar la población de guacamayos, David explica que CREFASI quiere _____ .
   a. robarlos (*steal them*)
   b. quitarlos de sus nidos (*nests*) y criarlos (*raise them*)
   c. verlos en peligro (*danger*) de extinción

2. Después, la organización va a _____ .
   a. dejarlos en la selva (*rainforest*)
   b. venderlos
   c. convertirlos en mascotas (*pets*)

3. Si Patricio acepta el trabajo, él _____ .
   a. va a trabajar en una oficina grande y tener muchas responsabilidades
   b. va a supervisar a diez empleados
   c. va a traer las crías (*young*) antes de que se las lleven los ladrones (*thieves*)

4. El salario va a ser _____ .
   a. el doble de lo que gana Patricio ahora
   b. el mismo que gana Patricio ahora
   c. un poco más de lo que gana Patricio ahora

5. Patricio _____ .
   a. acepta el trabajo porque es un biólogo excelente que conoce la selva
   b. tiene que pensarlo más, porque le molesta la idea de sacar crías de guacamayos de la selva tropical
   c. no acepta el trabajo porque no le gusta tener mucha responsabilidad en el trabajo

Nombre: ______________________ Fecha: ______________________

Nuestro mundo

Panoramas: El virreinato de la Plata: Argentina y Uruguay (Textbook p. 376)

11-51 ¡A informarse! Based on information from **Panoramas,** decide if each statement is **cierto** or **falso.**

1. La topografía y el clima de Argentina y de Uruguay no varían mucho.	Cierto	Falso
2. En El Califate en Argentina, hay glaciares hermosos.	Cierto	Falso
3. Leo Messi es un futbolista uruguayo famoso.	Cierto	Falso
4. El tango es un baile popular que se originó a fines del siglo XIX.	Cierto	Falso
5. El barrio histórico de Colonia del Sacramento en Uruguay data de 1880.	Cierto	Falso
6. Buenos Aires es una ciudad con mucha actividad cultural.	Cierto	Falso
7. Argentina es un país mucho más poblado que Uruguay.	Cierto	Falso
8. La situación laboral de la mujer es mejor en Uruguay que en Argentina.	Cierto	Falso

Nombre: ______________________ Fecha: ______________________

11-52 La geografía de Argentina y Uruguay. Complete each sentence with the best response, based on the map.

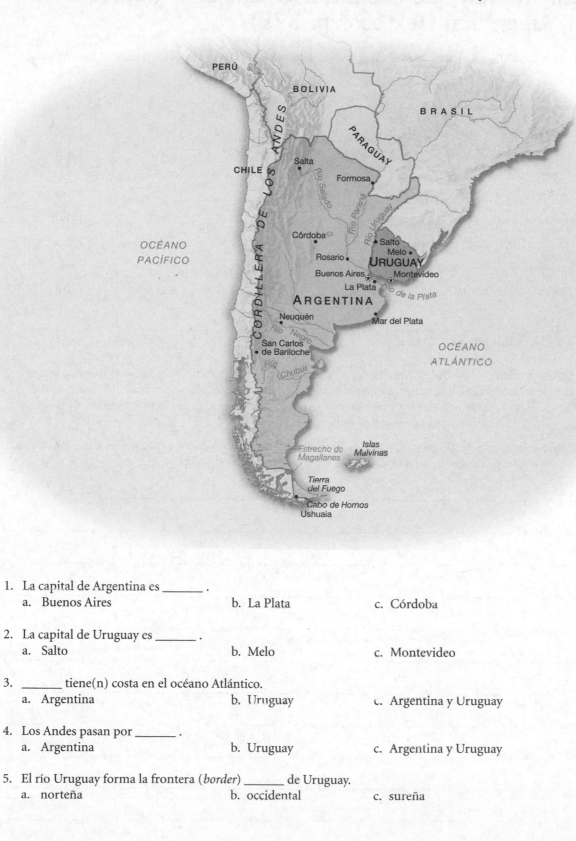

1. La capital de Argentina es ______ .
   a. Buenos Aires b. La Plata c. Córdoba

2. La capital de Uruguay es ______ .
   a. Salto b. Melo c. Montevideo

3. ______ tiene(n) costa en el océano Atlántico.
   a. Argentina b. Uruguay c. Argentina y Uruguay

4. Los Andes pasan por ______ .
   a. Argentina b. Uruguay c. Argentina y Uruguay

5. El río Uruguay forma la frontera (*border*) ______ de Uruguay.
   a. norteña b. occidental c. sureña

Nombre: ______________________ Fecha: ______________________

Páginas: "No hay que complicar la felicidad" (Marco Denevi, Argentina) (Textbook p. 378)

11-53 **¿Cierto o falso?** Based on information from the **Páginas** section of the text, decide if each statement is **cierto** or **falso**.

1. Él y Ella son novios sentados en un restaurante.	Cierto	Falso
2. Los novios repiten mucho que se aman.	Cierto	Falso
3. Él se aburre con la situación; quiere que Ella le hable sobre la historia de amor de sus abuelos.	Cierto	Falso
4. Ella le dice que tiene otro novio.	Cierto	Falso
5. Él se pone furioso y se va a buscar al otro novio.	Cierto	Falso
6. Se oye el disparo (*shot*) de un revólver.	Cierto	Falso
7. Él vuelve al restaurante y se sienta en la mesa.	Cierto	Falso
8. Al final, Ella está contenta con la situación.	Cierto	Falso

Taller (Textbook p. 382)

11-54 **Tu futura carrera profesional.** Write a paragraph describing your expectations and desires for your future career in the workplace. Include information about desired job tasks, work schedule, salary, benefits, location, and other job characteristics that are important to you. Be sure to use correct verbs in the present indicative, the present subjunctive, and/or the infinitive form, according to context.

Modelo: *Voy a ser una mujer de negocios internacional. Quiero un puesto de trabajo que pague bien y que me permita viajar a otros países con frecuencia. En cuanto me gradúe de la universidad, voy a…*

____

____

____

____

____

____

____

____

____

____

____

____

Nombre: ______________________ Fecha: ______________________

12 El futuro es tuyo

Primera parte

¡Así lo decimos! Vocabulario (Textbook pp. 386–387)

La computadora y otros aparatos electrónicos

12-01 **¡Así es la vida!** Reread the brief passages in your textbook and indicate whether each statement is **cierto, falso,** or **No se sabe** (*unknown*).

1. El Dr. Díaz es profesor de biología. Cierto Falso No se sabe.
2. El Dr. Díaz enseña cursos a distancia para los estudiantes de otra universidad. Cierto Falso No se sabe.
3. Carmen Valdespino es estudiante de arte. Cierto Falso No se sabe.
4. Carmen usa mucha tecnología en su carrera. Cierto Falso No se sabe.
5. Recibe información por videoconferencia. Cierto Falso No se sabe.
6. No tiene iPad pero quiere comprar uno pronto. Cierto Falso No se sabe.
7. No conoce la biblioteca por dentro como edificio. Cierto Falso No se sabe.
8. Sus profesores siempre requieren la asistencia a clase en persona. Cierto Falso No se sabe.

12-02 **Emparejar.** Match each device with the verb that most closely describes its function.

1. la fotocopiadora _____ a. archivar
2. la impresora _____ b. escribir o teclear (*to type*)
3. la memoria USB _____ c. escuchar
4. la pantalla _____ d. fotocopiar
5. el reproductor de mp3 _____ e. imprimir
6. el teclado _____ f. ver y leer

Nombre: ______________________________ Fecha: ______________________

12-03 ¡A completar! Mariano loves to talk about his computer and technology. Complete each of his statements with the most appropriate word or expression from the word bank.

apagar	cajero automático	enviar	página web
auriculares	encender	instalar	ratón inalámbrico

1. Cuando llego a la oficina por la mañana, tengo que ____________________ la computadora.
2. Prefiero usar un ____________________ con mi computadora porque me duele menos la muñeca (*wrist*).
3. Un colega me va a ayudar a ____________________ unos programas nuevos en mi computadora hoy.
4. Necesito ____________________ unos correos electrónicos importantes esta tarde.
5. Mi ____________________ favorita es http://www.prenhall.com/arriba.
6. Cuando salgo de la oficina por la tarde, debo ____________________ la computadora.
7. Uso unos buenos ____________________ para escuchar música en mi reproductor de mp3.
8. El banco está cerrado, pero puedo usar el ____________________ para sacar dinero.

12-04 Escoge la tecnología. Miguel is explaining some basic concepts about technology to his great-grandfather. Listen to each statement and complete it by selecting the most logical word or expression.

1. a. …un escáner. b. …una antena parabólica. c. …un teclado.
2. a. …las hojas electrónicas. b. …los juegos electrónicos. c. …los discos duros.
3. a. …hipervínculos. b. …marcas. c. …DVD.
4. a. …borrarlo. b. …subirlo. c. …bajarlo.
5. a. …apagarlo. b. …imprimirlo. c. …borrarlo.
6. a. …fallar. b. …programar. c. …tener éxito.

Nombre: ______________________ Fecha: ______________

12-05 ¿Qué necesitas? Catalina and her mother are having a conversation about shopping for electronic devices. Listen to their conversation in its entirety. Then select all statements that are accurate, based on what you hear.

1. Catalina quiere _____ .
   a. una calculadora
   b. una computadora
   c. una impresora

2. La mamá cree que Catalina _____ .
   a. no necesita una computadora
   b. no necesita una impresora
   c. necesita una pantalla grande

3. Catalina es _____ .
   a. estudiante
   b. analista de sistemas
   c. diseñadora de juegos electrónicos

4. El precio total que calcula Catalina es _____ .
   a. quinientos dólares
   b. mil dólares
   c. mil quinientos dólares

5. El precio incluye _____ .
   a. una grabadora de DVD con pantalla grande
   b. una computadora y una impresora
   c. suficiente memoria

6. Ayer se rompió (*broke*) _____ .
   a. la grabadora de DVD
   b. el teléfono móvil de Catalina
   c. la antena parabólica de la casa

12-06 Preguntas tecnológicas. Your university's technology center is carrying out a survey to better understand the computing practices and needs of students. Answer each question with a complete sentence in Spanish, based on your personal experiences.

1. ¿Prefieres una computadora de escritorio o una computadora portátil? ¿Por qué?

   ____.

2. ¿Tienes tu propia impresora, o usas las impresoras de la universidad?

   ____.

3. ¿Tienes tu propia página web? ¿Qué tipo de información incluyes en ella?

   ____.

4. ¿Aproximadamente cuántos correos electrónicos recibes al día? ¿Cuántos envías al día?

   ____.

5. ¿Qué prefieres usar para archivar y transferir tus documentos: un CD o la memoria USB? ¿Por qué?

   ____.

Nombre: ______________________________ Fecha: ______________________

¡Así lo hacemos! Estructuras

1. The past participle (Textbook p. 391)

12-07 Sí, está hecho. Sr. Ramírez is nervous about an important meeting this afternoon and checks with his assistant to make sure that all necessary tasks are done. Match each of his questions with the expression that correctly addresses it, based on the meaning and form of the past participle used.

1. ¿Imprimiste las hojas electrónicas? _____
2. ¿Imprimiste los otros documentos? _____
3. ¿Hiciste las fotocopias? _____
4. ¿Encendiste la computadora? _____
5. ¿Encendiste el lector de DVD? _____
6. ¿Pusiste el DVD en el lector? _____
7. ¿Hiciste el café? _____
8. ¿Pusiste las galletas en la mesa? _____

a. Sí, está encendida.
b. Sí, está encendido.
c. Sí, están hechas.
d. Sí, está hecho.
e. Sí, están impresas.
f. Sí, están impresos.
g. Sí, están puestas.
h. Sí, está puesto.

12-08 El estatus del trabajo. Jesús is about to go on a two-week vacation and gives a status report to his boss before leaving work. Complete each sentence with the past participle of the verb. Be sure that each past participle agrees in gender and number with the noun it modifies.

Modelo: La puerta de mi despacho está *cerrada* (cerrar).

1. La impresora está ______________________________ (romper).
2. La memoria USB está ______________________________ (perder).
3. Pero, el diseño de la página web está ______________________________ (hacer).
4. Los anuncios importantes están ______________________________ (escribir).
5. Los correos electrónicos están ______________________________ (enviar).
6. Los documentos están ______________________________ (archivar) en el disco duro.
7. La computadora está ______________________________ (apagar).
8. El teclado está ______________________________ (cubrir).
9. La grabadora de DVD está ______________________________ (programar).
10. El cajero automático en la segunda planta está ______________________________ (abrir).

Nombre: ______________________________ Fecha: ______________________

12-09 ¡Hecho! You are an efficient, focused worker, so much so that when your boss asks you to do something, it is usually already done! Respond to each of your boss's statements using **estar** and a past participle as an adjective. Follow the model closely.

Modelo: Tienes que enviarle un correo electrónico al programador de computadoras.
Ya está enviado.

1. Tienes que darle la memoria USB a la Srta. Muñoz.

   ____.

2. Tienes que guardar los documentos en el disco duro.

   ____.

3. Tienes que instalarle el nuevo programa de contabilidad al contador.

   ____.

4. Tienes que pedirme un ratón nuevo para mi computadora.

   ____.

5. Tienes que hacer unas búsquedas en la Internet para el Sr. Ortiz.

   ____.

12-10 No, no está hecho todavía. Héctor sometimes struggles to get things done. Respond negatively to each question you hear directed at him by his boss. Use **estar** and a past participle to say that each task mentioned has not yet been done, and follow the model closely.

Modelo: ¿Escribiste las cartas?
No, no *están escritas* todavía.

1. No, no ______________________________ todavía.
2. No, no ______________________________ todavía.
3. No, no ______________________________ todavía.
4. No, no ______________________________ todavía.
5. No, no ______________________________ todavía.

Nombre: ________________________________ Fecha: ________________________

2. The present perfect indicative (Textbook p. 394)

12-11 ¿Qué hemos hecho hoy? Sergio is reflecting on activities that he and his friends have done today. Complete each sentence with the correct form of the verb in the present perfect indicative, using **haber** + a past participle. Remember that in this context, the form of the past participle is invariable.

Modelo: Susana y Marta *han instalado* (instalar) la grabadora de DVD.

1. Josefina y Margarita ______________________ (ir) a la tienda de computadoras.
2. Margarita ______________________ (comprar) un ratón inalámbrico nuevo.
3. Tú ______________________ (ver) un teléfono móvil nuevo que te encanta, ¿verdad?
4. Ustedes ______________________ (subir) unas fotos recientes a Facebook.
5. Nosotros ______________________ (grabar) unos programas de televisión interesantes.
6. Yo ______________________ (borrar) los programas de televisión anteriores.

12-12 ¿Qué ha pasado? A friend is asking you some simple questions about the events of the day. Match each question you hear with the expression that most appropriately answers it, based on meaning.

1. ______ a. Un animal.
2. ______ b. Un buen libro.
3. ______ c. "Hasta luego."
4. ______ d. Un Mac.
5. ______ e. Al parque.

12-13 ¿Qué han hecho ustedes hoy? Marco's mother always asks him and his brother a lot of questions about everyday things. Answer each question with an affirmative statement using the correct form of the verb in the present perfect indicative. Be sure to use direct object pronouns to avoid repetition, and follow the model closely.

Modelo: ¿Han apagado ustedes la computadora?
Sí, *la hemos apagado.*

1. ¿Han leído ustedes el periódico?

   Sí, ____.

2. ¿Han oído las noticias (*news*)?

   Sí, ____.

3. ¿Han grabado mi programa de televisión favorito?

   Sí, ____.

4. ¿Han devuelto (*returned*) la película de anoche?

   Sí, ____.

5. ¿Han hecho la tarea?

   Sí, ____.

Nombre: ______________________ Fecha: ______________________

12-14 Ayer, esta mañana y ahora. Claudia speaks accurately about past events, according to how long ago they occurred. Rephrase her statements in the preterit (about yesterday) to statements in the present perfect indicative (about this morning), and then to statements using **acabar de** + infinitive (about just a moment ago). Be sure to follow the models closely.

Modelos: Yo envié una carta ayer.
Yo *he enviado* una carta esta mañana.
Yo *acabo de enviar* una carta ahora.

1. Yo escribí un blog ayer.

   Yo ______________________ un blog esta mañana.

   Yo ______________________ un blog ahora.

2. Tú viste mi presentación ayer, ¿no?

   Tú ______________________ mi presentación esta mañana, ¿no?

   Tú ______________________ mi presentación ahora, ¿no?

3. Nosotros dijimos la verdad ayer.

   Nosotros ______________________ la verdad esta mañana.

   Nosotros ______________________ la verdad ahora.

4. Las computadoras fallaron ayer.

   Las computadoras ______________________ esta mañana.

   Las computadoras ______________________ ahora.

5. El programador volvió a la oficina ayer.

   El programador ______________________ a la oficina esta mañana.

   El programador ______________________ a la oficina ahora.

Nombre: ______________________________ Fecha: ______________________

12-15 Mis experiencias hasta ahora. You are filling out a personal profile for a web site that you share with friends. Answer each question truthfully with a complete sentence in Spanish.

1. ¿Has comprado algún aparato electrónico últimamente? ¿Cuál y para qué?

   ____.

2. ¿Has visto una buena película recientemente? ¿Cuál y por qué es buena, en tu opinión?

   ____.

3. ¿Has tenido éxito con algún pasatiempo? ¿Qué pasatiempo y por qué?

   ____.

4. ¿Has tenido un trabajo especial o poco corriente (*unusual*)? ¿Qué tipo de trabajo y cuándo?

   ____.

5. ¿Has conocido a alguien famoso/a alguna vez? ¿A quién y cómo?

   ____.

6. ¿Has viajado a otro(s) país(es)? ¿A cuál(es) y cuándo?

   ____.

¿Cuánto saben? (Textbook p. 397)

12-16 ¿Saben usar el participio pasado? Complete each sentence with the past participle of the verb. Be sure that as an adjective, each past participle agrees in gender and number with the noun it modifies.

Modelo: La tienda no ganaba suficiente dinero y ahora está *cerrada* (cerrar).

1. Dejaron caer (*they dropped*) la impresora y ahora está ______________________ (romper).
2. Son las nueve de la mañana y las tiendas de aparatos electrónicos están ______________________ (abrir).
3. El estudiante pasó horas delante de su computadora y ahora todo su trabajo está

   ______________________ (hacer).
4. Llevaron los platos al gran comedor y ahora las mesas están ______________________ (poner).
5. El niño se puso gorro y ahora tiene la cabeza ______________________ (cubrir).
6. Un carro atropelló (*ran over*) la ardilla (*squirrel*) y ahora está ______________________ (morir).

Nombre: ______________________ Fecha: ______________________

12-17 ¿Saben usar el presente perfecto? Complete each sentence with the correct form of the verb in the present perfect indicative, using **haber** + a past participle. Remember that in this context, the form of the past participle is invariable.

Modelo: Nosotros ya *hemos oído* (oír) esa historia triste.

1. Cristina ya ______________________ (terminar) las hojas electrónicas.
2. ¿ ______________________ (tomar) ustedes alguna clase de informática?
3. ¿ ______________________ (ver) tú el nuevo juego electrónico de fútbol?
4. Nosotros ______________________ (leer) unas novelas interesantes para esa clase.
5. Mi abuela ______________________ (traer) a la cena un pastel muy rico.
6. Yo ______________________ (ir) a ese restaurante muchas veces.

12-18 ¿Comprenden bien? Respond negatively to each question you hear, using the present perfect indicative form of the verb (**haber** + a past participle). Remember that in this context, the form of the past participle is invariable. Be sure to use direct object pronouns to avoid repetition, and follow the model closely.

Modelo: ¿Rellenaste tú la solicitud?
No, no *la he rellenado* todavía.

1. No, no ______________________ todavía.
2. No, no ______________________ todavía.
3. No, no ______________________ todavía.
4. No, no ______________________ todavía.
5. No, no ______________________ todavía.

12-19 ¿Saben contestar por escrito? Listen to five questions about your computer use and write a truthful, complete response in Spanish for each question you hear. Be sure to use correct verb forms with the past participle as an adjective (**estar** + past participle) or with the present perfect indicative (**haber** + past participle), according to the context.

1. ______________________
2. ______________________
3. ______________________
4. ______________________
5. ______________________

Nombre: ______________________ Fecha: ______________________

12-20 ¿Saben contestar oralmente? Listen to five questions about electronic devices and give a truthful, complete oral response in Spanish for each question you hear. Be sure to use correct verb forms with the simple present indicative or with the present perfect indicative (**haber** + past participle), according to the context.

1. …
2. …
3. …
4. …
5. …

Perfiles (Textbook p. 398)

Mi experiencia: La tecnología y el futuro

12-21 Según Jugador y Baco. Reread this section of your textbook and give the best answer to complete each statement. Not all expressions in the word bank will be used.

Albita	cincuenta	diseño	programador
carrera	cuarenta	foro	título universitario

1. Jugador, un hombre de Argentina, hace una pregunta sobre videojuegos en un ______________ en línea.
2. A Jugador le interesa tener una nueva ______________ desarrollando (*developing*) videojuegos.
3. Baco, de EE. UU., quien trabaja en cine de animación y multimedia, le contesta que es importante tener un ______________ para trabajar en esa carrera.
4. Baco conoce un programa de ______________ de videojuegos en Los Ángeles.
5. El programa es competitivo, ya que solamente admiten a ______________ estudiantes al año.
6. En estos momentos, Baco trabaja en un proyecto de multimedia de la música de ______________ .

Mi música: "'Ta bueno ya" (Albita, cubanoamericana)

12-22 Asociar datos. Read about this artist in your textbook and follow the directions to listen to the song on the Internet. Then match each item with the best description.

1. Albita ______
2. "La descarga con Albita" ______
3. el tema de "'Ta bueno ya" ______
4. Carnaval ______
5. el ritmo de "'Ta bueno ya" ______

a. el descanso del trabajo y de los problemas para celebrar con la comunidad
b. rápido y alegre
c. festival que se celebra en esta canción de Albita
d. nombre del programa de televisión de Albita en MEGA TV
e. cantante versátil con programa de televisión y varios premios Emmy y Grammy

Nombre: ______________________ Fecha: ______________________

Segunda parte

¡Así lo decimos! Vocabulario (Textbook pp. 400–401)

El medio ambiente

12-23 **¡Así es la vida!** Reread the brief passages in your textbook and indicate whether each statement is **cierto, falso,** or **No se sabe** (*unknown*).

1. Los jóvenes hispanos de hoy no se preocupan por el medio ambiente. Cierto Falso No se sabe.
2. El desarrollo industrial no tiene un efecto negativo en el medio ambiente. Cierto Falso No se sabe.
3. Los gobiernos (*governments*) de Latinoamérica no se preocupan por proteger los recursos naturales. Cierto Falso No se sabe.
4. Todos opinan que la energía nuclear es importante para nuestro futuro. Cierto Falso No se sabe.
5. Gonzalo, el hombre joven de la camisa anaranjada, es ingeniero nuclear. Cierto Falso No se sabe.
6. Algunas personas están en contra de la energía nuclear. Cierto Falso No se sabe.

12-24 **¡A emparejar!** Match each word or expression related to the environment with the phrase that best completes it.

1. El calentamiento global ______ a. ...echan humo.
2. La deforestación ______ b. ...reduce la necesidad de tener pozos de petróleo.
3. La energía alternativa ______ c. ...se consigue plantando árboles (*trees*).
4. Los envases de aluminio ______ d. ...pone a varias especias que viven en la selva en peligro de extinción.
5. Las fábricas ______ e. ...proviene de (*comes from*) los desechos de una planta nuclear.
6. La radioactividad ______ f. ...conserva los recursos naturales y reduce los desechos.
7. El reciclaje ______ g. ...son más fáciles de reciclar que crear de materiales nuevos.
8. La reforestación ______ h. ...es una subida en la temperatura media (*average*) de la Tierra (*Earth*).

Nombre: ______________________ Fecha: ______________________

12-25 Un crucigrama. A friend of yours wants to quiz you on some Spanish vocabulary related to the environment. Complete the following crossword puzzle with the correct information.

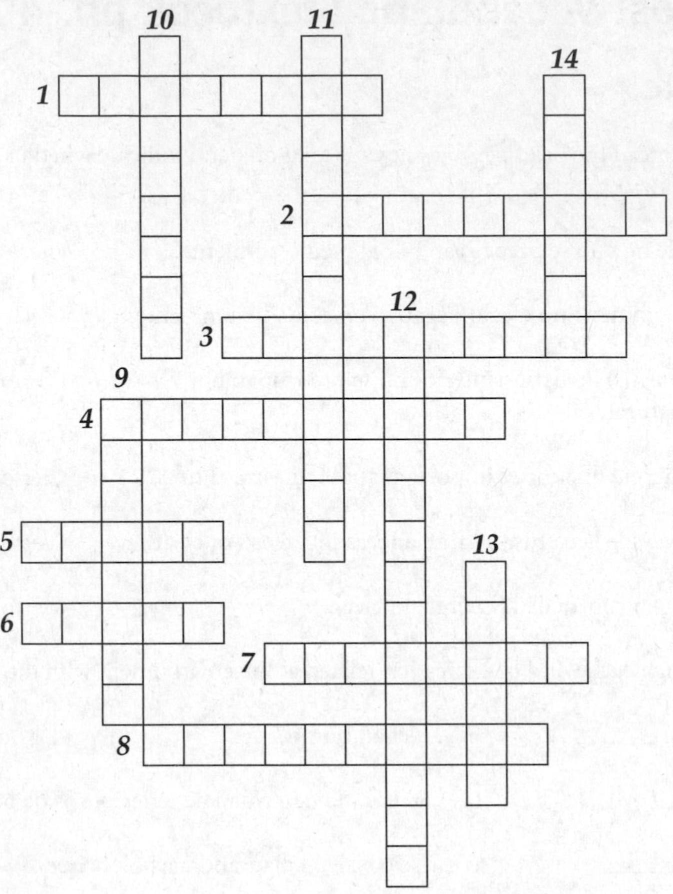

Across

1. Necesitamos ______ el medio ambiente para las generaciones futuras.
2. En vez de tirar todos los desechos, hay que organizar un programa de ______ .
3. El aire, el agua, los bosques pluviales y las selvas forman parte de la ______ .
4. Los ______ son productos químicos que se usan en el cultivo de frutas y verduras.
5. Lo contrario de ahorrar es ______ .
6. La energía ______ es un tipo de energía alternativa.
7. Hay que ______ los envases de vidrio (*glass*), plástico y aluminio.
8. El tráfico de una ciudad puede ______ mucho el aire.

Down

9. En Texas y en Alaska hay mucho ______ .
10. Para proteger el medio ambiente, todos tenemos que aprender a ______ menos.
11. Si la deforestación es un problema, hay que empezar un programa de ______ .
12. Si se escapa ______ de una planta nuclear, puede contaminar el aire.
13. Si una fábrica no obedece bien las leyes contra la contaminación, el gobierno (*government*) la va a ______ .
14. Si hay muy poco de alguna cosa, se dice que hay ______ de esa cosa.

Nombre: ______________________ Fecha: ______________________

12-26 **¿Qué se observa?** You observe the following scenes near your neighborhood. Describe to a friend what you see using five different complete sentences in Spanish. Be sure to include at least two sentences for each scene, and try to include your opinion of what you observe.

Modelos: *Un camión echa petróleo a la calle. ¡Es horrible!*
Es importante que llevemos los periódicos al centro de reciclaje.

1. ______________________
2. ______________________
3. ______________________
4. ______________________
5. ______________________

12-27 **La respuesta lógica.** Dr. Olivares teaches environmental science. Listen to each of his statements and complete it with the most logical word or expression.

1. a. ...el humo. b. ...el petróleo. c. ...la escasez.
2. a. ...multar. b. ...contaminar. c. ...proteger.
3. a. ...alternativa. b. ...en peligro de extinción. c. ...nuclear.
4. a. ...la radioactividad. b. ...el dearrollo. c. ...la reforestación.
5. a. ...reciclar. b. ...tirar. c. ...consumir.
6. a. ...produce una escasez de agua. b. ...es un recurso natural. c. ...contamina el aire.

Nombre: ______________________________ Fecha: ______________________

12-28 El programa "Tiempo nuevo". Dr. Olivares, a university professor and environmental scientist, is about to be interviewed on a radio show. First listen to the conversation in its entirety. Then select all statements that are accurate, based on what you hear.

1. El tema de la semana es _____ .
   a. la radioactividad
   b. el medio ambiente
   c. la energía nuclear

2. Además de ser profesor, el invitado al programa es _____ .
   a. científico
   b. un especialista en el medio ambiente
   c. un empleado del gobierno (*government*)

3. El doctor Olivares ha _____ .
   a. depositado desechos radioactivos en lugares especiales
   b. dedicado muchas horas de trabajo a la protección del medio ambiente
   c. colaborado con colegas

4. Olivares opina que para resolver el problema de la energía, necesitamos _____ .
   a. utilizar la energía nuclear
   b. usar la energía solar
   c. consumir más petróleo

5. Las sugerencias de Olivares para proteger los recursos naturales incluyen _____ .
   a. multar las fábricas que tiren desechos a la naturaleza
   b. cerrar los pozos de petróleo en los océanos
   c. dejar de usar pesticidas

6. Para proteger los recursos naturales, Olivares también sugiere _____ .
   a. aumentar la reforestación
   b. empezar un programa de uso responsable de los recursos
   c. planear nuevos parques nacionales

12-29 Cuestionario. A local environmental group is conducting a survey of citizens' thoughts on how to protect and improve the environment. Answer each question with a complete sentence in Spanish, based on your personal opinions.

1. ¿Cuál es el problema más grave que afecta al medio ambiente?

   ____.

2. ¿Qué soluciones puede ofrecer usted a nivel (*level*) nacional?

   ____.

3. ¿Qué plan nacional prefiere usted: desarrollar la energía solar o continuar con las plantas nucleares? ¿Por qué?

   ____.

4. ¿En qué circunstancias se debe multar a una industria?

   ____.

5. ¿Qué acciones puede tomar usted para ayudar a nivel local?

   ____.

Nombre: ______________________ Fecha: ______________________

Letras y sonidos: The consonants *t* and *d* (Textbook p. 402)

12-30 La *t* en español. For each pair of words, choose the word that you hear said aloud by a Latin American. Remember that in Spanish, the **t** sound is not identical to the *t* in English *ten,* because less air is expelled in Spanish.

1. a. té (*tea*) b. dé (present subj. of **dar** in 1st & 3rd person sg.)
2. a. ti b. di (**tú** command of **decir**)
3. a. tos (*cough*) b. dos
4. a. ten (**tú** command of **tener**) b. den (present subj. of **dar** in 3rd person pl.)
5. a. tose (*s/he coughs*) b. doce
6. a. tilo (*lime tree*) b. dilo (**tú** command of **decir;** *say it*)
7. a. tardo (*I take time*) b. dardo (*dart*)
8. a. tanta (*so many*) b. danta (**tapir** = *a hoofed mammal*)

12-31 La *d* de *duro*. For each pair of words you hear, first determine which one has a hard **d** sound like the *d* in English *den.* Then write that word in the space provided.

Modelo: hablado, duro
duro

1. ______________________
2. ______________________
3. ______________________
4. ______________________
5. ______________________
6. ______________________

12-32 La *d* de *medio*. For each pair of words you hear, first determine which one has a soft sound like the *th* in English *then.* Then write that word in the space provided.

Modelo: medio, dicho
medio

1. ______________________
2. ______________________
3. ______________________
4. ______________________
5. ______________________
6. ______________________

Nombre: ______________________ Fecha: ______________________

¡Así lo hacemos! Estructuras

3. The future tense (Textbook p. 404)

12-33 En la oficina. You work at a busy office. Complete each sentence with the correct form of the verb in the future tense, to reveal what task each person will do next week.

Modelo: Yo *haré* (hacer) fotocopias para una reunión.

1. Joaquín ______________________ (escribir) cartas en la computadora.
2. Ramiro y Carlos ______________________ (poner) las cuentas en la hoja electrónica.
3. Ana le ______________________ (decir) a la jefa si hay correos electrónicos urgentes.
4. La jefa ______________________ (llamar) a esos clientes por teléfono celular.
5. Ustedes ______________________ (preparar) los trabajos en la computadora.
6. Enrique y yo ______________________ (ver) los diseños en la pantalla.
7. Yo ______________________ (usar) el escáner.
8. Todos nosotros ______________________ (buscar) información en la Internet.

12-34 Mis amigos y yo ayudaremos. Ricardo and his friends are concerned about the environment and want to take measures to improve it. Rewrite the italicized verb phrase in each sentence using the future tense, in order to find out more about their plans.

Modelo: Nosotros *vamos a recoger* basura de las calles.
recogeremos

1. Mis amigos y yo *vamos a trabajar* para mejorar el medio ambiente.

   ____

2. Marta y Cristina *van a organizar* a un grupo de personas para plantar árboles (*trees*).

   ____

3. Miguel *va a poner* información sobre el reciclaje local en su página web.

   ____

4. Yo *voy a llevar* papeles y periódicos viejos al centro de reciclaje.

   ____

5. Todos *vamos a consumir* menos agua y electricidad.

   ____

6. Mis amigos y yo *vamos a hacer* todo lo posible para proteger la naturaleza.

   ____

Nombre: ______________________ Fecha: ______________________

12-35 El jefe nuevo no sabe. Every time you ask your new boss something, he responds with a guess. Complete each of his sentences with the future tense form of the verb and the information given. Remember that in this context, the future tense is used to express conjecture in the present. Be sure to use direct object pronouns to avoid repetition, and follow the model closely.

Modelo: Tú: ¿Quién hace los diseños? (los programadores)
Jefe: No sé; *los harán los programadores.*

1. Tú: ¿Quién enciende las computadoras por la mañana? (el supervisor)

   Jefe: No sé; ______________________.

2. Tú: ¿Quién imprime los documentos? (el asistente)

   Jefe: No sé; ______________________.

3. Tú: ¿Quién llama a los clientes? (los secretarios)

   Jefe: No sé; ______________________.

4. Tú: ¿Quién sabe el código (*code*) para la fotocopiadora? (la recepcionista)

   Jefe: No sé; ______________________.

5. Tú: ¿Quién puede reparar la impresora? (la secretaria)

   Jefe: No sé; ______________________.

6. Tú: ¿Quién tiene que instalar los programas nuevos? (los analistas)

   Jefe: No sé; ______________________.

12-36 ¿Cuándo se hará el trabajo? You supervise an office, and your employees constantly ask you questions. Complete the response to each question you hear with the future tense form of the verb. Be sure to follow the model closely.

Modelo: ¿Cuándo van a tener ustedes una respuesta?
La *tendremos* en dos semanas.

1. Lo ______________________ esta tarde.
2. La ______________________ mañana por la mañana.
3. Las ______________________ en las oficinas la semana que viene.
4. Lo ______________________ mañana por la tarde.
5. ______________________ de vacaciones el viernes próximo.

12-37 La conjetura. As an office supervisor, you do not always know the answers to everyone's questions, although you try to make educated guesses. Complete the response to each question you hear with the future tense of the verb and the information given. Remember that in this context, the future tense is used to express conjecture in the present. Be sure to write out the numbers as words, and follow the model closely.

Modelo: ________ . (1 bolígrafo)
¿Cuántos bolígrafos necesita la jefa?
Necesitará uno.

1. ______________________________ . (2 computadoras)
2. ______________________________ . (8 dólares)
3. ______________________________ . (30 personas)
4. ______________________________ . (20 años)
5. ______________________________ . (4:00)

4. The conditional tense (Textbook p. 407)

12-38 Las promesas del gobierno. What did the government promise that it would do during the next term to help the environment? Complete each sentence with the correct form of the verb in the conditional tense.

Modelo: El gobierno prometió que... *haría* (hacer) muchas mejoras enseguida.

El gobierno prometió que...

1. ______________________ (estudiar) los efectos del uso de la energía nuclear.
2. ______________________ (controlar) la emisión de humo de los carros.
3. ______________________ (haber) más medidas (*measures*) contra la contaminación del aire.
4. ______________________ (multar) las industrias contaminantes.
5. ______________________ (proteger) los bosques.
6. ______________________ (empezar) programas de reciclaje.
7. ______________________ (plantar) más árboles (*trees*) en los parques.
8. ______________________ (administrar) mejor los recursos naturales.

Nombre: ______________________ Fecha: ______________________

12-39 En la televisión. Mariluz is a TV reporter concerned about environmental issues, and Roberto is a citizen with similar concerns. Complete their dialog with the correct form of each verb in the conditional tense.

MARILUZ: Roberto, ¿qué (1) ______________ (hacer) usted para mejorar el medio ambiente en la ciudad?

ROBERTO: Primero, yo (2) ______________ (informar) a los ciudadanos (*citizens*) sobre los principales problemas.

MARILUZ: ¿De qué problemas les (3) ______________ (hablar) usted?

ROBERTO: Les (4) ______________ (explicar) los problemas de la deforestación y de la contaminación del aire.

MARILUZ: ¿Qué soluciones (5) ______________ (buscar) usted para esos problemas?

ROBERTO: Yo (6) ______________ (promocionar; *to promote*) un programa de reciclaje en toda la ciudad.

MARILUZ: ¿Qué (7) ______________ (sugerir) usted para solucionar la contaminación del aire?

ROBERTO: Los ciudadanos (8) ______________ (deber) usar más el transporte público.

12-40 ¿Qué pasaría? You planned to interview the representative of an environmental protection team; however, he did not show up for your meeting. Using the conditional tense, offer possible reasons. Remember that in this context, the conditional tense is used to express conjecture in the past. Be sure to follow the model closely.

Modelo: olvidarse de la fecha
Él se olvidaría de la fecha.

1. no saber la hora

   ______________________________________.

2. tener problemas con su carro

   ______________________________________.

3. ir a otra entrevista

   ______________________________________.

4. perder la dirección

   ______________________________________.

5. no entender bien a la secretaria

   ______________________________________.

Nombre: ______________________________ Fecha: ______________________

12-41 Más conjetura. You work for an environmental protection team, and when you are not sure of the answers to your colleagues' questions, you use the conditional tense to express conjecture about what happened. Complete the response to each question you hear with the conditional tense of the verb, and be sure to follow the model closely.

Modelo: ¿Quiénes consumieron tantos productos?
Los *consumirían* los empleados de la compañía.

1. El Dr. Olivares ____________________ a las ocho.
2. Los ____________________ en el lago los empleados de la fábrica.
3. Ellos ____________________ unos programas de reciclaje.
4. Ellos los ____________________ en un lugar de reciclaje.
5. Enfrente de la planta nuclear ____________________ muchas protestas.

12-42 Tu programa medioambiental. You are the mayor of your city. Write five different, complete sentences in Spanish to indicate what you said you would do to protect the environment during your campaign.

Modelo: Dije que... *prohibiría tirar los desechos industriales en los ríos.*

Dije que...

1. ____
2. ____
3. ____
4. ____
5. ____

¿Cuánto saben? (Textbook p. 410)

12-43 ¿Saben usar el futuro? Liliana and her work colleagues will be in San Antonio next week. Complete each sentence with the correct form of the verb in the future tense.

La próxima semana Julián y Rosa (1) ____________________ (ir) a una conferencia en San Antonio sobre los nuevos usos de la Internet. Ellos (2) ____________________ (reservar) una habitación en el centro de la ciudad y (3) ____________________ (visitar) la hermosa ciudad tejana. Yo (4) ____________________ (estar) en San Antonio también, aunque no (5) ____________________ (asistir) a la conferencia. Nosotros (6) ____________________ (cenar) juntos el sábado por la noche.

12-44 ¿Saben usar el condicional? Héctor wrote a speech for class about what he would do as president to protect the environment. Complete each sentence with the correct form of the verb in the conditional tense.

Como presidente, yo (1) __________________ (bajar) los impuestos (*taxes*) y (2) __________________ (multar) las industrias más contaminantes. También, yo (3) __________________ (controlar) el proceso de deforestación de los bosques y (4) __________________ (plantar) más árboles (*trees*) en las ciudades para mejorar la calidad del aire. Mis colegas y yo (5) __________________ (educar) a las personas sobre el medio ambiente y (6) __________________ (empezar) un programa nacional de reciclaje obligatorio. El mundo (7) __________________ (ser) un mejor lugar para todos, y yo (8) __________________ (sentirse) muy satisfecho (*satisfied*) y contento.

12-45 ¿Comprenden bien? A group of environmental studies majors learned of measures being taken to improve the environment by a neighboring university. Listen to each measure, and complete each response with the correct form of the verb in the conditional tense, to indicate whether the same measure would or could be followed if the group were to create a similar plan. Be sure to follow the model closely.

Modelo: Reciclaron mucho plástico.
Nosotros *reciclaríamos* mucho plástico también.

1. Nosotros __________________ reciclar mucho papel también.
2. Nosotros __________________ basura de las calles (*streets*) también.
3. Algunas personas __________________ menos energía, pero no todas.
4. Nosotros __________________ muchos árboles (*trees*) también.
5. Nosotros no __________________ un lago en el campus, porque no nos lo permitiría la administración.

12-46 ¿Saben contestar por escrito? Listen to five questions about environmental issues and conservation. Write a truthful, complete response in Spanish for each question you hear. Be sure to use correct verb forms in the present indicative, the present subjunctive, the future tense, or the conditional tense, according to the context.

1. ______________________________
2. ______________________________
3. ______________________________
4. ______________________________
5. ______________________________

12-47 ¿Saben contestar oralmente? Listen to five questions about environmental issues and conservation. Give a truthful, complete oral response in Spanish for each question you hear. Be sure to use correct verb forms in the present indicative, the future tense, or the conditional tense, according to the context.

1. …
2. …
3. …
4. …
5. …

Observaciones: ¡Pura Vida! Episodio 12 (Textbook p. 411)

Antes de ver el video

12-48 **¿Qué pasa?** Select the response that best answers each question.

1. What might Felipe say to indicate that he is having a problem with the Internet?
   a. Voy a poner "camioneta" en el buscador.
   b. ¿Y por qué me sale este mensaje de error?
   c. ¿Tú estás loco?

2. What might Silvia say to help him?
   a. Ya tienes una camioneta.
   b. No creo que te la regalen...
   c. Trata de escribir directamente en la barra de direcciones.

3. What might Marcela say that indicates that she is interested in things other than helping Felipe with the Internet?
   a. Ahora tienes que combinar palabras. Por ejemplo, pon "vehículos usados" y "costa rica".
   b. ¿Usas Olé punto com? Yo prefiero Google o Terra.
   c. ¡Espera! ¡Espera! ¡Ahí anuncian una oferta de trajes de baño!

4. If Felipe is unable to print the address he needs, what might he say that he must do instead?
   a. ¿Cuál es el problema?
   b. Tendré que hacerlo según el método tradicional.
   c. Déjate de trajes de baño.

5. However, Marcela has a better idea. What might she say?
   a. Te estoy enviando un mensaje con toda la información. Búscala en tu teléfono celular.
   b. ¿Será que el dinero no es bueno?
   c. Ay, pero, Felipe, se ve muy vieja.

Nombre: ______________________________ Fecha: ______________________

A ver el video

12-49 ¿Quién fue? For each statement, indicate which character is being described or referred to.

1. Ha tenido que vender su camioneta.	Felipe	Marcela	Silvia
2. Le sugiere a Felipe que compre en la Internet.	Felipe	Marcela	Silvia
3. Prefiere usar Terra o Google.	Felipe	Marcela	Silvia
4. Le dice a Patricio que acepte el trabajo que le han ofrecido.	Felipe	Marcela	Silvia
5. Le dice a Patricio que no acepte el trabajo que le han ofrecido.	Felipe	Marcela	Silvia
6. Va a ir a una tienda.	Felipe	Marcela	Silvia
7. Quiere escribir la dirección de la tienda con un lápiz.	Felipe	Marcela	Silvia
8. Envía un mensaje con información al teléfono de Felipe.	Felipe	Marcela	Silvia

Después de ver el video

12-50 El cíber viaje de Felipe. Select the expression that best completes each sentence.

1. En el correo electrónico de Felipe hay ______ .
   a. un mensaje de Elvira
   b. muchos mensajes importantes
   c. mucha basura

2. Silvia le sugiere a Felipe que ______ .
   a. busque una camioneta barata en la Internet
   b. busque una camioneta de buena calidad (*high quality*) en la Internet
   c. use Google para hacer una búsqueda

3. Patricio no sabe si va a aceptar el trabajo porque ______ .
   a. hay algo que no le gusta
   b. el dinero no es muy bueno
   c. es un trabajo relacionado con el medio ambiente

4. Cuando Felipe mira la pantalla, ve ______ .
   a. muy pocos vehículos usados en venta
   b. una camioneta linda y perfecta para él
   c. una camioneta que no es perfecta pero que le servirá

5. Silvia quiere que Felipe ______ .
   a. mire los detalles, a ver cuáles son las especificaciones
   b. encuentre otra camioneta
   c. le pase el ratón

6. Felipe decide ______ .
   a. ir a la tienda para ver la camioneta
   b. llamar la tienda para más información
   c. comprar otro vehículo

Nombre: ______________________________ Fecha: ______________________

Nuestro mundo

Panoramas: Los hispanos en Estados Unidos (Textbook p. 412)

12-51 **¡A informarse!** Based on information from **Panoramas**, decide if each statement is **cierto** or **falso.**

1. Tradicionalmente en la televisión y en el cine de EE. UU., los papeles (*roles*) para hispanos se han limitado a personajes (*characters*) ilegales o violentos. Cierto Falso
2. Los papeles para hispanos no han cambiado todavía. Cierto Falso
3. Unos cuarenta y ocho millones de hispanos viven en EE. UU. Cierto Falso
4. El español no es lengua oficial en ningún estado de EE. UU. Cierto Falso
5. Pocos hispanos en EE. UU. usan la Internet. Cierto Falso
6. La gran mayoría de los hispanos en EE. UU. opina que el medio ambiente es un tema importante. Cierto Falso

Nombre: ______________________ Fecha: ______________________

12-52 La geografía de los hispanos en EE. UU. Complete each sentence with the best response, based on the map and on your accumulated knowledge of Hispanic groups in the U.S.

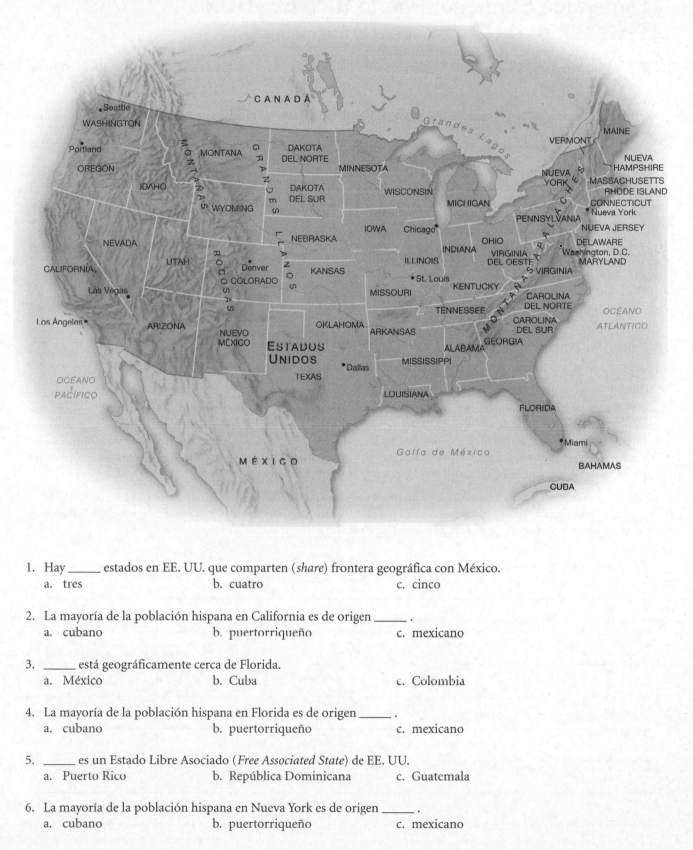

1. Hay _____ estados en EE. UU. que comparten (*share*) frontera geográfica con México.
   a. tres b. cuatro c. cinco

2. La mayoría de la población hispana en California es de origen _____ .
   a. cubano b. puertorriqueño c. mexicano

3. _____ está geográficamente cerca de Florida.
   a. México b. Cuba c. Colombia

4. La mayoría de la población hispana en Florida es de origen _____ .
   a. cubano b. puertorriqueño c. mexicano

5. _____ es un Estado Libre Asociado (*Free Associated State*) de EE. UU.
   a. Puerto Rico b. República Dominicana c. Guatemala

6. La mayoría de la población hispana en Nueva York es de origen _____ .
   a. cubano b. puertorriqueño c. mexicano

Nombre: ______________________________ Fecha: ______________________

Páginas: *Cuando era puertorriqueña* (fragmento), (Esmeralda Santiago, Puerto Rico/EE. UU.) (Textbook p. 414)

12-53 **¿Cierto o falso?** Based on information from the **Páginas** section of the text, decide if each statement is **cierto** or **falso.**

1. El edificio de la escuela nueva de la narradora en Nueva York no le deja mucha impresión. Cierto Falso
2. La narradora sacaba buenas notas en la escuela en Puerto Rico. Cierto Falso
3. La narradora no está satisfecha (*satisfied*) con la decisión del administrador de hacerla repetir el séptimo grado. Cierto Falso
4. La narradora no tiene éxito negociando con el Sr. Grant para empezar sus estudios en el octavo grado. Cierto Falso
5. La madre de la narradora está impresionada con el inglés de su hija. Cierto Falso
6. Después de pensar más en su situación, la narradora se pone nerviosa, cuestionando su estrategia de empezar arriba en vez de abajo. Cierto Falso

Taller (Textbook p. 416)

12-54 **Las costumbres medioambientales.** You may or may not feel like an environmental activist, but even the most "ordinary" citizen does more today out of habit to protect the environment than thirty years ago. Ordinary citizens surely will do even more in the future to protect the environment. Write a paragraph comparing your environmentally friendly actions today with those of the previous generation and with those of the next generation. Be sure to use correct verb forms in the present indicative, the imperfect, and the future tense, according to context.

Modelo: *Hoy día, mi generación usa gasolina sin plomo* (lead) *en los carros. En los años setenta, lo más típico era la gasolina con plomo. En el futuro, será común tener carros eléctricos o incluso usar más el transporte público, porque tenemos que disminuir nuestra dependencia del petróleo. ...*

____

____

____

____

____

____

____

____

____

Nombre: ______________________ Fecha: ______________________

13 ¿Oíste las noticias?

Primera parte

¡Así lo decimos! Vocabulario (Textbook pp. 420–421)

Los medios de comunicación

13-01 ¡Así es la vida! Reread the brief dialogs in your textbook and indicate whether each statement is **cierto, falso,** or **No se sabe** (*unknown*).

1. Estos reporteros trabajan en una estación de radio. Cierto Falso No se sabe.
2. La reseña es de Rogelio. Cierto Falso No se sabe.
3. La reseña es sobre la última película de Penélope Cruz. Cierto Falso No se sabe.
4. García, uno de los periodistas, no estaba seguro de que se aceptara su artículo. Cierto Falso No se sabe.
5. El artículo es para la sección financiera. Cierto Falso No se sabe.
6. El artículo aparecerá en esta edición del periódico. Cierto Falso No se sabe.

13-02 Las secciones del periódico. Rafael works for a large newspaper, and he wants to teach his son José about its contents. Match each situation with the most applicable section of the newspaper.

1. Quieres saber las noticias más importantes del día. _____
2. Quieres leer las últimas noticias sobre la economía. _____
3. Deseas saber la opinión del editor. _____
4. Te interesa saber el resultado del partido de béisbol. _____
5. Quieres salir a escuchar música en algún club de tu ciudad. _____
6. Te interesa saber la opinión del crítico sobre una película que acaba de salir. _____
7. Buscas ayuda con los problemas que tienes con tu novio/a. _____
8. Deseas saber tu futuro. _____

a. la cartelera
b. el consultorio sentimental
c. el editorial
d. el horóscopo
e. la primera plana
f. la reseña
g. la sección deportiva
h. la sección financiera

Nombre: ______________________ Fecha: ______________________

13-03 Los medios de comunicación. Rafael created a fun puzzle to continue educating his son. Find these ten words related to the media in the following word search. Be sure to look for words horizontally, vertically, and diagonally, both forward and backward.

artículo	cartelera	inicio	periodista	reseña
buscador	horóscopo	locutora	reportaje	titular

A	S	C	A	R	T	E	L	E	R	A	B	O	T	G	A	R
T	D	R	J	U	H	P	O	M	I	L	U	R	Ñ	F	B	Í
R	P	R	Ó	V	I	R	C	S	M	Í	L	H	G	J	H	F
R	E	A	T	Í	N	A	U	D	C	B	C	U	I	O	P	G
Í	M	L	S	Ó	P	D	T	A	Ñ	E	S	E	R	H	U	D
T	O	U	H	N	E	E	O	G	H	I	D	Ó	U	T	A	G
Y	C	T	E	C	F	F	R	U	B	O	S	D	D	A	P	T
C	U	I	G	A	B	O	A	I	E	C	M	Í	N	R	B	Í
L	J	T	B	I	D	A	V	R	O	T	E	F	S	E	T	C
I	F	O	R	A	U	L	Í	P	I	D	J	E	O	P	Ó	U
Ñ	I	Q	C	L	O	F	O	A	T	M	I	R	L	O	N	P
U	S	S	O	M	B	I	L	T	E	U	F	S	F	R	V	T
C	U	R	O	D	Ó	L	C	J	R	Ñ	A	Ó	T	T	I	O
B	T	Y	P	A	P	L	A	I	N	M	Í	C	R	A	N	L
L	S	E	A	M	I	B	A	S	N	I	E	R	A	J	T	A
A	A	R	T	Í	C	U	L	O	J	I	P	I	S	E	Ó	P

Nombre: ______________________ Fecha: ______________________

13-04 ¡A escoger! Teresa enjoys talking about the press, television, and radio with a friend. Complete each sentence with the most logical word or expression.

1. Los televidentes ven ______ del día.
   a. el noticiero b. el artículo

2. ______ nos informa sobre el tiempo.
   a. El meteorólogo b. El crítico

3. ______ da las noticias a las cinco de la tarde.
   a. El comentarista b. El lector

4. Oprah es ______ de su propio programa de televisión.
   a. comentarista deportiva b. presentadora

5. ______ presenta las noticias en línea.
   a. El periódico digital b. La radio por satélite

6. ______ revisa los artículos de los periodistas.
   a. La oyente de podcast b. La directora

7. Normalmente ______ critican a las personas del gobierno (*government*).
   a. las revistas del corazón b. las caricaturas políticas

8. La estación de radio transmite la música favorita de ______ .
   a. sus lectores b. sus radioyentes

Nombre: ______________________________ Fecha: ______________________

13-05 La programación. As you watch TV with your uncle, he asks you to look up information about various programs. Choose the best answer for each question you hear, based on the information in the radio and TV listings.

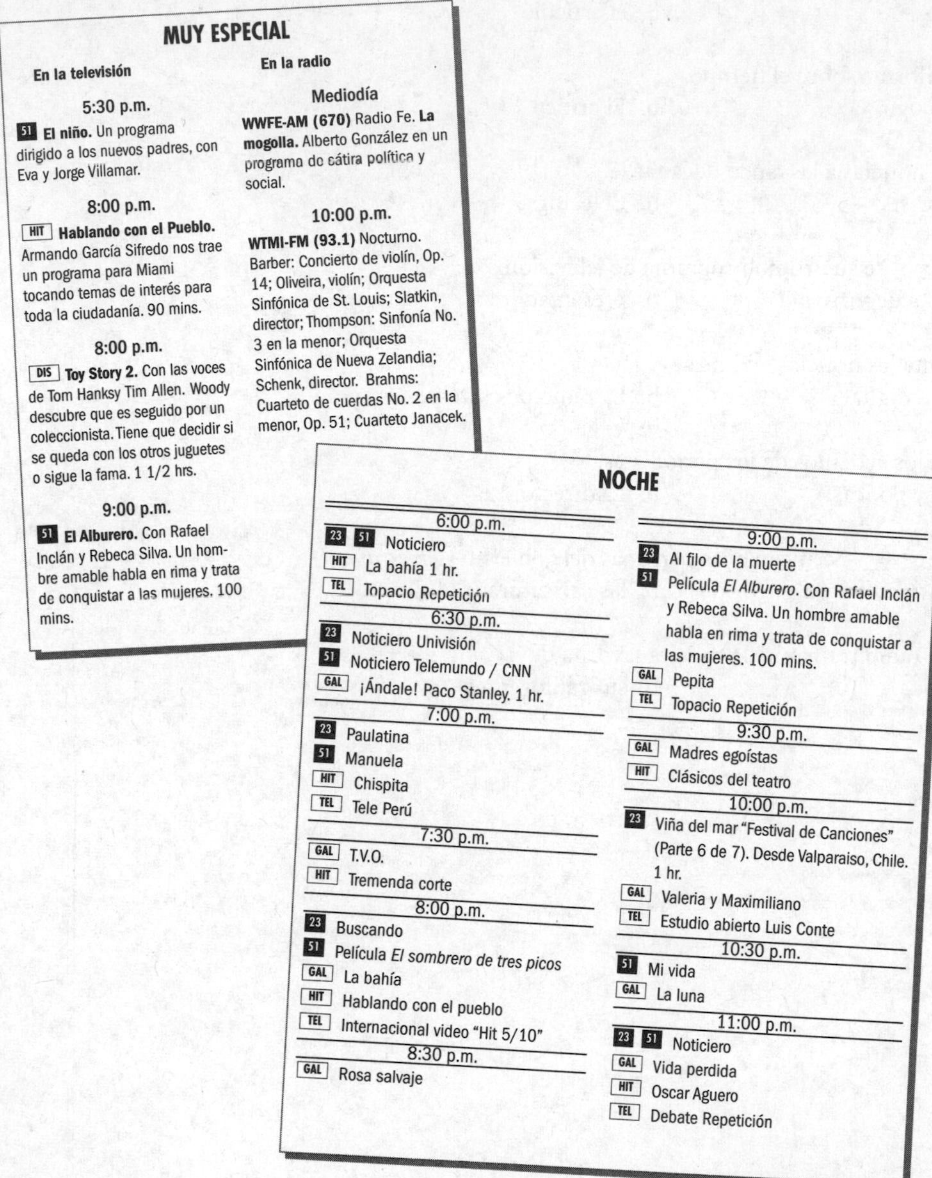

MUY ESPECIAL

En la televisión

5:30 p.m.

51 **El niño.** Un programa dirigido a los nuevos padres, con Eva y Jorge Villamar.

8:00 p.m.

HIT **Hablando con el Pueblo.** Armando García Sifredo nos trae un programa para Miami tocando temas de interés para toda la ciudadanía. 90 mins.

8:00 p.m.

DIS **Toy Story 2.** Con las voces de Tom Hanksy Tim Allen. Woody descubre que es seguido por un coleccionista. Tiene que decidir si se queda con los otros juguetes o sigue la fama. 1 1/2 hrs.

9:00 p.m.

51 **El Alburero.** Con Rafael Inclán y Rebeca Silva. Un hombre amable habla en rima y trata de conquistar a las mujeres. 100 mins.

En la radio

Mediodía

WWFE-AM (670) Radio Fe. **La mogolla.** Alberto González en un programa de sátira política y social.

10:00 p.m.

WTMI-FM (93.1) Nocturno. Barber: Concierto de violín, Op. 14; Oliveira, violín; Orquesta Sinfónica de St. Louis; Slatkin, director; Thompson: Sinfonía No. 3 en la menor; Orquesta Sinfónica de Nueva Zelandia; Schenk, director. Brahms: Cuarteto de cuerdas No. 2 en la menor, Op. 51; Cuarteto Janacek.

NOCHE

6:00 p.m.
23 51 Noticiero
HIT La bahía 1 hr.
TEL Topacio Repetición

6:30 p.m.
23 Noticiero Univisión
51 Noticiero Telemundo / CNN
GAL ¡Ándale! Paco Stanley. 1 hr.

7:00 p.m.
23 Paulatina
51 Manuela
HIT Chispita
TEL Tele Perú

7:30 p.m.
GAL T.V.O.
HIT Tremenda corte

8:00 p.m.
23 Buscando
51 Película *El sombrero de tres picos*
GAL La bahía
HIT Hablando con el pueblo
TEL Internacional video "Hit 5/10"

8:30 p.m.
GAL Rosa salvaje

9:00 p.m.
23 Al filo de la muerte
51 Película *El Alburero*. Con Rafael Inclán y Rebeca Silva. Un hombre amable habla en rima y trata de conquistar a las mujeres. 100 mins.
GAL Pepita
TEL Topacio Repetición

9:30 p.m.
GAL Madres egoístas
HIT Clásicos del teatro

10:00 p.m.
23 Viña del mar "Festival de Canciones" (Parte 6 de 7). Desde Valparaiso, Chile. 1 hr.
GAL Valeria y Maximiliano
TEL Estudio abierto Luis Conte

10:30 p.m.
51 Mi vida
GAL La luna

11:00 p.m.
23 51 Noticiero
GAL Vida perdida
HIT Oscar Aguero
TEL Debate Repetición

1. a. Eva y Jorge Villamar b. Armando García Sifredo c. Alberto González
2. a. WWFE-AM b. WTMI-FM c. HIT
3. a. Paulatina b. Noticiero Univisión c. Noticiero Telemundo / CNN
4. a. *El Alburero* b. *Toy Story 2* c. *El sombrero de tres picos*
5. a. a las nueve b. a las nueve y media c. a las diez

Nombre: ______________________________ Fecha: ______________________

13-06 El periódico de la mañana. First listen to the entire breakfast conversation between Pablo and Alejandra, a married couple, and their teenage son, Luis. Then select all items that are true for each statement, according to what you hear.

1. Pablo leía _____ del periódico.
   a. la primera plana
   b. los titulares
   c. la cartelera

2. Alejandra quería _____ .
   a. beber su café en silencio
   b. ver las noticias en la televisión
   c. ver la primera plana del periódico

3. Pablo le dijo a Alejandra que _____ .
   a. viera las noticias en la sala
   b. mirara la sección deportiva
   c. leyera la sección financiera

4. Alejandra pidió _____ .
   a. la cartelera
   b. el horóscopo
   c. el consultorio sentimental

5. Pablo y Alejandra juntos leyeron _____ .
   a. la cartelera
   b. el artículo sobre Perú
   c. la revista del corazón de Perú

6. Luis acabó leyendo _____ .
   a. el horóscopo
   b. la sección deportiva
   c. el consultorio sentimental

13-07 Las noticias. Use a combination of words from the lists to write five different logical sentences in Spanish that express your preferences and opinions about obtaining news and information from newspapers, television, and radio.

el/la comentarista	el periódico	la primera plana
el/la crítico/a	el periódico digital	el noticiero
el/la lector/a	la revista del corazón	la sección financiera
el/la televidente	la televisión	la sección deportiva
el/la oyente de podcast	la radio por satélite	el horóscopo

Modelo: *Nunca estoy de acuerdo con el crítico de cine de nuestro periódico local.*

1. ____ .
2. ____ .
3. ____ .
4. ____ .
5. ____ .

Nombre: ______________________________ Fecha: ______________________

¡Así lo hacemos! Estructuras

1. The imperfect subjunctive (Textbook p. 424)

13-08 Escogemos. As journalists, Alicia and her co-workers comment on various aspects of the press over lunch. Complete each sentence with the correct form of the verb in either the present subjunctive or the imperfect subjunctive, according to the context.

1. *Es bueno* que nosotros _____ más periódicos.
   a. leamos b. leyéramos
2. *Me alegraba* que tú _____ para el periódico.
   a. trabajes b. trabajaras
3. Nosotros los periodistas *pedíamos* que el gerente nos _____ un mejor sueldo.
   a. dé b. diera
4. Yo *prefiero* que la prensa _____ las noticias antes de publicarlas.
   a. revise b. revisara
5. *Preferíamos* que el gobierno (*government*) _____ la libertad de prensa.
   a. proteja b. protegiera
6. *Era dudoso* que _____ las caricaturas políticas.
   a. publiquen b. publicaran
7. *Es importante* que los reporteros _____ de la noticia.
   a. hablen b. hablaran
8. *No creo* que _____ un periódico mejor que este.
   a. haya b. hubiera

13-09 Recomendaciones. Hernán used to work for various news companies. Complete each statement with the imperfect subjunctive form of the verb, to explain the particulars of each company.

Modelo: El editor le *decía* al periodista que *escribiera* sobre temas de importancia.

A. El editor le *decía* al periodista que...

1. ______________________________ (revisar) el titular del día.
2. ______________________________ (informar) correctamente a los lectores.
3. ______________________________ (leer) los artículos de sus compañeros.

B. La presentadora *insistía en* que...

4. su programa ______________________________ (transmitirse) en directo (*live*).
5. el gerente la ______________________________ (pagar) muy bien.
6. los televidentes ______________________________ (estar) contentos.

C. Los radioyentes *querían* que...

7. los noticieros ______________________________ (explicar) las noticias detalladamente.
8. los locutores ______________________________ (tener) una voz (*voice*) agradable.
9. la estación de radio ______________________________ (hacer) programas interesantes.

Nombre: ______________________ Fecha: ______________________

13-10 ¡A completar! You overhear various comments at a party about the media company where you work. Complete each sentence with either the present subjunctive or the imperfect subjunctive form of the verb, according to the context. Be sure to pay close attention to the tense of each verb in the main clause, and follow the models.

Modelos: El público *pide* que el programa *se repita* (repetirse).
El público *pedía* que el programa *se repitiera* (repetirse).

1. *Fue importante* que los radioyentes ______________________ (oír) la verdadera situación política.
2. El periódico les *recomendó* a los lectores que ______________________ (escuchar) todos los puntos de vista.
3. Tú *esperas* que las fotos de tu cumpleaños ______________________ (estar) en la página social.
4. *Dudábamos* que las noticias sobre España ______________________ (aparecer) en la primera plana.
5. La editora *necesita* que nosotros ______________________ (revisar) la sección financiera.
6. La mujer *esperaba* que su esposo ______________________ (conseguir) trabajo después de leer los avisos clasificados.

Nombre: ______________________________ Fecha: ______________________

13-11 El futurólogo. You read the horoscope from last Sunday's newspaper with interest. Answer each question with a complete sentence in Spanish, using the imperfect subjunctive.

Modelo: ¿Qué les recomendó el futurólogo a los capricornio?
Les recomendó que fueran rápidos de reflejos para evitar un mal momento.

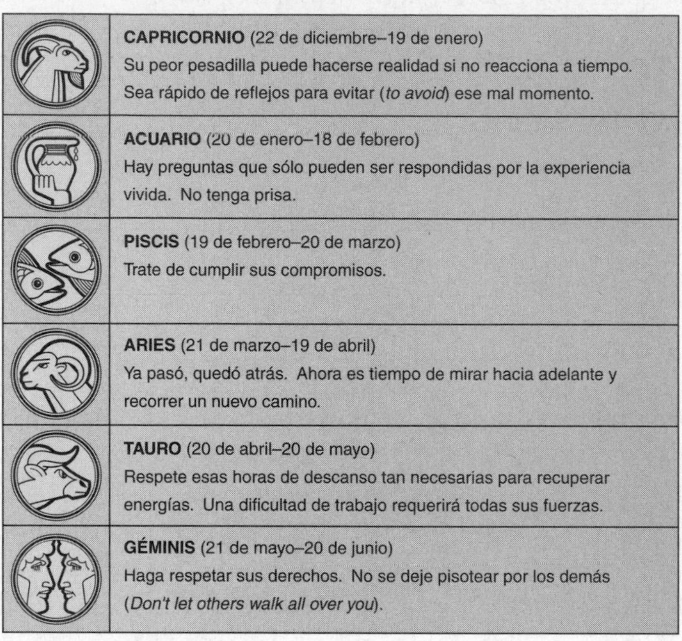

CAPRICORNIO (22 de diciembre–19 de enero)
Su peor pesadilla puede hacerse realidad si no reacciona a tiempo. Sea rápido de reflejos para evitar (*to avoid*) ese mal momento.

ACUARIO (20 de enero–18 de febrero)
Hay preguntas que sólo pueden ser respondidas por la experiencia vivida. No tenga prisa.

PISCIS (19 de febrero–20 de marzo)
Trate de cumplir sus compromisos.

ARIES (21 de marzo–19 de abril)
Ya pasó, quedó atrás. Ahora es tiempo de mirar hacia adelante y recorrer un nuevo camino.

TAURO (20 de abril–20 de mayo)
Respete esas horas de descanso tan necesarias para recuperar energías. Una dificultad de trabajo requerirá todas sus fuerzas.

GÉMINIS (21 de mayo–20 de junio)
Haga respetar sus derechos. No se deje pisotear por los demás (*Don't let others walk all over you*).

1. ¿Qué les recomendó el futurólogo a los acuario?

   ____.

2. ¿Qué les dijo el futurólogo a los piscis?

   ____.

3. ¿Qué les advirtió el futurólogo a los aries?

   ____.

4. ¿Qué les sugirió el futurólogo a los tauro?

   ____.

5. ¿Qué les pidió el futurólogo a los géminis?

   ____.

Nombre: ______________________ Fecha: ______________________

13-12 La estación de radio. After a long day's work at the radio station, you recount to a friend some of the statements you heard throughout the day. Change each sentence you hear to the past tense, using the imperfect and the imperfect subjunctive forms of the verbs.

Modelo: No es posible que presenten el noticiero.
No era posible que presentaran el noticiero.

1. ______________________ con los radioyentes.
2. ______________________ al público.
3. ______________________ ese programa de radio.
4. ______________________ la verdad.
5. ______________________ la radio por satélite.

13-13 Durante el noticiero. A co-worker asks you how the evening newscast went. Answer each question you hear with the sentence fragments provided and the imperfect subjective form of the verb.

Modelo: yo / consumir / poco
¿Qué era importante?
Era importante que yo consumiera poco.

1. yo / escuchar / al meteorólogo

   ______________________.

2. nosotros / revisar / las notas

   ______________________.

3. tú / poder / solucionar el problema

   ______________________.

4. los editores / poner / más noticias en la primera plana

   ______________________.

5. el programa / comenzar / a tiempo

   ______________________.

Nombre: ______________________________ Fecha: ______________________

13-14 Los consejos y deseos de los padres. What did your parents advise and/or desire for you as you were growing up? For each topic, write a complete, logical sentence in Spanish using the imperfect subjective form of a verb in the dependent clause. Be sure to follow the model closely.

Modelo: la escuela
Mis padres querían que yo sacara buenas notas en la escuela.

1. mis estudios

   ____.

2. mi futura carrera

   ____.

3. mis pasatiempos

   ____.

4. mis amigos/as y yo

   ____.

5. mi novio/a

   ____.

Nombre: ______________________ Fecha: ______________________

2. Long form possessive adjectives and pronouns (Textbook p. 430)

13-15 A cada cual lo suyo. As you are going through some photographs, you write a brief label on each one for an album. For each image, indicate ownership using a long form possessive adjective. Be sure to follow the model closely.

Modelo: mis periódicos
los periódicos míos

1. la pizza de Alberto y de Mercedes

____

2. los perros de Teresa y de Rosario

____

3. tus buenos amigos

____

4. el carro de nosotros

____

5. mis vacaciones

____

6. el dormitorio de Raquel

____

Nombre: ______________________ Fecha: ______________________

13-16 ¿Cómo se divide el periódico? You are from a large family in a home that receives only one daily newspaper. You devise a plan indicating who gets to read what section first. Form sentences using the subjects provided, the verb **ser,** and the correct corresponding possessive adjectives.

Modelo: el artículo / mi hermana
El artículo es suyo.

1. la cartelera / mis hermanos ______________________.
2. la primera plana / nosotros ______________________.
3. la sección financiera / tú ______________________.
4. la sección deportiva / yo ______________________.
5. las reseñas de libros / la abuela ______________________.
6. los avisos clasificados / tú ______________________.
7. el horóscopo / nosotros ______________________.
8. el consultorio sentimental / yo ______________________.

13-17 ¿Dónde está(n)? No one can find anything at the office today. Answer the questions using possessive adjectives, following the model.

Modelo: ¿Dónde está tu artículo?
¿El mío? No sé.

1. ¿Dónde está mi revista del corazón?

   ¿______________________? No sé.
2. ¿Dónde están tus reseñas?

   ¿______________________? No sé.
3. ¿Dónde está el editorial de Federico?

   ¿______________________? No sé.
4. ¿Dónde están los avisos clasificados de ustedes?

   ¿______________________? No sé.
5. ¿Dónde están las noticias de ustedes?

   ¿______________________? No sé.
6. ¿Dónde está tu horóscopo?

   ¿______________________? No sé.
7. ¿Dónde está la sección deportiva del Sr. Gómez?

   ¿______________________? No sé.
8. ¿Dónde están las carteleras de Ana y de Pablo?

   ¿______________________? No sé.

Nombre: ______________________ Fecha: ______________________

13-18 ¿De quién es? Ramón is a rather forgetful co-worker of yours. Answer each of his questions negatively, using appropriate possessive adjectives. Be sure to follow the model closely.

Modelo: ¿Es tu revista? (ella)
No, no es mía, es suya.

1. ¿Es tu caricatura política? (tú)

   ____.

2. ¿Son mis lectores? (nosotros)

   ____.

3. ¿Son los artículos de ustedes? (ellos)

   ____.

4. ¿Es mi programa de radio? (yo)

   ____.

5. ¿Es el noticiero de Graciela? (tú)

   ____.

6. ¿Son nuestros radioyentes? (yo)

   ____.

7. ¿Son mis reseñas? (yo)

   ____.

8. ¿Es tu periódico? (él)

   ____.

¿Cuánto saben? (Textbook p. 433)

13-19 ¿Saben usar el imperfecto de subjuntivo? You overhear various comments about the media in the newsroom. Complete each statement with the imperfect subjunctive form of the verb.

1. El horóscopo me *recomendó* que ____________________ (hablar) más con mis amigos.
2. El comentarista *esperaba* que la situación política ____________________ (cambiar) pronto.
3. El editor *quería* que el reportero ____________________ (escribir) el artículo de nuevo.
4. El periodista *quería* que el público ____________________ (saber) la verdad.
5. *Era dudoso* que la televisión ____________________ (decir) lo que pasaba en ese país.
6. El gobierno *prohibió* que los medios de comunicación ____________________ (publicar) el escándalo.

Nombre: ______________________ Fecha: ______________________

13-20 ¿Saben usar los pronombres y los adjetivos posesivos? You and a friend from college are journalists in two different countries. He loves to compete and asks you various questions. Complete each sentence with the appropriate long-form possessive adjective or pronoun. Be sure to follow the model closely.

Modelo: Mi televisor es de cincuenta y dos pulgadas (*inches*). ¿Y tu televisor?
El mío es de sesenta pulgadas.

1. Mi periódico es muy objetivo en sus editoriales políticas. ¿Cómo es el periódico de ustedes?

   ______________________ es muy respetado.

2. Mi reseña de la película es positiva. ¿Y tu reseña?

   ______________________ es bastante negativa.

3. No me gusta lo que dice mi horóscopo sobre mi futuro. ¿Qué dice tu horóscopo?

   Pues, ______________________ dice que voy a tener mucha suerte en el amor.

4. Mis lectores creen que soy el mejor periodista del país. ¿Qué piensas tú de mis lectores?

   Estoy de acuerdo; ______________________ creen que eres muy imparcial y objetivo.

5. Nuestros lectores no saben lo que dicen. ¿Qué opinión tienes tú de nuestros lectores?

   Pues ______________________ no entienden nada de periodismo objetivo.

13-21 ¿Comprenden bien? The office where you work is a mess, and the boss wants things back on the desks of their owners. Answer each question you hear using the possessive adjective that corresponds to the person(s) listed.

Modelo: ¿De quién es el periódico?
Ana y Héctor
El periódico es suyo.

1. tú ______________________.
2. yo ______________________.
3. Vanesa y Julia ______________________.
4. nosotros ______________________.
5. tú ______________________.
6. Juan ______________________.
7. nosotras ______________________.
8. yo ______________________.

Nombre: ______________________ Fecha: ______________________

13-22 **¿Saben contestar por escrito?** Listen to five questions about preferences and events in the past. Write a complete response in Spanish for each question you hear. Be sure to use the imperfect subjunctive when necessary.

1. ______________________
2. ______________________
3. ______________________
4. ______________________
5. ______________________

13-23 **¿Saben contestar oralmente?** Listen to five questions about your media preferences. Give a complete oral response in Spanish for each question you hear.

1. ...
2. ...
3. ...
4. ...
5. ...

Perfiles (Textbook p. 434)

Mi experiencia: *El País*, voz de la democracia

13-24 **Según Renata.** Reread this section of your textbook and give the best answer to complete each statement. Not all expressions in the word bank will be used.

Alejandro Sanz	democracia	Juanes	perspectivas
Bogotá	digitales	periódicos	Santiago

1. En España se publican varios ______________________ regionales y nacionales, pero *El País* es el que tiene más historia y circulación.
2. *El País* empezó en 1976 durante la transición de dictadura a ______________________ en España.
3. Renata ahora lee las noticias del mundo en los periódicos ______________________ .
4. Para entender la política, a Renata le parece importante considerar las ______________________ expresadas en los periódicos de otros países.
5. Renata lee con frecuencia el sitio web de *La Opinión* de Los Ángeles, el de *El Mercurio* de ______________________ y el de *El Clarín* de Buenos Aires.
6. Un cantautor español que sale en las carteleras de estos periódicos es ______________________ .

Nombre: ______________________________ Fecha: ______________________

Mi música: "Quisiera ser" (Alejandro Sanz, España)

13-25 Asociar datos. Read about this artist in your textbook and follow the directions to listen to the song on the Internet. Then match each item with the best description.

1. Alejandro Sanz ______
2. la música de Sanz ______
3. la guitarra ______
4. el tema de "Quisiera ser" ______
5. el ritmo de "Quisiera ser" ______

a. el deseo de formar parte de cada aspecto de la vida de su amada
b. el instrumento que toca Sanz en la canción
c. vivo y sensual
d. un cantautor español famoso que ha ganado dos Grammy y varios Grammy Latinos
e. una síntesis de rock, flamenco y balada italiana

Segunda parte

¡Así lo decimos! Vocabulario (Textbook pp. 436–437)

El cine, el teatro y la televisión

13-26 ¡Así es la vida! Reread the brief dialog in your textbook and indicate whether each statement is **cierto, falso,** or **No se sabe** (*unknown*).

1. "Sábado de Estrellas" es un programa de televisión serio de entrevistas con actores famosos. Cierto Falso No se sabe.
2. En este episodio, una mujer joven se presenta en la casa de una señora mayor. Cierto Falso No se sabe.
3. La joven le hace preguntas para el censo (*census*). Cierto Falso No se sabe.
4. La señora mayor vive con dos personas más. Cierto Falso No se sabe.
5. La etnia de la señora mayor no es mexicana. Cierto Falso No se sabe.
6. La etnia de la señora mayor es española. Cierto Falso No se sabe.

13-27 Fuera de lugar. Select the word that does not belong in each group.

1. a. el documental b. el drama c. la tragedia d. el galán
2. a. la comedia b. la telenovela c. el principio d. el concurso
3. a. el guión b. el espectador c. el productor d. el director
4. a. el galán b. la primera actriz c. el protagonista d. la cinematografía
5. a. la obra b. representar c. ensayar d. actuar
6. a. la cámara b. el papel c. filmar d. grabar
7. a. por satélite b. el premio c. por cable d. en vivo
8. a. el papel b. el guión c. la cinematografía d. el ensayo

Nombre: ______________________________ Fecha: ______________________

13-28 El cine, el teatro y la televisión. Carmen is a huge fan of the movies, theater, and television. Complete each sentence with the most appropriate word or expression from the word bank.

actuar	comedia	estudios	galán	premio
canales	en directo	final	guión	primera actriz

1. Se filman las películas de Hollywood en grandes ______________________ .
2. El Óscar es el ______________________ más importante del mundo del cine.
3. Salma Hayek es la ______________________ de la película *Frida.*
4. Penélope Cruz va a ______________________ en otra película española.
5. Me divertí mucho cuando fui a ver esa ______________________ .
6. No me gustó el ______________________ de la película porque el protagonista se muere.
7. ¿Quién escribió el ______________________ de la película?
8. Con la televisión por cable, se ven muchos ______________________ diferentes.
9. Un sinónimo de *en vivo* es ______________________ .
10. El actor es cortés (*courteous*), valiente y guapo; es el ______________________ de la telenovela.

13-29 ¿Qué es? Carmen loves to talk about the movies. Choose the word or expression that best completes each sentence you hear.

1. a. ...el guión. b. ...el galán. c. ...el estudio.
2. a. ...la productora. b. ...la telenovela. c. ...el guión.
3. a. ...una comedia. b. ...un protagonista. c. ...una tragedia.
4. a. ...la primera actriz. b. ...el protagonista. c. ...el espectador.
5. a. ...actuar. b. ...grabar. c. ...representar.
6. a. ...el estudio. b. ...la obra. c. ...la cinematografía.

Nombre: ______________________ Fecha: ______________________

13-30 ¿Te gustó la película? First listen to the conversation between two friends in its entirety. Then select all items that are true for each statement, according to what you hear.

1. Francisca y Alejandro fueron _____ .
   a. al cine
   b. a un restaurante
   c. al teatro

2. A Francisca le gustó _____ .
   a. la primera actriz
   b. el galán
   c. la cinematografía

3. Francisca quiere _____ .
   a. cambiar el final
   b. que el galán no muera
   c. volver a ver la misma película

4. Alejandro dice que _____ .
   a. leyó la obra de teatro
   b. la novela termina de otra manera
   c. los dos protagonistas mueren juntos en otra versión

5. A Alejandro le gusta _____ .
   a. la televisión
   b. el teatro
   c. aplaudir (*to applaud*) a los actores en vivo

6. Alejandro quiere _____ .
   a. volver al cine porque cuesta menos que el teatro
   b. actuar en varios dramas
   c. ir al teatro con Francisca

13-31 Tus gustos. What are your preferences regarding the movies, theater, and television? Answer the following questions with complete sentences in Spanish.

1. ¿Cuál es tu película favorita? ¿Por qué?

   ____.

2. ¿Quién es tu actor/actriz favorito/a? ¿Por qué?

   ____.

3. En tu opinión, ¿cómo tiene que ser una buena película?

   ____.

4. ¿Te gusta ir al teatro? ¿Por qué?

   ____.

5. ¿Cuál es tu programa de televisión favorito? ¿Por qué?

   ____.

6. ¿Te gusta ver telenovelas? ¿Por qué?

   ____.

Nombre: ______________________ Fecha: ______________________

Letras y sonidos: The Consonants *y*, and the Sequence *ll* (Textbook p. 438)

13-32 ***Y* y *ll*.** For each pair of words you hear, first determine which one has a sound like the *y* in English *yellow*. Then write that word in the space provided.

Modelo: llamar, lugar
llamar

1. ______________________ 4. ______________________

2. ______________________ 5. ______________________

3. ______________________ 6. ______________________

13-33 **La consonante *l*.** For each pair of words you hear, first determine which one has a sound like the *l* in English *low*. Then write that word in the space provided.

Modelo: llamar, lugar
lugar

1. ______________________ 4. ______________________

2. ______________________ 5. ______________________

3. ______________________ 6. ______________________

¡Así lo hacemos! Estructuras

3. *Si* clauses (Textbook p. 441)

13-34 **Emparejar.** Patricio and his friends work in the film industry and are discussing plausible and implausible scenarios. Match each **si** clause with the resultant clause that completes it both logically and correctly.

1. Si la película *se filma* en Europa, ... _____
2. Si el productor *necesita* un galán hispano, ... _____
3. Si la comedia *es* buena, ... _____
4. Si en la obra de teatro los protagonistas *mueren*, ... _____
5. Si las noticias *salieran* a las cinco, ... _____
6. Si el estudio *estuviera* cerrado, ... _____
7. Si el productor *tuviera* más dinero, ... _____
8. Si la película *fuera* una comedia, ... _____

a. *contratará* a Javier Bardem.
b. los espectadores *se reirán* hasta el final.
c. *habrá* escenas en Londres.
d. *será* una tragedia.
e. Jim Carrey *sería* el actor principal.
f. no se *podría* filmar la película.
g. *pagaría* mejor a los actores.
h. *necesitarían* un presentador muy pronto.

Nombre: ______________________ Fecha: ______________________

13-35 Si... Alejandra enjoys entertainment and is discussing various plausible and implausible plans with her friends. Complete each sentence with the correct form of the verb in the present tense or the imperfect subjunctive, according to the context.

Modelos: Si *vas* a Los Ángeles, yo *iré* contigo.
Si *fueras* a Los Ángeles, yo *iría* contigo.

1. Si nosotros ______________________ (poder) ir al cine, te *llamaremos* a las cinco.
2. Si yo ______________________ (ir) a la obra de teatro, *tendré que leer* la crítica antes.
3. Si tú ______________________ (preferir), *vamos a ver* otra película.
4. Si ellas ______________________ (conseguir) entradas para el concierto, nos *llamarán*.
5. Si Paula ______________________ (tener) amigos, *saldría* con ellos al cine.
6. Si yo ______________________ (ser) actor, *viviría* en Hollywood.
7. Si Shakira ______________________ (cantar), yo *iría* al concierto.
8. Si nosotros ______________________ (conocer) al director de la película, *podríamos entrar* a ver los ensayos en el estudio.

13-36 ¿Cómo sería diferente? A theater director wishes some aspects of her industry were different. Form sentences using the fragments provided to express implausible or contrary-to-fact conditions. Be sure to follow the model closely.

Modelo: las compañías teatrales / producir / más obras // el público / ir a verlas
Si las compañías teatrales produjeran más obras, el público iría a verlas.

1. el galán / ser / malo // a nadie gustarle / la obra

____.

2. la primera actriz / actuar mejor // estar / en más obras

____.

3. los programas / empezar / a tiempo // haber / menos problemas

____.

4. el guión / tener / un final feliz // tener / más éxito

____.

5. (nosotros) querer ver / una comedia // ir a ver / esa obra

____.

Nombre: ______________________ Fecha: ______________________

13-37 El éxito en el cine. A movie director is reflecting on some aspects of his current project, which isn't going well. Change the sentences you hear to reflect implausible or contrary-to-fact situations.

Modelo: Si los actores actúan bien, reciben premios.
Si los actores actuaran bien, recibirían premios.

1. ______________________.
2. ______________________.
3. ______________________.
4. ______________________.
5. ______________________.

13-38 Situaciones personales. What will you do, or what would you do, in different situations? Complete each sentence with the correct form of the verb in the present tense, the future tense, the imperfect subjunctive, or the conditional tense, according to the context.

Modelos: Si *tengo* dinero este verano, *viajaré a Los Ángeles.*
Yo *sería* más feliz si *pudiera pasar más tiempo con mi familia.*

1. Si *hay* tiempo este fin de semana, ______________________.
2. Si *tengo* dinero este verano, ______________________.
3. Yo *voy* al cine si ______________________.
4. Yo *saldré* el sábado si ______________________.
5. Si yo *tuviera* más dinero, ______________________.
6. Si yo *fuera* actor o actriz, ______________________.
7. Yo *sería* más feliz si ______________________.
8. Yo *tendría* más tiempo si ______________________.

¿Cuánto saben? (Textbook p. 444)

13-39 ¿Saben completar las cláusulas con *si*? Paula and her friends are huge fans of Spanish film. Complete each sentence with the correct verb form, according to the context.

1. Si Javier Bardem *fuera* el galán de la película, (nosotras) ______________ a verla.
   a. iremos b. iríamos c. fuéramos
2. Si Javier Bardem y Penélope Cruz ______________ divorciándose, *será* muy triste.
   a. acaban b. acabarían c. acabaran
3. Pedro Almodóvar *sería* más famoso en EE. UU. si ______________ películas menos oscuras.
   a. hace b. haría c. hiciera
4. La película me ______________ más si el final *fuera* diferente.
   a. gustará b. gustaría c. gustara
5. Si *ponen* una buena película la semana que viene, ______________ a verla juntas.
   a. iremos b. iríamos c. fuéramos
6. Si ______________ más películas extranjeras en general, *iríamos* al cine con más frecuencia.
   a. ponen b. pondrían c. pusieran

Nombre: ______________________ Fecha: ______________________

13-40 ¿Comprenden bien? You are talking with a new acquaintance who makes various exaggerated comments with which you disagree. Respond to each comment you hear by first placing it in a **si** clause, with the verb in the imperfect subjunctive. Then complete your response using the sentence fragments provided, with the verb in the conditional tense. Be sure to follow the model closely.

Modelo: no haber / tantas películas extranjeras
No hacen películas fuera de EE. UU.
Si no hicieran películas fuera de EE. UU., no habría tantas películas extranjeras.

1. no tener / varios premios Óscar

   ____.

2. no haber / tantas películas de fantasía

   ____.

3. no vivir / en grandes casas en la playa

   ____.

4. nunca ir / a verlos

   ____.

5. no hacer / el impacto que hacen

   ____.

13-41 ¿Saben contestar por escrito? Listen to five questions about plausible and implausible situations related to entertainment, leisure, and finance. Write a truthful, complete response in Spanish for each question you hear. Be sure to use correct verb forms in the present tense, the future tense, the imperfect subjunctive, or the conditional tense, according to the context.

1. ____
2. ____
3. ____
4. ____
5. ____

13-42 ¿Saben contestar oralmente? Listen to five questions about plausible and implausible situations related to entertainment, leisure, and finance. Give a truthful, complete oral response in Spanish for each question you hear. Be sure to use correct verb forms in the present tense, the future tense, the imperfect subjunctive, or the conditional tense, according to the context.

1. ...
2. ...
3. ...
4. ...
5. ...

Observaciones: ¡Pura Vida! Episodio 13 (Textbook p. 445)

Antes de ver el video

 13-43 **¿Qué pasa?** Select the response that best answers each question.

1. What might Marcela suggest as she reads the newspaper?
   a. Hay dos películas, una es una comedia de Juan Cavestany y la otra es un drama.
   b. No, lo único que sé es que es un vino muy caro.
   c. Y dime, ¿cuánto tiempo vas a estar fuera?

2. How might Patricio respond?
   a. No, ni hablar, no lo puedo aceptar.
   b. Muy graciosa.
   c. Olvídate de la tele. Esta noche hay partido de fútbol y seguro Felipe querrá verlo.

3. What might Patricio say as he looks at a newspaper article?
   a. ¡Mira la foto! ¡Es él! ¡Es él! David Ortiz-Smith.
   b. Menos mal que no acepté el trabajo. ¿Verdad?
   c. ¿Cuánto me va a costar?

4. As Marcela reads aloud the contents of the newspaper article, which statement most likely does *not* apply?
   a. Ciudadano británico detenido por tráfico ilegal de pájaros.
   b. La policía sospecha que el británico David Ortiz-Smith, director de CREFASI, esté implicado en la operación.
   c. Qué padre, acabo de ahorrar quince mil colones.

5. What does Marcela say would have happened to Patricio had he accepted the job with CREFASI?
   a. Tu instinto no te engañó.
   b. Sí, ahora estarías en la cárcel también.
   c. Bueno, elegiste bien, Patricio.

Nombre: ______________________ Fecha: ______________________

A ver el video

13-44 En el café. Complete each sentence with the most logical word or phrase, based on the conversation between Marcela and Patricio.

1. Patricio tiene que aprobar un examen de... _____
2. Los dos amigos toman vino porque quieren... _____
3. Patricio terminará el programa Fulbright dentro de... _____
4. El vino cuesta... _____
5. Una de las películas que ponen en la televisión es... _____
6. La policía de aduanas abrió el contenedor en... _____
7. Piensan que Ortiz-Smith usaba el programa del gobierno para... _____
8. Muchos animales en el contenedor estaban... _____

a. el puerto de Limón.
b. muertos.
c. un año.
d. celebrar.
e. inglés.
f. traficar con especies en peligro de extinción.
g. 15.000 colones.
h. *Los pájaros.*

Después de ver el video

13-45 La acción y los personajes. Indicate whether each statement is **cierto** or **falso,** based on the content of this episode.

1. Patricio podrá hacer investigación en una universidad de EE. UU. — Cierto Falso
2. Patricio está seguro de volver a Costa Rica después de estar en EE. UU. — Cierto Falso
3. Marcela y Patricio celebran juntos tomando un vino caro. — Cierto Falso
4. Marcela y Patricio leen un artículo en el periódico sobre el tráfico ilegal de drogas. — Cierto Falso
5. La policía de aduanas no piensa que David Ortiz-Smith esté implicado. — Cierto Falso
6. La policía de aduanas encontró numerosos animales de Centroamérica. — Cierto Falso
7. Como parte del plan de David, él quería que Patricio le enseñara los nidos de guacamayo para robarse las crías. — Cierto Falso
8. David Ortiz-Smith está ahora en la cárcel. — Cierto Falso

Nombre: ______________________ Fecha: ______________________

Nuestro mundo

Panoramas: La herencia cultural de España (Textbook p. 446)

13-46 **¡A informarse!** Based on information from **Panoramas**, decide if each statement is **cierto** or **falso.**

1. La ciudad de Bilbao en el País Vasco es de poco interés cultural. Cierto Falso
2. El museo Guggenheim de España se encuentra en Bilbao. Cierto Falso
3. El famoso arquitecto Antonio Gaudí diseñó varias estructuras famosas en Barcelona, por ejemplo, la Casa Milà. Cierto Falso
4. La catedral de Santiago de Compostela en Galicia es moderna. Cierto Falso
5. Teruel es famoso por su acueducto renacentista. Cierto Falso
6. La Mezquita (*Mosque*) de Córdoba en Andalucía fue construida por los romanos en el siglo I. Cierto Falso
7. España tiene diecisiete Comunidades Autónomas y dos Ciudades Autónomas. Cierto Falso
8. No hay periódicos independientes en España. Cierto Falso

Nombre: ______________________ Fecha: ______________________

13-47 La geografía de España. Complete each sentence with the best response, based on the map.

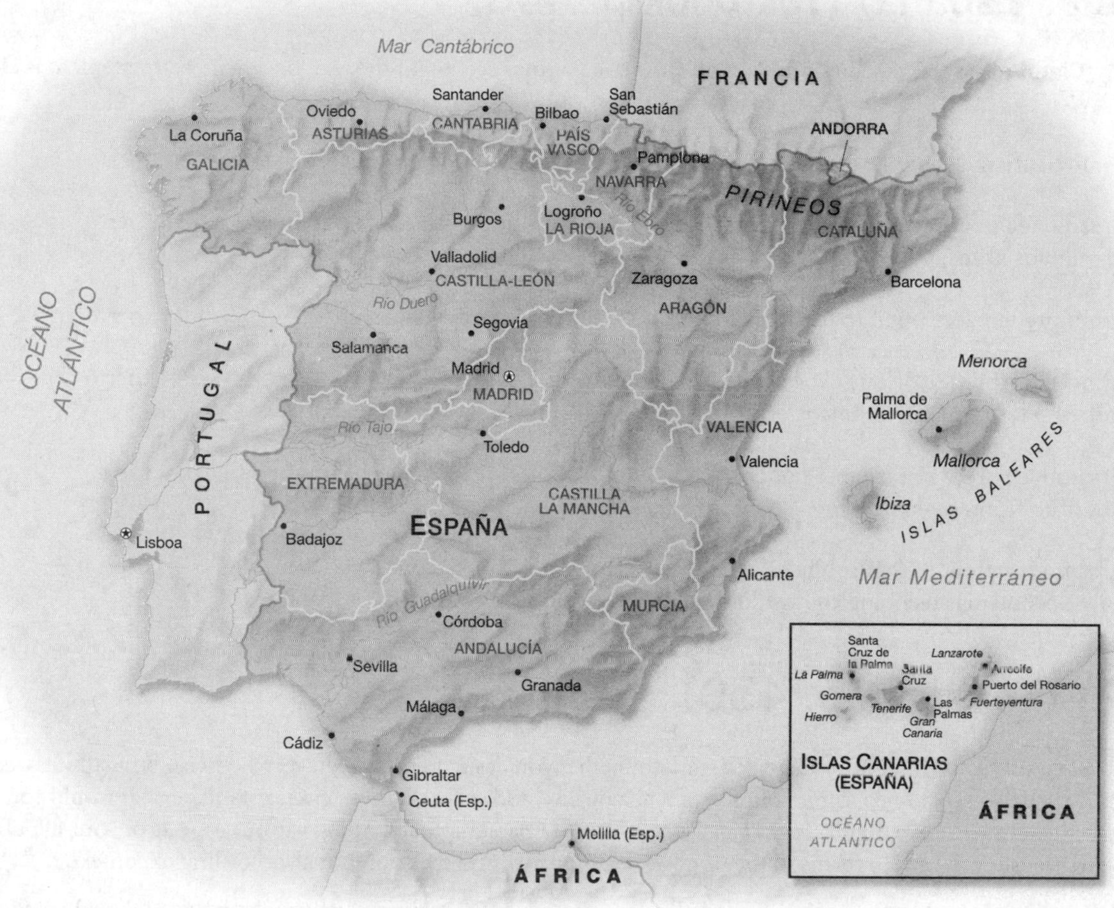

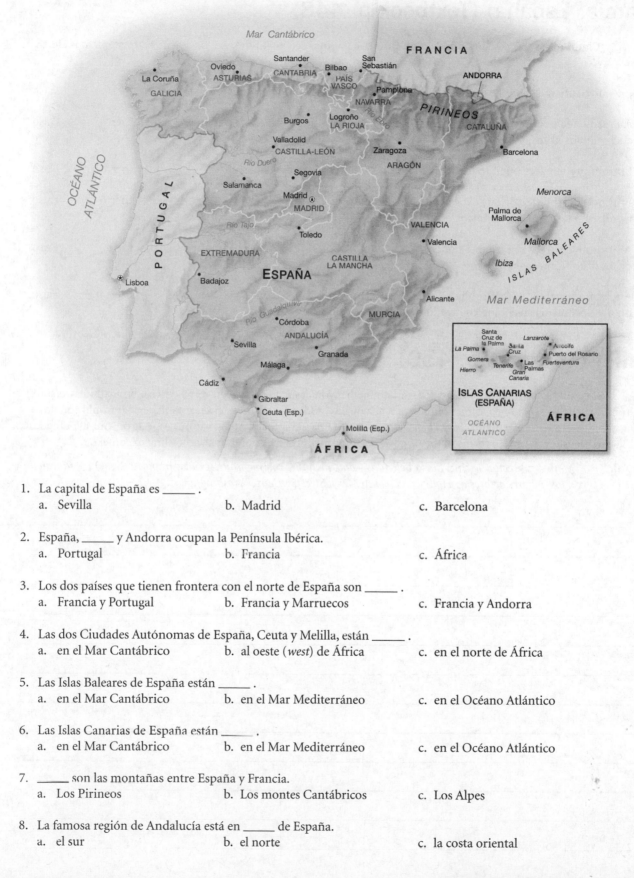

1. La capital de España es _____ .
   a. Sevilla b. Madrid c. Barcelona

2. España, _____ y Andorra ocupan la Península Ibérica.
   a. Portugal b. Francia c. África

3. Los dos países que tienen frontera con el norte de España son _____ .
   a. Francia y Portugal b. Francia y Marruecos c. Francia y Andorra

4. Las dos Ciudades Autónomas de España, Ceuta y Melilla, están _____ .
   a. en el Mar Cantábrico b. al oeste (*west*) de África c. en el norte de África

5. Las Islas Baleares de España están _____ .
   a. en el Mar Cantábrico b. en el Mar Mediterráneo c. en el Océano Atlántico

6. Las Islas Canarias de España están _____ .
   a. en el Mar Cantábrico b. en el Mar Mediterráneo c. en el Océano Atlántico

7. _____ son las montañas entre España y Francia.
   a. Los Pirineos b. Los montes Cantábricos c. Los Alpes

8. La famosa región de Andalucía está en _____ de España.
   a. el sur b. el norte c. la costa oriental

Nombre: ______________________ Fecha: ______________________

Páginas: Estimado Director de *El País* (Erasmo Santiago García, España) (Textbook p. 448)

13-48 **¿Cierto o falso?** Based on information from the **Páginas** section of the text, decide if each statement is **cierto** or **falso.**

1. Erasmo Santiago le escribe una carta al director de una revista popular. Cierto Falso
2. A Erasmo le interesa el tema de los libros electrónicos porque es estudiante y le encantan los libros. Cierto Falso
3. Erasmo prefiere leer un libro electrónico más que un libro impreso en papel. Cierto Falso
4. Erasmo se sorprende de que el 64% de los votantes de una encuesta en línea favorezcan los libros electrónicos. Cierto Falso
5. A Erasmo le parece importante poder tocar (*to touch*) y oler (*to smell*) las páginas de un libro impreso en papel. Cierto Falso
6. A Erasmo le preocupa la posibilidad de que podríamos perder el récord de las ideas si hubiera problemas tecnológicos y solo tuviéramos versiones electrónicas de los libros. Cierto Falso

Taller (Textbook p. 450)

13-49 **Si yo fuera...** Think of someone or something that you desire to be or to have, whether it be a famous person, a position, a particular socio-economic status, a talent, a quality, and so on. In those circumstances, what would you do? What effect would you have on the world around you? Write a paragraph describing various aspects of your hypothetical life. Be sure to use correct verb forms in the imperfect subjunctive and the conditional, according to context.

Modelo: *Si yo fuera director de cine, haría películas y documentales con mensajes sociales importantes. Querría trabajar con los mejores actores de Hollywood, como Meryl Streep y Denzel Washington. ...*

____

____

____

____

____

____

____

____

____

____

____

____

Nombre: ______________________ Fecha: ______________________

14

¡Seamos cultos!

Primera parte

¡Así lo decimos! Vocabulario (Textbook pp. 454–455)

La música y el baile

14-01 **¡Así es la vida!** Reread the brief dialogs in your textbook and indicate whether each statement is **cierto, falso,** or **No se sabe** (*unknown*).

1. Salvador y Maripaz asistieron a un concierto de música clásica hace una semana.	Cierto	Falso	No se sabe.
2. El concierto de esta noche lo dirige un joven argentino.	Cierto	Falso	No se sabe.
3. La orquesta sinfónica hace giras internacionales.	Cierto	Falso	No se sabe.
4. La orquesta ha tocado en Barcelona.	Cierto	Falso	No se sabe.
5. No fue fácil comprar entradas para el concierto.	Cierto	Falso	No se sabe.
6. Maripaz sugiere que compren una suscripción para la temporada en el futuro.	Cierto	Falso	No se sabe.
7. Salvador y Maripaz acaban comprando la suscripción el año siguiente.	Cierto	Falso	No se sabe.
8. Salvador y Maripaz están impresionados con Gustavo Dudamel.	Cierto	Falso	No se sabe.

Nombre: ______________________________ Fecha: ______________________

14-02 Emparejar. Match each musical instrument with the correct term in Spanish.

1. ____

2. ____

3. ____

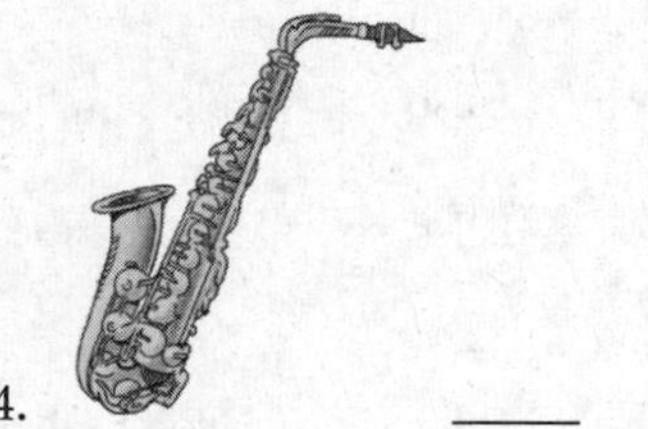

4. ____

5. ____

6. ____

7. ____

8. ____

a. el contrabajo

b. la batería

c. la flauta

d. el saxofón

e. el tambor

f. el trombón

g. la trompeta

h. el violín

Nombre: ______________________ Fecha: ______________________

14-03 La música y el baile. Find these twelve words related to music, musical instruments, and dance in the following word search. Be sure to look for words horizontally, vertically, and diagonally, both forward and backward.

arpa	coreógrafa	guitarra	saxofón
bailarina	danza moderna	maracas	trompeta
clarinete	flamenco	marimba	voz

S A X F I N T M O Z O V Z P S O
M A R A C A S A A O L Ó J E T I
Ó Q M G Ó T L E X R U T C R A S
N R A R B U C D E R I P O L I F
E U N R A U M I E U T M P F T A
R V R L M B A R T O P I B L M S
R O E A F A R G Ó E R O C A O G
A R D B Ó N O C T I R D P M S O
L R O X S B L A N C Ó N A E I N
A I M P D A M E G O L R I N F Ó
C L A R I N E T E V R U G C M F
Ó R Z B L I C O N A C S F O N O
R P N S Ó M X O T L U M E S I X
D U A J R O S I M G R I A R P A
E T D B O F U L E R T A S O G S
N A R C A G A N I R A L I A B O

14-04 ¡Fuera de lugar! Select the word that does not belong in each group.

1. a. el chelo
   b. el contrabajo
   c. la corneta

2. a. el trombón
   b. las maracas
   c. la trompeta

3. a. el clarinete
   b. la batería
   c. el tambor

4. a. el arpa
   b. la flauta
   c. el violín

5. a. la banda
   b. el conjunto
   c. el baile de salón

6. a. el cuarteto
   b. el solista
   c. el piano

7. a. el escenario
   b. la ópera
   c. la sinfonía

8. a. la diva
   b. el ballet
   c. el músico

Nombre: ________________________________ Fecha: ________________________

14-05 **¡A completar!** Alejandra is a huge fan of various types of music and dance. Complete each sentence with the most appropriate word or expression from the word bank.

audición	escenario	músicos	repertorio
compositor	gira	ópera	talentosa

1. Antes de ser miembro de un grupo musical, hago una ____________________ para ver si me seleccionan.
2. Muchos grupos musicales hacen una ____________________ por diferentes ciudades para presentarle su música al público.
3. La banda está en el ____________________, lista para tocar su música.
4. La última pieza de jazz de ese ____________________ es exquisita.
5. Un cuarteto está compuesto de cuatro ____________________.
6. El ____________________ musical que sabe cantar Plácido Domingo es muy extenso.
7. Los tenores cantan su repertorio en la ____________________.
8. Una diva es una cantante sumamente ____________________.

14-06 **¿Qué es?** Carmen loves to talk about music. Choose the word or expression that best completes each sentence you hear.

1. a. …el cuarteto. b. …el violín. c. …el conjunto.
2. a. …el compositor. b. …el solista. c. …la diva.
3. a. …el coreógrafo. b. …el director. c. …el músico.
4. a. …improvisar. b. …bailar. c. …aplaudir.
5. a. …corneta. b. …gira. c. …pieza.
6. a. …la diva. b. …el escenario. c. …la batería.

Nombre: ______________________________ Fecha: ______________________

14-07 **¡A la ópera!** First listen to the conversation of a young couple on a date in its entirety. Then select all items that are true for each statement, according to what you hear.

1. Antonio cree que Catalina ______ .
   a. está elegante
   b. va a pasarlo muy bien en la ópera
   c. tiene carro

2. Catalina ______ .
   a. no está lista cuando llega Antonio a su casa
   b. está entusiasmada
   c. vive con su padre

3. El señor Villamar quiere que Antonio y Catalina ______ .
   a. se diviertan mucho
   b. vuelvan cuando quieran
   c. no vuelvan muy tarde

4. Antes de que empiece la ópera, Antonio y Catalina hablan sobre ______ .
   a. el teatro donde tiene lugar la ópera
   b. las personas que asisten a la ópera
   c. la lengua cantada en la ópera

5. Catalina está preocupada ______ .
   a. por la cantidad de luces
   b. por la hora, porque no quiere que entren tarde
   c. por no entender italiano

6. Durante el intermedio (*intermission*), Antonio y Catalina ______ .
   a. hablan de cuánto les gusta la ópera
   b. ya quieren irse
   c. compran refrescos

14-08 **Tus experiencias con la música y el baile.** What are your experiences with music and dance? Answer the following questions with complete sentences in Spanish.

1. ¿Tocas, o has tocado, algún instrumento musical? ¿Cuál?

   ____ .

2. ¿Has tomado clases de música o de voz? ¿Cuándo y por cuánto tiempo?

   ____ .

3. En tu opinión, ¿cuáles de las artistas contemporáneas son realmente divas?

   ____ .

4. ¿Cuál es tu banda, conjunto o cuarteto favorito/a? ¿La/lo has visto tocar en vivo?

   ____ .

5. ¿Te gusta bailar? ¿Has tomado clases de baile? ¿Cuándo y por cuánto tiempo?

   ____ .

6. ¿Cuál prefieres ver: una comedia musical, una ópera, un ballet o un espectáculo de danza moderna? ¿Por qué?

   ____ .

Nombre: ______________________________ Fecha: ______________________

¡Así lo hacemos! Estructuras

1. *Hacer* in time expressions (Textbook p. 458)

14-09 Hace tanto tiempo... Teresa enjoys talking about music and dance with a friend. Complete each sentence by selecting the correct form of the verb in either the present or the preterit, according to the context.

1. Fui a un concierto de mi banda musical favorita en el 2008.

   Hace tres años que ______ a un concierto de mi banda favorita.
   a. voy
   b. fui

2. Toco el piano desde que tenía seis años. Ahora tengo veintiséis años.

   Hace veinte años que ______ el piano.
   a. toco
   b. toqué

3. La diva empezó su gira hace tres meses y terminará la gira en seis meses.

   Hace tres meses que la diva ______ de gira.
   a. está
   b. estuvo

4. Mi tía asistió a la ópera por primera vez en 1996 y todavía asiste a la ópera regularmente.

   Hace quince años que mi tía ______ a la ópera.
   a. asiste
   b. asistió

5. José Carreras cantó en público por primera vez en 1954.

   Hace cincuenta y siete años que José Carreras _____ en público por primera vez.
   a. canta
   b. cantó

6. Ellos ensayan todos los días hasta que representen la comedia musical en el teatro.

   Hace seis meses que _____ la comedia musical.
   a. ensayan
   b. ensayaron

7. Al público le fascinó la ópera y no deja de aplaudir.

   Hace cinco minutos que el público _____ .
   a. aplaude
   b. aplaudió

8. Alfredo Kraus, uno de los grandes tenores españoles, murió en 1999.

   Hace doce años que Alfredo Kraus _____ .
   a. muere
   b. murió

Nombre: ______________________________ Fecha: ______________________

14-10 El tiempo vuela. Use the construction **hace... que** and the information provided to write complete sentences about how long ago various events took place. Be sure to follow the model closely.

Modelo: Son las cuatro. El director llegó a las dos.
Hace dos horas que llegó el director.

1. Hoy es sábado. La orquesta ensayó el viernes.

   ____.

2. Son las cinco. La ópera comenzó a las cuatro.

   ____.

3. Son las ocho. La diva cantó a las tres.

   ____.

4. Hoy es el 20 de agosto. La audición terminó el 20 de julio.

   ____.

5. Hoy es martes. El compositor compuso la pieza musical el sábado.

   ____.

6. Hoy es el 3 de mayo de 2011. La banda tocó el 3 de mayo de 2009.

   ____.

7. Hoy es martes 17. La comedia musical se representó el viernes 13.

   ____.

8. Son las nueve. El músico trajo la guitarra a las ocho y media.

   ____.

Nombre: ______________________ Fecha: ______________________

14-11 ¿Cuánto tiempo hace? Use the time period indicated to answer each question with a complete sentence. Be sure to follow the model closely.

Modelo: ¿Cuánto tiempo hace que escuchas jazz? (dos años)
Hace dos años que escucho jazz.

1. ¿Cuánto tiempo hace que no vas a un concierto? (un año)

   ____.

2. ¿Cuánto tiempo hace que no escuchas una sinfonía? (un mes)

   ____.

3. ¿Cuánto tiempo hace que buscas entradas para la ópera? (un día)

   ____.

4. ¿Cuánto tiempo hace que no ves una comedia musical? (dos días)

   ____.

5. ¿Cuánto tiempo hace que compones esta pieza? (dos semanas)

   ____.

6. ¿Cuánto tiempo hace que tocas el piano? (cinco años)

   ____.

14-12 Las obras de arte. A friend of yours is curious about the amount of time that has passed since various great works of art were created. Use the construction **hace... que** and the information provided to write complete sentences expressing this information. Be sure to follow the model closely.

Modelo: *Guernica* (pintura de Pablo Picasso, 1937)
Hace setenta y cuatro años que Picasso pintó Guernica.

1. *Autorretrato con mono* (pintura de Frida Kahlo, 1938)

   ____.

2. *Don Quijote de la Mancha* (libro de Miguel de Cervantes, 1605)

   ____.

3. La Sagrada Familia (diseño de Antonio Gaudí, 1882)

   ____.

4. Tikal (construcción de la civilización maya, siglo III a.c.)

   ____.

5. La Casa de la Ópera de Valencia (diseño de Santiago Calatrava, 2004)

   ____.

Nombre: ______________________ Fecha: ______________________

14-13 ¿Hace cuánto tiempo que...? Your grandmother never hesitates to ask you personal questions. Complete the answer to each question you hear with the appropriate verb form and phrase. Be sure to follow the model closely.

Modelo: ¿Hace cuánto tiempo que compraste el violín?
Hace dos días que *compré el violín.*

1. Hace seis horas que ______________________.
2. Hace una hora que ______________________.
3. Hace diez minutos que ______________________.
4. Hace quince días que ______________________.
5. Hace tres años que ______________________.

14-14 ¿Cuánto tiempo hace para ti? A new friend asks various questions about how long you have been doing certain things, and how long ago you did other things. Answer the questions truthfully using *hacer* in a time expression. Be sure to follow the models closely.

Modelos: ¿Cuánto tiempo hace que te gusta el jazz?
Hace varios años que me gusta el jazz.
¿Cuánto tiempo hace que comiste un buen postre?
Comí un buen postre hace un mes.

1. ¿Cuánto tiempo hace que escuchas la música de tu banda favorita?

   ______________________.

2. ¿Cuánto tiempo hace que sigues tu carrera universitaria?

   ______________________.

3. ¿Cuánto tiempo hace que estudias español?

   ______________________.

4. ¿Cuánto tiempo hace que leíste un buen libro por placer (*pleasure*)?

   ______________________.

5. ¿Cuánto tiempo hace que saliste a comer un helado?

   ______________________.

6. ¿Cuánto tiempo hace que hiciste algún viaje?

   ______________________.

Nombre: ______________________ Fecha: ______________________

2. *Nosotros* commands (Textbook p. 463)

14-15 Las sugerencias. The world of entertainment and the arts lends itself to suggestions from others. Match each drawing with the most appropriate **nosotros** command.

1. ______

2. ______

3. ______

4. ______

5. ______

6. ______

a. Hablemos del cuadro. ¿Qué interpretas tú?

b. ¡Aprendamos a bailar como ellos!

c. No esperemos en la cola. ¡Hay demasiada gente!

d. ¡Pidamos sus autógrafos después de esta canción!

e. Saquemos algunas fotos más y entonces descansemos.

f. ¡Toquemos otra pieza!

Nombre: ______________________________ Fecha: ______________________

14-16 La compañía de danza moderna. A modern dance company is gearing up for a new season, and they are meeting to brainstorm for ideas. Complete each statement with the correct form of the verb as a **nosotros** command.

Modelo: *Levantemos* (Levantar) pesas para ser más fuertes.

1. ______________________ (Empezar) a ensayar a las siete de lunes a viernes.
2. ______________________ (Ensayar) con músicos de tambor para experimentar con diferentes ritmos.
3. ______________________ (Contratar) a un cuarteto para tocar música en vivo durante algunas piezas.
4. ______________________ (Añadir) algunas piezas atrevidas (*daring*) a nuestro repertorio.
5. ______________________ (Improvisar) más durante algunas piezas.
6. ______________________ (Poner) más atención en la apariencia del escenario.
7. ______________________ (Hablar) con el público después de los espectáculos.
8. ______________________ (Ofrecer) clases al público para atraer a más gente al estudio.

14-17 Consejos por teléfono. The members of a band frequently call their manager Ernesto for advice. Listen to each member's concern and match it to the most logical response from the manager.

1. ______ a. Vámonos a la playa por un par de días. El descanso nos irá bien.
2. ______ b. Sí, grabémoslo.
3. ______ c. Sí, pidámoslas.
4. ______ d. No, no vayamos a esa. Hay mucha gente.
5. ______ e. No, no lo llamemos. No conoce bien el repertorio.
6. ______ f. No, no lo hagamos. El público espera escuchar la versión de siempre.

Nombre: ______________________ Fecha: ______________________

14-18 La banda. The members of a band are excitedly making plans. Answer each question affirmatively, first using the expression **vamos a** + infinitive and then using a **nosotros** command. Use object pronouns when necessary to avoid repetition. Be sure to follow the model closely.

Modelo: ¿Vamos a tener otra audición?
Músico 1: Sí, *vamos a tenerla.*
Músico 2: Sí, *tengámosla.*

1. ¿Vamos a hacer la gira por la costa este?

   Músico 1: Sí, ______________________.

   Músico 2: Sí, ______________________.

2. ¿Vamos a tocar las nuevas canciones en el concierto?

   Músico 1: Sí, ______________________.

   Músico 2: Sí, ______________________.

3. ¿Vamos a componer dos piezas más?

   Músico 1: Sí, ______________________.

   Músico 2: Sí, ______________________.

4. ¿Vamos a contratar al violinista?

   Músico 1: Sí, ______________________.

   Músico 2: Sí, ______________________.

5. ¿Vamos a irnos a cenar ahora?

   Músico 1: Sí, ______________________.

   Músico 2: Sí, ______________________.

Nombre: ______________________________ Fecha: ______________________

14-19 Un conjunto en desacuerdo (*disagreement*). The members of a group cannot seem to agree on the logistics of an upcoming concert. When the singer proposes an idea, one musician responds affirmatively and another responds negatively. Express each response using a **nosotros** command. Use object pronouns when necessary to avoid repetition, and be sure to follow the model closely.

Modelo: ¿Vendemos camisetas en el concierto?
Músico 1: Sí, *vendámoslas.*
Músico 2: No, no *las vendamos.*

1. ¿Damos el concierto en Chicago?

   Músico 1: Sí, ______________________________.

   Músico 2: No, no ______________________________.

2. ¿Grabamos la canción nueva?

   Músico 1: Sí, ______________________________.

   Músico 2: No, no ______________________________.

3. ¿Hacemos copias adicionales de los CD?

   Músico 1: Sí, ______________________________.

   Músico 2: No, no ______________________________.

4. ¿Le pedimos más dinero al gerente del club?

   Músico 1: Sí, ______________________________.

   Músico 2: No, no ______________________________.

5. ¿Nos ponemos las camisetas negras para el concierto?

   Músico 1: Sí, ______________________________.

   Músico 2: No, no ______________________________.

6. ¿Nos vamos del club para la medianoche?

   Músico 1: Sí, ______________________________ para la medianoche.

   Músico 2: No, no ______________________________ para la medianoche.

Nombre: ______________________________ Fecha: ______________________

¿Cuánto saben? (Textbook p. 465)

14-20 ¿Saben usar *hacer* con las expresiones temporales? A distant relative is asking you about your famous cousin. Complete each sentence with the correct form of the verb in either the present or the preterit, according to the context.

Modelos: ¿Cuánto tiempo hace que canta ópera tu primo?
Hace muchos años que mi primo *canta* ópera.
¿Cuánto tiempo hace que cantó en Nueva York?
Cantó en Nueva York hace un año.

1. Tu primo es ahora famoso como cantante de ópera, ¿verdad?

   Sí, hace dos años que ______________________ (ser) famoso.

2. ¿Cuándo se mudó (*moved*) tu primo a Los Ángeles?

   ______________________ (mudarse) a Los Ángeles hace cinco años.

3. ¿Cuánto tiempo hace que no ves a tu primo?

   Hace dos años que yo no lo ______________________ (ver).

4. ¿Conoce tu primo a gente importante?

   Sí, hace tres años que ______________________ (conocer) a Plácido Domingo, por ejemplo.

5. ¿Cuándo cantó tu primo en público por primera vez?

   Mi primo ______________________ (cantar) en público por primera vez hace diez años.

14-21 ¿Saben usar los mandatos de *nosotros*? Some members of a ballroom dance club love to chat during rest periods. Complete each statement with the correct form of the verb as a **nosotros** command. Use the object pronoun given to avoid repetition where necessary, and be sure to follow the model closely.

Modelo: Prefiero la salsa. ¡*Bailémosla* (Bailarla)!

1. Me encanta la última canción salsera de Marc Anthony. ¡ ______________________ (Ponerla)!
2. Me fascina tu forma de bailar. ¡ ______________________ (Salir) a bailar juntos!
3. El vals es mi baile favorito. ______________________ (Repetirlo).
4. Necesitamos bebidas durante los descansos. ______________________ (Traerlas).
5. La salud es muy importante. ______________________ (Cuidarse).
6. Debemos juntarnos con más frecuencia. ______________________ (Llamarse).

Nombre: ______________________ Fecha: ______________________

14-22 ¿Comprenden bien? A musician is concerned about the feasibility of an upcoming show, due to a series of complications. Describe how long each complication has been going on by completing each sentence with the length of time you hear and the correct form of **hacer**.

Modelo: tres días
Hace tres días que la diva no puede cantar.

1. ______________________ componemos la música.
2. ______________________ la directora está enferma.
3. ______________________ el músico improvisa.
4. ______________________ la sinfonía toca.
5. ______________________ no toco una pieza.

14-23 ¿Saben contestar por escrito? Listen to five questions about music and dance in your life. Write a complete response in Spanish for each question you hear. Be sure to use **hacer** in time expressions and **nosotros** commands with accuracy.

1. ______________________
2. ______________________
3. ______________________
4. ______________________
5. ______________________

14-24 ¿Saben contestar oralmente? Listen to five questions about music and pastimes in your life. Give a complete oral response in Spanish for each question you hear. Be sure to use **hacer** in time expressions and **nosotros** commands with accuracy.

1. ...
2. ...
3. ...
4. ...
5. ...

Perfiles (Textbook p. 466)

Mi experiencia: ¿Baile o ballet? ¡Esa es la cuestión!

14-25 Según Carlos Perreira-Carreras. Reread this section of your textbook and give the best answer to complete each statement. Not all expressions in the word bank will be used.

ballet	coreógrafos	función	talentoso
conjunto	flamenca	impresionante	sinfónica

1. A Carlos Perreira-Carreras, un venezolano que ahora estudia en Madrid, le apasiona la música ______________________.
2. En el conservatorio donde Carlos estudia, se les pide a los alumnos que asistan a todo tipo de ______________________ relacionada con las artes.
3. El fin de semana pasado, Carlos asistió a un ______________________ titulado "Soleá".
4. Los bailarines principales también fueron los ______________________ del ballet.
5. A Carlos le pareció ______________________ la experiencia y ahora aprecia más todo tipo de arte.
6. Carlos va a ir a un concierto de los Gipsy Kings, un ______________________ español popular desde hace tiempo.

Mi música: "Baila me" (Gipsy Kings, España)

14-26 Asociar datos. Read about this group in your textbook and follow the directions to listen to the song on the Internet. Then match each item with the best description.

1. los Gipsy Kings ______
2. los padres de los Gipsy Kings ______
3. el instrumento que predomina en su música ______
4. el tema de "Baila me" ______
5. el ritmo de "Baila me" ______

a. gitanos (*gypsies*) catalanes que huyeron (*fled*) a Francia entre 1936 y 1939
b. la pasión por la música y el baile flamencos
c. un conjunto popular con raíces (*roots*) en España
d. rápido, vivo y alegre
e. la guitarra

Nombre: ______________________ Fecha: ______________________

Segunda parte

¡Así lo decimos! Vocabulario (Textbook pp. 468–469)

La moda

14-27 ¡Así es la vida! Reread the brief dialog in your textbook and indicate whether each statement is **cierto, falso,** or **No se sabe** (*unknown*).

1. La periodista y la camarógrafa están en París. Cierto Falso No se sabe.
2. A la periodista le impresiona el uso de colores de una de los diseñadores. Cierto Falso No se sabe.
3. La modelo lleva un conjunto de tonos rojos. Cierto Falso No se sabe.
4. La periodista y la modelo son buenas amigas. Cierto Falso No se sabe.
5. Este año en la alta costura predomina un estilo sencillo y conservador. Cierto Falso No se sabe.
6. En este desfile de moda, solamente se muestran las prendas profesionales para mujeres. Cierto Falso No se sabe.
7. Miguel Palacio hace diseños que combinan telas. Cierto Falso No se sabe.
8. Miguel Palacio vuelve a ganar el premio L'Oreal este año. Cierto Falso No se sabe.

14-28 ¡A emparejar! Match each drawing related to fashion with the most appropriate word or expression.

1.  ______

2. ______

3. 

______

4. ______

5.  ______

6.  ______

7.  ______

8.  ______

a. el desfile de moda
b. el disfraz
c. el esmoquin
d. un modo de vestir profesional
e. la piel
f. las prendas
g. la sencillez
h. el traje de noche

Nombre: ______________________ Fecha: ______________________

14-29 ¡A seleccionar! Elisa is a close follower of fashion. Complete each of her statements with the most appropriate word or expression from the word bank.

bien hecha	disfraces	está de moda	modelo
diseñadora	esmoquin	gabardina	tul

1. Carolina Herrera es una ______________________ muy famosa.
2. En el desfile de moda, la ______________________ llevaba un vestido diseñado por Carolina Herrera.
3. Se dice que un estilo ______________________ cuando es lo último popular en el mundo de la moda.
4. Una prenda está ______________________ cuando es de buena calidad y le queda bien al cuerpo.
5. La ______________________ es una tela útil y práctica que dura (*lasts*) tiempo y que abriga (*warms*) bien.
6. Las faldas de las bailarinas están hechas de ______________________ .
7. En las ocasiones muy formales, los hombres llevan un ______________________ negro.
8. En Halloween los niños llevan ______________________ .

14-30 ¿Qué es eso? Juliana is a designer who often talks about her field. Choose the word or expression that best completes each sentence you hear.

1. a. ...el elástico. b. ...la piel. c. ...la paja.
2. a. ...el cuero. b. ...la lana. c. ...el poliéster.
3. a. ...la prenda. b. ...la pana. c. ...bien hecho.
4. a. ...el conjunto. b. ...el disfraz. c. ...el esmoquin.
5. a. ...la diseñadora. b. ...la modelo. c. ...la gabardina.
6. a. ...encantadora. b. ...el algodón. c. ...el nilón.

Nombre: ______________________________ Fecha: ______________________

14-31 La alta costura. First listen to the conversation between a fashion designer and his assistant in its entirety. Then select all items that are true for each statement, according to what you hear.

1. La presentación ______ .
   a. es dentro de una semana
   b. es a la una y media
   c. ya está lista

2. El primer conjunto ______ .
   a. es un vestido de terciopelo
   b. es moderno
   c. necesita una falda de tul

3. El segundo conjunto es ______ .
   a. un traje de noche
   b. un esmoquin
   c. simple

4. El modelo Pablo ______ .
   a. dice que los pantalones le quedan estrechos
   b. dice que los pantalones le quedan grandes
   c. no debería haberse puesto el esmoquin

5. El modelo Óscar ______ .
   a. tiene que haberse puesto el esmoquin
   b. no está hoy en el trabajo
   c. tuvo problemas en Milán

6. El diseñador ______ .
   a. tiene que irse
   b. está contento
   c. no está contento

14-32 Cuestionario sobre la moda. What are your opinions and preferences with regard to fashion? Answer the following questions truthfully with complete sentences in Spanish.

1. Para ti, ¿qué significa que algo está de moda?

   ____.

2. ¿Cuáles son tus telas favoritas? ¿Por qué?

   ____.

3. ¿Prefieres lo simple o lo sofisticado en cuestiones de moda? ¿Por qué?

   ____.

4. ¿Qué harías si te invitaran a una fiesta formal y no tuvieras una prenda adecuada?

   ____.

5. ¿Qué marcas o diseñadores de moda te gustan? ¿Por qué?

   ____.

Nombre: ______________________ Fecha: ______________________

Letras y sonidos: The consonants *m*, *n*, and *ñ* (Textbook p. 470)

14-33 Las consonantes *n* y *ñ*. For each pair of words, choose the word that you hear said aloud by a Latin American speaker.

1. a. tono (*tone*) b. Toño (*nickname for Antonio*)
2. a. tina (*tub*) b. tiña (*ringworm*)
3. a. cena (*dinner*) b. seña (*gesture*)
4. a. mono (*monkey*) b. moño (*hair bun*)
5. a. cana (*grey hair*) b. caña (*reed, cane; small glass of beer (Spain)*)
6. a. campana (*bell*) b. campaña (*campaign*)

14-34 ¿Es el sonido *n* o *m*? For each expression you hear, decide whether the letter "n" in the indefinite article **un** sounds like the *n* in English *nice* or the *m* in English *mice*, and then select your answer.

1. a. sounds like the *n* in English *nice* b. sounds like the *m* in English *mice*
2. a. sounds like the *n* in English *nice* b. sounds like the *m* in English *mice*
3. a. sounds like the *n* in English *nice* b. sounds like the *m* in English *mice*
4. a. sounds like the *n* in English *nice* b. sounds like the *m* in English *mice*
5. a. sounds like the *n* in English *nice* b. sounds like the *m* in English *mice*
6. a. sounds like the *n* in English *nice* b. sounds like the *m* in English *mice*

Nombre: ________________________ Fecha: ________________

¡Asi lo hacemos! Estructuras

3. The pluperfect indicative (Textbook p. 472)

14-35 Ángel Corella. Ángel Corella is a highly talented, enterprising Spanish dancer. Complete each statement with the correct verb form, according to the context.

1. El público ______ a Ángel Corella en varios escenarios importantes del mundo.
   a. ha aplaudido b. había aplaudido

2. Ángel Corella ______ en el escenario con varias bailarinas internacionales famosas.
   a. ha estado b. había estado

3. Ángel Corella ______ con su hermana mayor, Carmen Corella, desde los ocho años.
   a. ha bailado b. había bailado

4. Cuando Ángel Corella ganó la Competición Nacional de Ballet de España, en 1991, ______ baile por tan solo ocho años.
   a. ha estudiado b. había estudiado

5. Antes de ascender en 1996 a bailarín principal del *American Ballet Theatre* (*ABT*) en Nueva York, ya ______ un año en el mismo como solista.
   a. ha pasado b. había pasado

6. Antes de crear en 2001 la Fundación Ángel Corella en Segovia, España, Corella ______ miembro del *ABT* por cinco años.
   a. ha sido b. había sido

7. La Fundación Ángel Corella ______ mucha atención internacional.
   a. ha atraído b. había atraído

8. El Corella Ballet, Castilla y León, una extensión de la fundación, ______ representaciones para el público desde 2008.
   a. ha hecho b. había hecho

14-36 Nunca antes. Enrique works at the theater and is telling others about events that had never happened before this last season. Complete each sentence with the correct form of the verb in the pluperfect indicative.

1. Nosotros nunca antes ______________________ (conocer) una diva.
2. La diva nunca antes ______________________ (ponerse) un vestido tan feo.
3. Ningún actor famoso nunca antes ______________________ (visitar) este teatro.
4. Los músicos nunca antes ______________________ (ensayar) esa pieza musical.
5. El guitarrista nunca antes ______________________ (ver) una comedia musical.
6. El compositor nunca antes ______________________ (componer) una sinfonía.
7. La directora nunca antes ______________________ (abrir) el teatro por la mañana.
8. La solista nunca antes ______________________ (enfermarse).

Nombre: ______________________________ Fecha: ______________________

14-37 ¿Qué había pasado ya? What had already happened at the theater last week when additional events took place? Using the fragments provided, form sentences with the first verb in the preterit and the second verb in the pluperfect indicative. Be sure to follow the model closely.

Modelo: cuando / nosotros / recibir / la invitación // ya / empezar / el concierto
Cuando nosotros recibimos la invitación, ya había empezado el concierto.

1. cuando / yo / llegar / al teatro // mis amigos / ya / sentarse

   ____.

2. cuando / el director / regresar // la orquesta sinfónica / ya / tocar

   ____.

3. cuando / Luis / comprar / las entradas // Pedro / ya / conseguirlas

   ____.

4. cuando / nosotros / volver // la comedia / ya / terminarse

   ____.

5. cuando / tú / traer / la guitarra // el cuarteto / ya / tocar

   ____.

6. cuando Ramón y tú / llegar / al teatro // yo / ya / hablar / con Plácido

   ____.

14-38 Antes de su regreso. After working abroad for years, Alfredo came home. Some months later, he found out what others had accomplished in their lives before his return. Complete the answer to each of his questions using the pluperfect indicative and the fragments provided. Be sure to follow the model closely.

Modelo: ¿Qué había aprendido Silvia?
Había aprendido a tocar la trompeta.

1. ______________________________ unos diseños de alta costura.
2. ______________________________ una sinfonía.
3. ______________________________ en México.
4. ______________________________ la ópera en Nueva York.
5. ______________________________ a Barcelona.

Nombre: ______________________________ Fecha: ______________________

14-39 Eventos pasados en secuencia. What had you and others in your life experienced or accomplished before other key moments? Answer the following questions truthfully with complete sentences in Spanish.

1. ¿Qué habías hecho antes de empezar tus estudios universitarios?

   ____.

2. ¿Qué no habías hecho nunca antes de empezar tus estudios universitarios?

   ____.

3. ¿Qué ropa no te habías puesto nunca antes de ir a la universidad?

   ____.

4. ¿Adónde habías viajado antes de los dieciséis años?

   ____.

5. ¿Qué habían hecho tus padres antes de que tú nacieras (*were born*)?

   ____.

6. ¿Qué no habían hecho tus padres nunca antes de que tú nacieras?

   ____.

¿Cuánto saben? (Textbook p. 474)

14-40 ¿Saben usar el pluscuamperfecto de indicativo? Patricio knows a lot of facts about the three famous tenors Carreras, Domingo, and Pavarotti. Complete each sentence with the correct form of the verb in the pluperfect indicative.

1. Antes de escuchar a los tres tenores, nunca me ______________________ (interesar) la ópera.
2. Antes de escuchar a José Carreras y a Plácido Domingo, nosotros sólo ______________________ (escuchar) la música de Luciano Pavarotti.
3. Antes de cantar con Pavarotti, José Carreras ya ______________________ (cantar) en muchas óperas.
4. Antes de ganar el Grammy en 1991, Carreras ya ______________________ (ganar) el premio Emmy.
5. José Carreras ya ______________________ (debutar) en Barcelona cuando cantó en Nueva York por primera vez.

Nombre: ______________________ Fecha: ______________________

14-41 ¿Comprenden bien? Paula and her husband are fascinated by Spanish culture and are reminiscing about when they first came to know particular places and artists. Listen to the first part of each statement and choose the clause that correctly completes it, based on form and meaning.

1. _____ a. ...nunca habíamos estado en Europa.
2. _____ b. ...nunca habíamos ido a la ópera.
3. _____ c. ...nunca habíamos visto ninguna película del actor español Javier Bardem.
4. _____ d. ...vimos *El viejo guitarrista ciego* en el Instituto de Arte de Chicago.
5. _____ e. ...asistimos a un espectáculo del bailarín español Ángel Corella.
6. _____ f. ...compramos un CD del famoso cantante andaluz Camarón de la Isla.

14-42 ¿Saben contestar por escrito? Listen to five questions about the cultural experiences that you had before coming to your university. Write a complete response in Spanish for each question you hear. Be sure to use the pluperfect indicative when necessary.

1. ______________________________
2. ______________________________
3. ______________________________
4. ______________________________
5. ______________________________

14-43 ¿Saben contestar oralmente? Listen to five questions about the daily experiences you had in your life before other key moments happened. Give a complete oral response in Spanish for each question you hear. Be sure to use the pluperfect indicative when necessary.

1. ...
2. ...
3. ...
4. ...
5. ...

Observaciones: ¡Pura Vida! Episodio 14 (Textbook p. 475)

Antes de ver el video

 **14-44 ¿Qué pasa?** Select the response that best answers each question.

1. How might Hermés inquire about Felipe's friend?
   a. Supongo que ahora te irás, ¿no?
   b. ¿Tienes ropa adecuada para el concierto?
   c. ¿Cuánto hace que la conoces?

2. What might Felipe reply?
   a. Hace casi un año, nos conocimos en un chat y voy a reunirme con ella.
   b. Pero no importa, a mí la moda no me interesa.
   c. Me siento como si llevara un disfraz.

3. What does Hermés say after giving his jacket to Felipe?
   a. ¿O bailarina?
   b. Caballero, ahora te pareces un señor respetable.
   c. ¡A mí me apasiona el violín!

4. What does Felipe think?
   a. Española, a ti te toca darme dos, ¿no?
   b. Es muy bonita, pero no me acostumbro a llevar chaqueta.
   c. No, es primera violinista.

5. Now that Felipe is ready to leave the hostel, how does doña María say good-bye to him?
   a. Adiós, hijo. No te olvides que esta es tu casa.
   b. Hasta mañana, mi hijo. Que pases buenas noches.
   c. Adiós, Felipe. Nos vemos la semana que viene.

Nombre: ______________________________ Fecha: ______________________

A ver el video

14-45 **¿Quién lo hará?** Fill in each blank with the name of the character who will carry out that action.

1. ________________________ irá a un concierto en México.
2. ________________________ tocará con la Orquesta Filarmónica de la Ciudad de México.
3. ________________________ recibirá unos discos compactos dedicados.
4. ________________________ necesitará una chaqueta nueva.
5. ________________________ pondrá en la mesa de su casa las flores que recibió de Felipe.

Después de ver el video

14-46 **Felipe y su futuro.** Complete each sentence with the most appropriate word or phrase, based on the content of this episode.

1. Felipe se va _____ .
   a. mañana
   b. hoy mismo
   c. en una semana

2. Patricio dice que Felipe es un hombre _____ .
   a. tímido y reservado
   b. extrovertido y optimista
   c. romántico y conservador

3. Elvira es _____ .
   a. violinista
   b. bailarina
   c. cantante

4. Para que Felipe se vea respetable en el concierto, Hermés le da su chaqueta de _____ .
   a. pana
   b. cuadros
   c. cuero

5. Silvia cree que _____ .
   a. a Felipe le queda muy bien la chaqueta, porque es sencilla y elegante
   b. es como llevar un disfraz
   c. Felipe tiene que ponerse la chaqueta todos los días

Nombre: ______________________ Fecha: ______________________

Nuestro mundo

Panoramas: El arte moderno hispano (Textbook p. 476)

14-47 ¡A informarse! Based on information from **Panoramas**, decide if each statement is **cierto** or **falso**.

1. El arte moderno hispano no es conocido internacionalmente. Cierto Falso
2. El pintor uruguayo Joaquín Torres-García nunca vivió en la Ciudad de Nueva York. Cierto Falso
3. El estilo del arquitecto español Santiago Calatrava es moderno, innovador e impresionante. Cierto Falso
4. Los cuadros del pintor catalán Joán Miró reflejan el estilo surrealista. Cierto Falso
5. La pintora mexicana María Izquierdo nunca quiso mostrar sus obras de arte en otros países. Cierto Falso
6. Roberto Matta pinta siguiendo el estilo realista. Cierto Falso
7. Las obras del famoso pintor español Pablo Picasso ya no se venden por mucho dinero. Cierto Falso
8. La venta de arte es una actividad del pasado, ya que en el siglo veintiuno hay poco interés en comprarlo. Cierto Falso

Páginas: "El crimen perfecto" (Enrique Anderson Imbert, Argentina) (Textbook p. 478)

14-48 ¿Cierto o falso? Based on information from the **Páginas** section of the text, decide if each statement is **cierto** or **falso.**

1. El narrador de este cuento es un criminal que mató a alguien. Cierto Falso
2. Decidió esconder el cadáver de su víctima en un cementerio. Cierto Falso
3. El cementerio no estaba bien cuidado porque las personas enterradas eran todas unos criminales del siglo anterior. Cierto Falso
4. La víctima del narrador era cristiana de mucha fe (*faith*). Cierto Falso
5. Durante la noche, las personas enterradas en el cementerio llevaron sus lápidas a otro lugar, para alejarse del cadáver de la víctima. Cierto Falso
6. Al día siguiente, unos viajeros notaron el cambio y notificaron a la policía. Cierto Falso
7. La policía descubrió el cadáver y pronto las personas originalmente enterradas en el cementerio regresaron. Cierto Falso
8. El narrador nunca confiesa la verdad de lo que pasó esa noche tan extraña. Cierto Falso

Taller (Textbook p. 480)

14-49 Antes de los 16 años... In the U.S. and Canada, the age of sixteen may be considered the beginning of adulthood. For example, in most states and provinces, it is the legal minimum age at which one can leave compulsory education, begin working, and obtain a driver's license. What experiences had you had before the age of sixteen? Did you feel ready or prepared for this transition into adulthood? Write a paragraph explaining some of the key experiences you had already had by the age of sixteen. Be sure to use correct verb forms in the pluperfect indicative, according to the context.

Modelo: *Cuando cumplí los dieciséis años, me sentía preparado para empezar a participar en las actividades de las personas adultas. Ya había estado en muchos equipos deportivos con otros jóvenes, y por eso había desarrollado la habilidad de llevarme bien con otros y trabajar bien en grupo....*

Nombre: ______________________________ Fecha: ______________________

15 ¿Te gusta la política?

Primera parte

¡Así lo decimos! Vocabulario (Textbook pp. 484–485)

Las crisis políticas y económicas

15-01 ¡Así es la vida! Reread the brief passages in your textbook and indicate whether each statement is **cierto, falso,** or **No se sabe** (*unknown*).

1. Los activistas hacen una marcha de protesta contra la injusticia social. Cierto Falso No se sabe.
2. Buscan una voz en la política de su país. Cierto Falso No se sabe.
3. Están a favor de la guerra y de las bombas nucleares. Cierto Falso No se sabe.
4. Usan la violencia para lograr sus metas. Cierto Falso No se sabe.
5. Los derechos humanos les parecen una cuestión de alta importancia. Cierto Falso No se sabe.
6. El ejército le pone fin a la marcha una hora después de su comienzo. Cierto Falso No se sabe.

15-02 ¡Fuera de lugar! Select the word that does not belong in each group.

1. a. el desarme b. la guerra c. el conflicto
2. a. el ejército b. el soldado c. el pacifista
3. a. la paz duradera b. la paz mundial c. la inmigración
4. a. el activista b. el desastre natural c. la huelga
5. a. la pobreza b. la bomba nuclear c. el país en vías de desarrollo
6. a. el golpe de estado b. la deuda pública c. el mercado global
7. a. la justicia b. los derechos humanos c. la injusticia
8. a. promover b. violar c. fortalecer

Nombre: ______________________________ Fecha: ______________________

15-03 ¡A completar! A political science professor is explaining some basic concepts to students in his introductory course. Complete each sentence with the most appropriate word or expression from the word bank.

ciudadanos	ejército	país en vías de desarrollo
desarme	pacifista	pobreza

1. Los ______________________ de un país pueden votar en las elecciones presidenciales.
2. El ______________________ tiene en su poder las armas (*arms*) de un país.
3. La comunidad internacional quiere el ______________________ de muchos países para evitar posibles guerras.
4. Óscar Arias es ______________________ porque trabaja para la paz mundial.
5. Haití es un ______________________ .
6. La gente de ese país no tiene ni trabajo ni dinero y muchos de ellos viven en la ______________________ .

15-04 La manifestación (*demonstration*). Some citizens are protesting downtown. Based on the drawing of them, answer the following questions using complete sentences in Spanish.

1. ¿Por qué protestan los activistas?

   ____ .

2. ¿Qué promueven los activistas?

   ____ .

3. ¿Qué quieren abolir?

   ____ .

4. ¿Qué querrán los activistas en cuanto a (*with regard to*) las bombas nucleares?

   ____ .

5. ¿Qué querrán los activistas en cuanto al terrorismo?

   ____ .

Nombre: ______________________________ Fecha: ______________________

15-05 Un curso sobre la política. A political science professor is quizzing her students on some basic concepts. Listen to each statement and indicate whether it is **cierto** or **falso.**

1. Cierto Falso
2. Cierto Falso
3. Cierto Falso
4. Cierto Falso
5. Cierto Falso
6. Cierto Falso

15-06 Una entrevista con el presidente. First listen to the conversation between a reporter and a democratic president in its entirety. Then select all items that are true for each statement, according to what you hear.

1. La reportera quiere hablar con el presidente sobre _____ .
   a. su historia personal
   b. un acuerdo que firmó hace una semana
   c. los países en vías de desarrollo

2. Según el presidente, los problemas más serios incluyen _____ .
   a. los abusos del poder
   b. la violación de los derechos humanos
   c. la pobreza

3. El presidente también menciona _____ .
   a. el terrorismo
   b. los desastres naturales
   c. la inmigración

4. El presidente ofrece varias soluciones, las que incluyen _____ .
   a. no entrar en relaciones con ningún país que abuse de sus ciudadanos
   b. promover esfuerzos que ayuden a la gente pobre
   c. firmar otro tratado

5. Sobre el desarme nuclear, el presidente le dice a la reportera que _____ .
   a. no será fácil de resolver
   b. propone comenzarlo poco a poco
   c. es la única manera de lograr la paz duradera

6. La reportera le dice al presidente que _____ .
   a. no ha sido directo en sus respuestas
   b. le dan las gracias por su visita
   c. le desean mucha suerte

Nombre: ______________________________ Fecha: ______________________

15-07 Tus opiniones sobre la política. Answer the following questions from your own point of view, using complete sentences in Spanish.

1. ¿Qué harías tú para eliminar o para minimizar la pobreza?

   ____.

2. ¿Se puede hacer un esfuerzo para ayudar a los países en vías de desarrollo? ¿Cómo?

   ____.

3. ¿Crees que los países deben abolir los ejércitos? ¿Por qué?

   ____.

4. En tu opinión, ¿cuáles son los problemas más serios en EE. UU. o Canadá hoy en día?

   ____.

5. En tu opinión, ¿cuáles son los peores conflictos que ocurren en el mundo hoy en día?

   ____.

6. En tu opinión, ¿qué otros problemas serios existen a nivel (*level*) mundial hoy en día?

   ____.

¡Así lo hacemos! Estructuras

1. The relative pronouns *que, quien,* and *lo que* (Textbook p. 488)

15-08 Las crisis. Today's newspaper reported on various national and international crises. Complete each statement with the correct relative pronoun, according to the context.

1. El desastre natural, _____ ocurrió ayer a las dos de la madrugada, es el peor que este país jamás ha experimentado.
   a. que b. quien c. quienes d. lo que
2. Esos activistas, _____ buscan abolir las armas nucleares, llevan diez horas seguidas protestando contra la guerra.
   a. que b. quien c. quienes d. lo que
3. A los ciudadanos no les gustó _____ ha dicho el presidente sobre la continuación de la guerra.
   a. que b. quien c. quienes d. lo que
4. Los soldados _____ luchan en esa guerra son jóvenes.
   a. que b. quien c. quienes d. lo que
5. Ese soldado, _____ se llama Carlos Ramírez, es de California.
   a. que b. quien c. quienes d. lo que
6. _____ necesitamos en el mundo es la paz duradera.
   a. Que b. Quien c. Quienes d. Lo que

Nombre: ________________________ Fecha: ________________________

15-09 El soldado lo explica todo. Raúl, a U.S. soldier fighting overseas, is telling a friend and fellow soldier about some good news that he recently received. Complete each sentence with **que, quien(es),** or **lo que.**

1. El señor ______________ me llamó ayer fue el sargento.
2. El sargento me dijo ______________ quería oír.
3. Me dijo que ya vuelvo a EE. UU., ______________ es una muy buena noticia.
4. La persona a ______________ primero llamé fue mi madre.
5. Verla contenta es ______________ más me importa.
6. También llamé a todos mis hermanos, ______________ viven en varios estados del medioeste.
7. Me iré en el vuelo ______________ sale por la mañana.
8. Quiero salir esta noche con ______________ quieran celebrar conmigo.

15-10 Una conversación. Two friends are having a conversation about political activists. Complete their dialog with the relative pronouns **que, quien(es),** and **lo que.**

JORGE: Allí está el activista con (1) ______________ quiero hablar. Quiero hablar con un hombre (2) ______________ es honesto.

JOAQUÍN: ¿Sabes que trabaja con el presidente?

JORGE: Sí, pero (3) ______________ más me impresiona de él son sus ideas.

JOAQUÍN: A mí también me gustan sus ideas, pero (4) ______________ no me gusta es la actitud (*attitude*) del pacifista (5) ______________ está con él.

JORGE: ¿Quién es?

JOAQUÍN: Es un señor (6) ______________ es muy inseguro.

15-11 El activista. An activist needs help with his campaign. Complete the paragraph with the relative pronouns **que, quien(es),** and **lo que.**

El activista es muy inteligente. (1) ______________ pasa es que es un poco tímido. (2) ______________ menos le gusta es hablar con las autoridades; por eso, (3) ______________ siempre tiene que hacer es pedir ayuda. Sus amigos, en (4) ______________ él confía (*trusts*) y (5) ______________ tienen las mismas ideas que él, lo ayudan mucho y le dicen (6) ______________ tiene que hacer. Ellos le aconsejan que sea menos tímido y que siempre diga la verdad. Es muy importante que el activista los escuche.

Nombre: ______________________________ Fecha: ______________________

¿Cuánto saben? (Textbook p. 491)

15-12 ¿Saben usar los pronombres relativos? Complete each sentence with the relative pronoun **que, quien(es),** or **lo que.**

1. Los esfuerzos ______________ ellos hicieron para encontrar una solución no sirvieron de nada.
2. José, ______________ es pacifista, está en contra de una intervención del ejército.
3. La ley ______________ aprobaron es buena para todos.
4. No nos gustó ______________ dijo el activista sobre el gobierno (*government*).
5. El chico con ______________ estudio está interesado en la política.
6. ______________ no entiendo es la violación de los derechos humanos.

15-13 ¿Comprenden bien? You overhear some students talking about world events and politics. Listen to each statement and indicate whether it is **cierto** or **falso.**

1. Cierto Falso
2. Cierto Falso
3. Cierto Falso
4. Cierto Falso
5. Cierto Falso
6. Cierto Falso

15-14 ¿Saben contestar por escrito? Listen to five interrelated questions about your experiences with politics. Write a complete response in Spanish for each question you hear. Be sure to use correct relative pronouns when necessary.

1. ____
2. ____
3. ____
4. ____
5. ____

15-15 ¿Saben contestar oralmente? Listen to five interrelated questions about aspects of the army, disarmament, and peace. Give a complete oral response in Spanish for each question you hear. Be sure to use correct relative pronouns when necessary.

1. …
2. …
3. …
4. …
5. …

Nombre: ______________________ Fecha: ______________________

Perfiles (Textbook p. 492)

Mi experiencia: La política y los hispanos

15-16 Según Marisela Ramos. Reread this section of your textbook and give the best answer to complete each statement. Not all expressions in the word bank will be used.

acción política	candidata	comentarista	inmigración
aumentar	cargo	corridos	pobreza

1. Marisela Ramos, una estudiante universitaria de relaciones internacionales en la Universidad de Arizona, participa en un grupo de ______________ de estudiantes latinos.
2. El grupo trabaja para ______________ el número de latinos que voten en las próximas elecciones.
3. En las elecciones pasadas, los votantes latinos indicaron en una encuesta que los temas de mayor importancia para ellos son la economía, el seguro médico y la ______________ .
4. Jorge Ramos, el ______________ bien conocido de Univisión, afirma que el voto latino va a tener cada vez más fuerza a nivel nacional.
5. Marisela aspira a algún ______________ político importante en el futuro.
6. Un conjunto que canta ______________ sobre el tema de la inmigración son Los Tigres del Norte.

Mi música: "De paisano a paisano" (Los Tigres del Norte, EE. UU.)

15-17 Asociar datos. Read about this group in your textbook and follow the directions to listen to the song on the Internet. Then match each item with the best description.

1. Los Tigres del Norte _____
2. la música de Los Tigres del Norte _____
3. algunos instrumentos tocados por el grupo _____
4. el tema de "De paisano a paisano" _____
5. el ritmo de "De paisano a paisano" _____

a. constante y marcado
b. la guitarra y el acordeón
c. consiste principalmente en *corridos*, o baladas que cuentan una historia
d. expresa los problemas que experimentan los inmigrantes
e. grupo musical de EE. UU. con orígenes en el norte de México

Nombre: ______________________ Fecha: ______________________

Segunda parte

¡Así lo decimos! Vocabulario (Textbook pp. 494–495)

Cargos políticos y tipos de gobierno

15-18 ¡Así es la vida! Reread the brief excerpt of a campaign speech in your textbook and indicate whether each statement is **cierto, falso,** or **No se sabe** (*unknown*).

1. Julián Pérez aspira a ser presidente de España.	Cierto	Falso	No se sabe.
2. Actualmente Pérez no ocupa ningún cargo de influencia.	Cierto	Falso	No se sabe.
3. En su discurso, Pérez promete interesarse por su país, sin distraerse (*get distracted*) por cuestiones a nivel mundial.	Cierto	Falso	No se sabe.
4. En su campaña electoral, Pérez no hace ni promesas ni mención de sus contrincantes.	Cierto	Falso	No se sabe.
5. La deuda pública y la economía son cuestiones que le preocupan a Pérez.	Cierto	Falso	No se sabe.
6. Pérez promete mejorar y proteger el medio ambiente.	Cierto	Falso	No se sabe.
7. El discurso de Pérez es todo un éxito y le consigue muchos votos.	Cierto	Falso	No se sabe.
8. Pérez es buen candidato porque cumplirá con las promesas de su campaña electoral.	Cierto	Falso	No se sabe.

Nombre: ______________________ Fecha: ______________________

15-19 Un crucigrama. Your professor wants to quiz you on some Spanish vocabulary related to government. Complete the following crossword puzzle with the correct information.

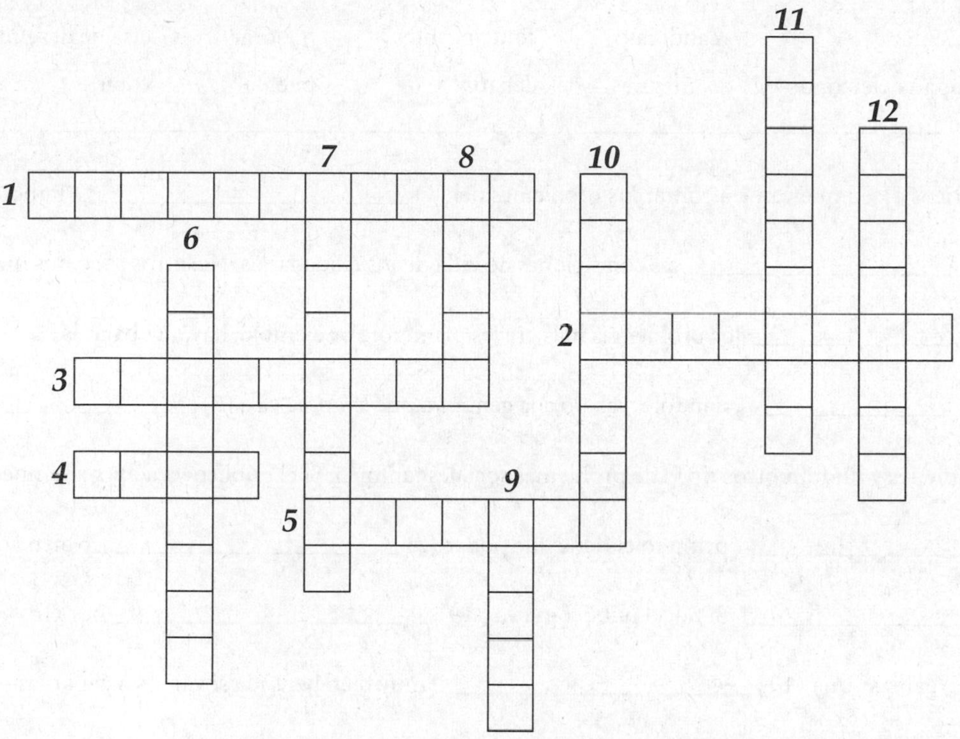

Across

1. Mujer que dirige los asuntos políticos de un estado.
2. Lugar destinado a los jueces para administrar justicia y dictar sentencias.
3. Sistema político en el que la máxima autoridad es elegida por los ciudadanos o por el Parlamento para un período determinado y no hay ni rey ni reina.
4. Hombre que interpreta las leyes, que preside un tribunal y que tiene autoridad para juzgar y sentenciar.
5. Hombre que representa su estado en el Senado.

Down

6. Dinero que el pueblo le paga al gobierno, quitado directamento del sueldo o pagado al hacer cierto tipo de compra.
7. Mujer que dirige los asuntos políticos de un pueblo o de una ciudad.
8. Mujer a cargo de una monarquía o la esposa del rey.
9. Aquello a que está obligado el ser humano por las leyes naturales o políticas o por los valores religiosos.
10. Hombre a cargo de una dictadura.
11. Sistcma político quc incluyc la figura dc un rey y/o dc una reina.
12. Rectitud e integridad en la manera de pensar, hablar y actuar.

Nombre: ______________________________ Fecha: ______________________

15-20 Los asesores. A candidate's political advisors are meeting to discuss campaign strategies. Complete one advisor's opinion with the most appropriate words or expressions from the word bank.

aumentar	candidato	contrincantes	mejorar	tasa de desempleo
campaña electoral	combatir	debatir	pueblo	votar

Todos los políticos dicen que van a afrontar los problemas del (1) ________________. También dicen que van a (2) ________________ las condiciones de vida de los ciudadanos. Nosotros sabemos que es preciso (3) ________________ los problemas más graves primero. Por ejemplo, hay que bajar la (4) ________________, dándole trabajo a la gente, ya que si no, se va a (5) ________________ el número de crímenes y saldrán otros tipos de problemas sociales también. Si el público va a apoyar a nuestro (6) ________________, primero él tiene que poder (7) ________________ bien contra sus (8) ________________. Si no, el público no va a (9) ________________ por él. Tenemos que organizar una (10) ________________ muy bien pensada si vamos a ganar las elecciones en noviembre del año próximo.

15-21 Hablemos de política. A father is quizzing his son about aspects of government and civics. Choose the word or expression that best completes each sentence you hear.

1. a. …el presidente. b. …el ministro. c. …el alcalde.
2. a. …el fraude electoral. b. …una democracia. c. …una monarquía.
3. a. …la dictadura. b. …la alcaldesa. c. …la jueza.
4. a. …un lema. b. …un deber. c. …un discurso.
5. a. …las leyes. b. …los asesores. c. …las drogadicciones.
6. a. …las campañas políticas. b. …los programas sociales. c. …los derechos.

Nombre: ______________________________ Fecha: ______________________

15-22 Un debate presidencial. First listen to the debate between an incumbent president and an opposing candidate in its entirety. Then select all items that are true for each statement, according to what you hear.

1. La moderadora _____ .
   a. le dirige (*directs*) su primera pregunta al presidente
   b. les hace preguntas a los dos candidatos
   c. deja que el público haga preguntas al final

2. El presidente propone que durante su segundo período presidencial, _____ .
   a. se dé más dinero al ejército
   b. se controle mejor la inmigración
   c. se combate la inflación

3. El señor Ramírez cree que _____ .
   a. su campaña política ha sido muy clara
   b. los derechos de los ciudadanos son muy importantes
   c. no es posible eliminar todos los obstáculos económicos

4. El señor Ramírez quiere _____ .
   a. afrontar primero los problemas internacionales
   b. afrontar primero los problemas nacionales
   c. crear más programas sociales

5. El presidente piensa _____ .
   a. que el futuro depende de un ejército fuerte
   b. combatir la drogadicción
   c. aumentar los impuestos

6. La moderadora _____ .
   a. declara al presidente el ganador (*winner*) del debate
   b. declara al señor Ramírez el ganador del debate
   c. les da las gracias a los dos candidatos por su participación

Nombre: ______________________ Fecha: ______________________

15-23 Las promesas. You are running for an important political office. Write six different promises for your campaign platform, choosing from among the terms given.

la corrupción	la honradez	la inmigración
el deber	los impuestos	los programas sociales
la drogadicción	la inflación	la tasa de desempleo

Modelo: *Si ustedes me eligen, eliminaré la contaminación del aire.*

1. ______________________.
2. ______________________.
3. ______________________.
4. ______________________.
5. ______________________.
6. ______________________.

Letras y sonidos: Linking and Rhythm (Textbook p. 496)

15-24 ¿Se conecta la consonante final? For each brief phrase that you hear, decide if linking occurs with the final consonant of the first word and select the correct answer.

1. Linking No linking
2. Linking No linking
3. Linking No linking
4. Linking No linking
5. Linking No linking
6. Linking No linking
7. Linking No linking
8. Linking No linking

15-25 ¿Hay conexión entre vocales? For each brief phrase that you hear, decide if linking occurs between the two words and select the correct answer.

1. Linking No linking
2. Linking No linking
3. Linking No linking
4. Linking No linking
5. Linking No linking
6. Linking No linking
7. Linking No linking
8. Linking No linking

Nombre: ______________________ Fecha: ______________________

¡Así lo hacemos! Estructuras

2. *Se* for unplanned occurrences (Textbook p. 499)

15-26 Diferentes situaciones. Match each drawing with the sentence that best describes it.

1. _____

2. _____

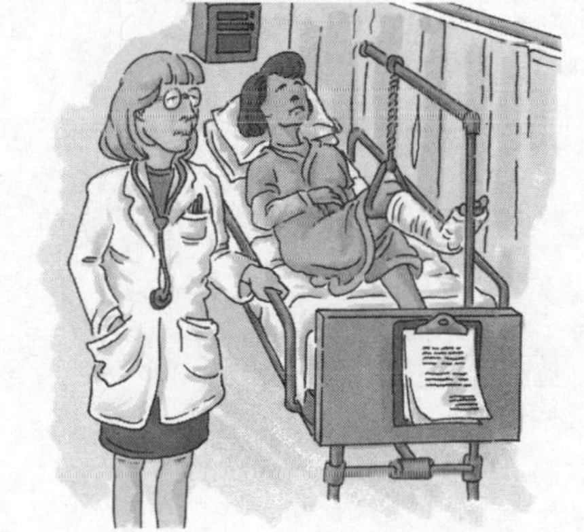

3. _____

4. _____

5. _____

6. _____

a. Se le fue el autobús.

b. Se le rompió una pierna.

c. No se le perdió ningún niño.

d. Se le olvidó la hora del concierto.

e. Se les acabó la comida.

f. Se le torció la rodilla.

Nombre: ______________________________ Fecha: ______________________

15-27 La excusa perfecta. A sophomore student is giving his new freshman roommate some mediocre advice about what to say in different university contexts. Match each situation with the most appropriate explanation or excuse for it.

1. No llamaste a tu compañero de proyecto. _____
2. No le entregaste la tarea al profesor. _____
3. No compraste el libro para la clase. _____
4. No llegaste a clase a tiempo. _____
5. No fuiste a estudiar a casa de un amigo. _____

a. Se me estropeó (*was damaged*) la impresora.
b. Se me perdió la dirección.
c. Se me olvidó el número de teléfono.
d. Se me fue el autobús.
e. Se me acabó el dinero.

15-28 Problemas, problemas. Mr. Navarro's campaign has been negatively affected by repeated mishaps. Rewrite each sentence with the appropriate indirect object pronoun and the correct verb conjugation, according to the context. Note that the verb conjugation may or may not change.

Modelo: A Ramón se le rompió la silla.
A ti *se te rompieron* las sillas.

1. Al asesor se le quedó el discurso en casa.

   A nosotros ______________________________ los discursos en casa.

2. Se te perdieron los papeles.

   A los asesores ______________________________ el papel.

3. Se nos olvidó el lema de la campaña.

   A mí ______________________________ el lema de la campaña.

4. A Rodríguez y a Martín se les acabó el apoyo del pueblo.

   Al representante ______________________________ el apoyo del pueblo.

5. Se me rompió la computadora.

   A ti ______________________________ las computadoras.

15-29 Lo que pasó. Some friends are home from college for the summer, and they are sharing stories about some mishaps they had while they were away. Listen to each friend's story and match it to the most logical summary statement.

1. _____
2. _____
3. _____
4. _____
5. _____
6. _____

a. Se me quedó el dinero en casa.
b. Se te cayó el vaso.
c. Se le olvidó mi nombre.
d. Se me perdieron las llaves (*keys*).
e. Se nos acabaron las bebidas.
f. Se les estropearon (*were damaged*) las computadoras.

Nombre: ______________________________ Fecha: ______________________

15-30 Preguntas personales. What mishaps have you experienced in the past? Answer the following questions with complete sentences in Spanish.

1. ¿Se te cayó algo alguna vez en un restaurante? ¿Qué y por qué?

   ____.

2. ¿Se te rompió algo recientemente? ¿Qué y cómo?

   ____.

3. ¿Se te perdió algo recientemente? ¿Qué y por qué?

   ____.

4. ¿Se te acabó el dinero en alguna ocasión importante? ¿Dónde y cuándo?

   ____.

5. ¿Qué se te olvidó hacer la semana pasada? ¿Por qué?

   ____.

3. *Pero* or *sino* (Textbook p. 502)

15-31 Habla el pueblo. Find out what the people and candidates want by completing each statement with either **pero** or **sino,** according to the context.

1. Los trabajadores no desean más impuestos ______________ más aumentos.
2. Nosotros queremos elegir al presidente, ______________ no podemos votar.
3. Antonio y Sebastián no pronuncian un discurso ______________ que repiten el lema.
4. Mis amigos prefieren más programas sociales, ______________ no quieren pagar más impuestos.
5. Él quiere ser senador, ______________ no le gusta pronunciar discursos.
6. Ellos no piensan ser representantes ______________ gobernadores.
7. No deseamos la dictadura ______________ la democracia.
8. No prefiero a este candidato ______________ al otro.

15-32 El discurso del candidato. Complete the following candidate's speech appropriately with **pero** and **sino.**

Estimados amigos:

Nuestro pueblo busca un nuevo futuro, (1) __________ tenemos que buscarlo con más esfuerzo. Necesitamos tener más programas sociales, (2) __________ no queremos pagar más impuestos; no queremos un aumento de impuestos (3) __________ una reducción. No queremos más crimen (4) __________ más ayuda para combatir el crimen, (5) __________ el gobierno actual no lo combate. No les pido que voten por mí (6) __________ por la democracia.

15-33 Más sobre la política. You overheard various comments at a political rally and are recounting them to a friend. Combine each sentence you hear with the words you see using **pero** or **sino.**

Modelo: __________ no combatirá la inflación.
Reducirá la tasa de desempleo.
Reducirá la tasa de desempleo pero no combatirá la inflación.

1. ______________________________ democracia.
2. ______________________________ no son candidatas.
3. ______________________________ la corrupción.
4. ______________________________ el gobernador.
5. ______________________________ a su contrincante.
6. ______________________________ no sabes dónde hacerlo.

¿Cuánto saben? (Textbook p. 504)

15-34 ¿Saben usar el *se* para expresar eventos inesperados? Yesterday's elections did not go as smoothly as planned. Complete each sentence with a **se** construction, including a correct indirect object pronoun and verb conjugation, according to the context.

Modelo: Al asesor *se le torció* (torcer) el tobillo (*ankle*) cuando entraba a votar.

1. A los candidatos ______________________ (acabar) el tiempo para conseguir más votos.
2. A la asesora ______________________ (perder) varios papeles importantes.
3. A muchos ciudadanos ______________________ (olvidar) votar.
4. A ti ______________________ (estropear) el carro cuando ibas a votar, ¿verdad?
5. A mi amigo y a mí ______________________ (caer) las papeletas (*ballots*) al piso cuando fuimos a entregarlas.
6. A los oficiales ______________________ (romper) algunas de las máquinas de votación.

Nombre: ______________________ Fecha: ______________________

15-35 **¿Saben usar *pero* y *sino*?** Find out more about the politics of one country by completing each statement with either **pero** or **sino,** according to the context.

1. El gobierno quería aumentar los impuestos, ____________ no lo hizo.
2. No hablaron de la paz ____________ del desarme.
3. No quiero votar, ____________ es mi deber como ciudadano.
4. Apoyo las decisiones del gobierno, ____________ algunas no son correctas.
5. No quiero hablar con el senador ____________ con el presidente.
6. La paz no debe ser un sueño ____________ una realidad.

15-36 **¿Comprenden bien?** Enrique Sánchez is a gubernatorial candidate for his state and is answering an advisor's questions about mishaps during a recent campaign trip. Answer each question you hear negatively using the **se** construction for unplanned occurrences.

Modelo: ____________ la cámara.
¿Se te rompieron las gafas de sol?
No, *se me rompió* la cámara.

1. No, ______________________________ los periódicos.
2. No, ______________________________ la computadora.
3. No, ______________________________ la maleta.
4. No, ______________________________ los pantalones en el hotel.
5. No, ______________________________ el bolígrafo.

15-37 **¿Saben contestar por escrito?** Listen to five interrelated questions about elections and candidates. Write a complete response in Spanish for each question you hear. Be sure to use correct verb forms.

1. ______________________________
2. ______________________________
3. ______________________________
4. ______________________________
5. ______________________________

15-38 **¿Saben contestar oralmente?** Listen to five questions about political rights, duties, and issues. Give a complete oral response in Spanish for each question you hear. Be sure to use correct verb forms.

1. ...
2. ...
3. ...
4. ...
5. ...

Nombre: ______________________ Fecha: ______________________

Observaciones: ¡Pura Vida! Episodio 15 (Textbook p. 505)

Antes de ver el video

 **15-39 ¿Qué pasa?** Select the response that best answers each question.

1. What does Hermés say is one of the problems of Latin America?
   a. En América Latina, como en muchas otras partes, mucha gente sigue siendo pobre, con multinacionales o sin ellas.
   b. Me suena su nombre...
   c. Se está celebrando un congreso internacional de globalización y desarrollo, aquí en San José.

2. What does Patricio say is a problem of free trade?
   a. Necesitamos senadores y representantes cualificados...
   b. ...Permite que vengan grandes compañías a explotar nuestros recursos naturales.
   c. En España también hay multinacionales extranjeras...

3. What other problems does Patricio say are facing many Latin American countries?
   a. Bueno, a lo mejor el problema no es la globalización en sí.
   b. Yo creo que la globalización puede tener sus beneficios.
   c. ...Pero las poblaciones siguen sin escuelas, sin hospitales, sin infraestructuras...

4. What does Silvia say are some advantages of globalization?
   a. No, pero la antiglobalización tampoco.
   b. Hay multinacionales de EE. UU., de Francia, de Alemania, de Japón. Y hasta de México.
   c. La globalización sirve para crear trabajos y para generar nuevas oportunidades.

5. Why is the latest guest, Cristina, at the hostel?
   a. Trabajo en "Papelosa", una de las multinacionales del papel más importantes del mundo...
   b. Soy chilena, de Santiago.
   c. ...¿Puedo estacionar mi Cayenne en el patio?

Nombre: ______________________________ Fecha: ______________________

A ver el video

15-40 **¿En qué orden?** Put the following events in chronological order, labeling each statement from 1 to 6.

1. Cristina explica que ella trabaja para una de las multinacionales del papel más importantes del mundo. _____
2. Doña María les ofrece fruta a los amigos. _____
3. En la opinión de Hermés, hay que controlar la globalización. _____
4. Felipe está muy contento. _____
5. Llega Cristina. _____
6. Marcela pregunta si la globalización ayuda a la gente común, a los pueblos oprimidos, a los trabajadores o a las grandes multinacionales. _____

Después de ver el video

15-41 **La acción y los personajes.** Decide if each statement is **cierto** or **falso,** based on the content of this episode.

1. Silvia cree que la globalización tiene sus beneficios.	Cierto	Falso
2. Patricio dice que la globalización no tiene un gran impacto en el medio ambiente.	Cierto	Falso
3. Patricio comenta que se necesitan políticos que se preocupen por la gente.	Cierto	Falso
4. Cristina es argentina.	Cierto	Falso
5. Cristina es representante del gobierno.	Cierto	Falso
6. Cristina tiene un Porsche.	Cierto	Falso

Nuestro mundo

Panoramas: La herencia indígena (Textbook p. 506)

15-42 **¡A informarse!** Based on information from **Panoramas,** decide if each statement is **cierto** or **falso.**

1. Las culturas indígenas son un componente importante de la cultura latinoamericana actual. Cierto Falso
2. Las celebraciones hispanas son puramente cristianas, sin influencia indígena alguna. Cierto Falso
3. El quechua es la lengua del pueblo azteca. Cierto Falso
4. Los incas eran expertos en la confección de joyas de oro. Cierto Falso
5. Las palabras *chocolate, tomate, chicle* y *tiza* son préstamos del maya al español. Cierto Falso
6. Las palabras *tapioca, tucán* y *jaguar* son préstamos (*loan words*) del guaraní al español. Cierto Falso
7. Las lenguas que se hablaban en América antes de la llegada de Colón ya no se hablan. Cierto Falso
8. Hay diez países latinoamericanos que protegen y promueven el bilingüismo en el español y en la lengua indígena de la región. Cierto Falso

Nombre: ______________________ Fecha: ______________________

Páginas: "En solidaridad" (Francisco Jiménez, México/ EE. UU.) (Textbook p. 508)

15-43 **¿Cierto o falso?** Based on information from the **Páginas** section of the text, decide if each statement is **cierto** or **falso.**

1. Durante su último año de la universidad, el narrador decidió unirse al movimiento para sindicalizar a los trabajadores agrícolas. Cierto Falso
2. Su madre estaba a favor de la decisión, porque ella misma era trabajadora migrante en California. Cierto Falso
3. En un evento de su campus, el narrador supo que un grupo de trabajadores agrícolas estaba en huelga y que simplemente pedía recibir el salario mínimo federal. Cierto Falso
4. El narrador fue aún más motivado cuando el representante de los granjeros no dijo la verdad en el evento. Cierto Falso
5. El narrador no aceptaba que el luchar por la justicia social fuera ni su obligación moral ni su responsabilidad personal. Cierto Falso
6. El narrador se fue para la manifestación sin consultar con su instructor, con quien tenía examen el mismo día de su salida. Cierto Falso
7. Durante la marcha, el narrador caminó en el calor siguiendo la misma autopista y los mismos campos donde su familia había buscado trabajo. Cierto Falso
8. Unas cien personas llegaron juntas a Sacramento. Cierto Falso
9. Supieron que la empresa de vino no quiso negociar con el sindicato. Cierto Falso
10. El narrador se quedó pensando en qué podía hacer en su vida para ayudar a los trabajadores migrantes. Cierto Falso

Nombre: ______________________________ Fecha: ______________________

Taller (Textbook p. 512)

15-44 **Mi programa electoral y mi lema (*slogan*).** You are running for an elected office. Write a speech to your fellow citizens stating the priorities and changes that you will address during your term in office, when you are elected. Give your position on at least five different issues at the local, national, and/or international levels. Be sure to use correct verb forms and relative pronouns.

Modelo: *Estimados ciudadanos:*
¡Soy Pablo López y necesito su voto! ¿Están hartos de ver basura por las calles de esta gran ciudad? ¡Yo también! ...

____

____

____

____

____

____

____

____

____

____

____

____

Nombre: ______________________ Fecha: ______________________

Expansión gramatical

1. Indirect commands (Textbook p. A-25)

EG-01 **¡Que todo salga bien!** Imagine that you are a doctor, and a nurse you work with is listing the health issues of several patients. Give advice using the verb in parentheses as an indirect command.

Modelo: El Sr. García cree que tiene fiebre. (tomarse)
¡Que *se tome* la temperatura!

1. Juan José se rompió el brazo. (hacerse)

   ¡Que ______________________ una radiografía!

2. La Sra. Ramona tose mucho. (tomarse)

   ¡Que ______________________ un jarabe para la tos!

3. Don Rafael está resfriado. (guardar)

   ¡Que ______________________ cama por dos días!

4. Al Sr. Ramírez le duele el pecho. (dejar)

   ¡Que ______________________ de fumar!

5. Doña María dice que le duele la garganta. (hacer)

   ¡Que ______________________ una cita conmigo!

Nombre: ______________________ Fecha: ______________________

EG-02 Situaciones médicas. Answer the questions that you hear using indirect commands, and be sure to include object pronouns when necessary. Follow the model closely.

Modelo: el doctor Estrada
¿Quién pone la inyección?
Que la ponga el doctor Estrada.

1. Eduardo
____
2. la enfermera
____
3. el médico
____
4. la doctora Iglesias
____
5. el paciente
____

EG-03 ¡No quiero! Based on what the speaker does not want to do, indicate who should do each activity instead. Be sure to use object pronouns when necessary, and follow the model closely.

Modelo: Laura
No quiero hacer ese examen.
Que lo haga Laura.

1. Manolo
____
2. ellos
____
3. Paco
____
4. Rosalía
____
5. José Antonio
____

Nombre: ______________________ Fecha: ______________________

EG-04 **Pequeños consejos.** Imagine that your friends plan to do the following things. Give them pieces of advice using indirect commands.

Modelo: Van a nadar en el río.
¡Que tengan mucho cuidado!

1. Van a ir de excursión.

   ____

2. Van a la fiesta de Antonio.

   ____

3. Van a tener un examen final.

   ____

4. Van a jugar baloncesto.

   ____

5. Van a la biblioteca.

   ____

2. The present perfect subjunctive (Textbook p. A-26)

EG-05 **¿Indicativo o subjuntivo?** Select the verb form that correctly completes each sentence.

1. Ellos esperan que los programadores ____________________ el sistema operativo.
   a. han instalado　　b. hayan instalado

2. Nosotros creemos que Ana ____________________ un buen trabajo.
   a. ha hecho　　b. haya hecho

3. Ojalá que Hugo ____________________ los documentos que le mandé.
   a. ha imprimido　　b. haya imprimido

4. Es bueno que nosotros ____________________ computadoras nuevas.
   a. hemos comprado　　b. hayamos comprado

5. Creo que Manuel va a ser despedido, ahora que ____________________ documentos importantes del disco duro.
   a. ha borrado　　b. haya borrado

6. Desde que Teresa ____________________ ascenso, no habla conmigo.
   a. ha conseguido　　b. haya conseguido

7. Voy a archivar estos documentos tan pronto como ____________________ de revisarlos.
   a. he terminado　　b. haya terminado

8. En cuanto tú ____________________ la antena parabólica, vamos a ver más canales de televisión.
   a. has instalado　　b. hayas instalado

Nombre: ________________________________ Fecha: ________________________

EG-06 La jefa incrédula (*incredulous*). An employee is listing all the tasks that have been accomplished at the company throughout the day. However, the boss does not completely trust him. Complete her responses using the present perfect subjunctive.

1. Empleado: He contestado todos los correos electrónicos.

   Jefa: Dudo que tú ____________________ todos los correos electrónicos.

2. Empleado: He hecho las fotocopias para la reunión de mañana.

   Jefa: Dudo que tú ____________________ las fotocopias para la reunión de mañana.

3. Empleado: Fernanda ha archivado todos los documentos.

   Jefa: Dudo que ella ____________________ todos los documentos.

4. Empleado: Alex ha instalado los nuevos programas en la computadora.

   Jefa: Dudo que Alex ____________________ los nuevos programas en la computadora.

5. Empleado: Rafael y yo hemos arreglado la impresora.

   Jefa: Dudo que ustedes ____________________ la impresora.

6. Empleado: Luis y Belén han apagado todas las computadoras.

   Jefa: Dudo que ellos ____________________ todas las computadoras.

EG-07 ¿Funciona la tecnología? Complete the sentences with the correct present perfect subjunctive forms of the verbs you hear, according to the subjects in parentheses. Be sure to follow the model closely.

Modelo: romper
Es posible que *haya roto* el escáner. (José)

1. Esperamos que ____________________ la antena parabólica. (ellos)
2. Dudo que ____________________ la hoja electrónica. (tú)
3. No creo que ____________________ al cajero automático. (Jorge)
4. Es posible que ____________________ el ratón. (nosotros)
5. Ojalá ____________________ un escáner en su despacho. (ustedes)
6. Es una lástima que ____________________ el correo electrónico. (yo)

Nombre: ______________________ Fecha: ______________________

EG-08 El accidente. Look at the following drawing and complete the sentences with your own reactions using either the present perfect indicative or present perfect subjunctive.

Modelo: Espero que *ellos hayan llevado un teléfono móvil.*

1. Ojalá que ______________________.
2. Es seguro que ______________________.
3. Es una lástima que ______________________.
4. Es bueno que ______________________.
5. Es necesario que ______________________.
6. Espero que ______________________.

EG-09 Es posible que haya pasado. Complete the answers to the questions you hear using the present perfect subjunctive. Be sure to follow the model closely.

Modelo: ¿Ha funcionado la impresora?
Es dudoso que *haya funcionado la impresora.*

1. Tal vez ______________________
2. No es verdad que ______________________
3. No creemos que ______________________
4. Me sorprende que ______________________
5. Es imposible que ______________________
6. Sí, nuestros hijos están contentos de que ______________________

Nombre: ______________________ Fecha: ______________________

3. The future perfect and the conditional perfect (Textbook p. A-28)

EG-10 **Las órdenes del director.** Complete the following exchanges with the correct future perfect forms of the verbs in parentheses.

Modelo: — ¿*Habrán contratado* (Contratar) ustedes a los actores mañana?
— Claro, nosotros *habremos tenido* (tener) tiempo para contratarlos mañana.

1. — ¿ ______________________ (Aprender) ustedes el guión antes de las once de la mañana?

   — Por supuesto, nosotros ______________________ (estudiar) el guión antes de esa hora.

2. — ¿ ______________________ (Filmar) ustedes las escenas peligrosas antes del martes?

   — Sí, ______________________ (tener) tiempo para filmarlas antes del martes.

3. — ¿Le ______________________ (escribir) usted el correo electrónico al productor en una hora?

   — ¡Cómo no! La ______________________ (hacer) en media hora.

4. — ¿ ______________________ (Instalar) ellos las cámaras antes del almuerzo?

   — No sé si ellos ______________________ (terminar) de instalar las cámaras antes del almuerzo.

5. — ¿ ______________________ (Poder) recoger el chófer al galán de la película hoy?

   — Seguro, él ______________________ (recoger) al galán antes de las nueve de la mañana.

EG-11 **¡Una película horrible!** The cast has just finished filming a new movie, but they are not pleased. Fill in the blanks with the conditional perfect forms of the verbs in parentheses to find out what they would have done differently.

Si el director...

1. hubiera tenido más dinero, ______________________ (contratar) a mejores actores.
2. hubiera encontrado un mejor reparto, ______________________ (grabar) más escenas dramáticas.
3. hubiera contratado un buen productor, la cinematografía ______________________ (ser) mejor.

Si el galán...

4. hubiera tenido un director mejor, (nosotros) ______________________ (actuar) mejor.
5. hubiera estado en otro estudio, (nosotros) ______________________ (tener) más tiempo para filmar.
6. hubiera tenido otros compañeros de reparto, (yo) ______________________ (trabajar) más responsablemente.

Si la primera actriz...

7. hubiera tenido paciencia, el director ______________________ (conseguir) apoyo del productor.
8. hubiera trabajado con más dedicación, (nosotros) ______________________ (ganar) algún premio.

Nombre: ______________________ Fecha: ______________________

EG-12 ¿Qué habrá pasado en la telenovela? You just found out that you will not be able to record the last episode of a soap opera. You wonder what will have happened. Form questions using the sentence fragments provided. Be sure to follow the structure of the model carefully.

Modelo: la telenovela / tener mucha acción
¿Habrá tenido mucha acción?

1. Adriana / saber la verdad

____

2. Carina / poner / la evidencia en el auto de Ramón

____

3. Débora y Jaime / casarse

____

4. todos / estar contentos

____

5. Beatriz / darle / a Patricio la información confidencial

____

6. Diego / volver de Buenos Aires

____

7. Rosaura / morirse

____

8. Carmen y Rosario / creer / las excusas de sus hijas

____

Nombre: ______________________ Fecha: ______________________

EG-13 **Una visita al futurólogo.** José is visiting a psychic because he wants to know what will have occurred by the year 2020. Answer his questions as if you were the futurologist, using the affirmative or negative cues provided. Be sure to follow the model closely.

Modelo: ¿Habitarán los seres humanos Marte?
No, *no habrán habitado Marte.*
or
Sí, *habrán habitado Marte.*

1. Sí, ______________________
2. No, ______________________
3. Sí, ______________________
4. No, ______________________
5. Sí, ______________________
6. Sí, ______________________

EG-14 **Regreso al pasado.** Complete the following sentences by explaining what you would have done differently, using the conditional perfect tense.

Modelo: Siendo primera actriz de una película, *habría trabajado con Antonio Banderas.*

1. Siendo actor/actriz, ______________________
2. Siendo presidente del gobierno, ______________________
3. Estudiando en otro país, ______________________
4. Con más dinero, ______________________
5. Siendo miembro de la Academia de Hollywood, ______________________
6. Siendo director/a de cine, ______________________
7. Sabiendo hablar español perfectamente, ______________________
8. En una universidad diferente, ______________________

Nombre: ______________________ Fecha: ______________________

4. The pluperfect subjunctive and the conditional perfect (Textbook p. A-30)

EG-15 **¡A cambiar!** Change the following statements from the present to the past, using the imperfect and the pluperfect subjunctive. Be sure to follow the model.

Modelo: Dudo que haya vuelto la diseñadora.
Dudaba que *hubiera vuelto* la diseñadora.

1. Es probable que haya tenido un esmoquin.

   ______________________ probable que ______________________ un esmoquin.

2. No creo que la modelo haya trabajado allí.

   No ______________________ que la modelo ______________________ allí.

3. Dudamos que Laura haya hecho el vestido.

   ______________________ que Laura ______________________ el vestido.

4. Esperas que no hayan vendido todas las blusas de rayón.

   ______________________ que no ______________________ todas las blusas de rayón.

5. Siento que no hayas conseguido un vestido de lentejuelas.

   ______________________ que no ______________________ un vestido de lentejuelas.

6. Esperan que tú ya hayas visto el sombrero de terciopelo.

   ______________________ que tú ya ______________________ el sombrero de terciopelo.

7. Es probable que hayan traído un disfraz a la fiesta.

   ______________________ probable que ______________________ un disfraz a la fiesta.

8. Es imposible que su hermano haya conocido a Elena.

   ______________________ imposible que su hermano ______________________ a Elena.

Nombre: ______________________ Fecha: ______________________

EG-16 Cambios y más cambios. Change the tenses in the following statements to show contrary-to-fact situations, using the pluperfect subjunctive and the conditional perfect. Be sure to follow the model.

Modelo: Si me regalaran un abrigo de piel, lo devolvería.
Si me *hubieran regalado* un abrigo de piel, lo *habría devuelto.*

1. Si hubiera una camisa de algodón, la compraría.

   Si ______________________ una camisa de algodón, la ______________________.

2. Si la modelo quisiera salir conmigo, la invitaría.

   Si la modelo ______________________ salir conmigo, la ______________________.

3. Si no me faltara dinero, iría al desfile de moda.

   Si no me ______________________ dinero, ______________________ al desfile de moda.

4. Si tuviera talento, sería diseñador/a.

   Si ______________________ talento, ______________________ diseñador/a.

5. Si fuera rico/a, tendría ropa de alta costura.

   Si ______________________ rico/a, ______________________ ropa de alta costura.

6. Si pudiera, haría una campaña en contra de los abrigos de piel.

   Si ______________________, ______________________ una campaña en contra de los abrigos de piel.

EG-17 Dos modelos preocupados. Change the verbs in the sentences that you hear to the pluperfect subjunctive form.

Modelo: ¡Ojalá tuvieran las prendas!
¡Ojalá *hubiera tenido las prendas*!

1. ¡Ojalá ____!
2. ¡Ojalá ____!
3. ¡Ojalá ____!
4. ¡Ojalá ____!
5. ¡Ojalá ____!

Nombre: ______________________________ Fecha: ______________________

EG-18 Porque estábamos enfermos... Using the conditional perfect forms of the verbs you hear, tell what would have occurred to the following people if they had not been sick.

Modelo: presentar
La modelo *habría presentado* el conjunto.

1. Yo ______________________ la trompeta en el concierto.
2. Tú ______________________ a visitar al diseñador.
3. Los modelos ______________________ el horario de trabajo.
4. Nosotros ______________________ el nombre de la modelo.
5. Usted ______________________ más del desfile de moda.

EG-19 En la oficina de la orquesta. Explain why you and your acquaintances did not follow certain courses of action, using the fragments provided and the correct forms of the verbs you hear.

Modelo: solicitar, tener
Yo *habría solicitado* el puesto si *hubiera tenido* más experiencia.

1. Nosotros ______________________ las cartas de recomendación si ______________________ tiempo.
2. Yo no ______________________ al secretario si él ______________________ mejor trabajo.
3. Ellos ______________________ a la modelo si ella ______________________ trabajar más horas.
4. El modelo ______________________ un aumento si no ______________________ perder su trabajo.
5. Ustedes ______________________ al galán si él ______________________ al teatro.

EG-20 ¿De quién hablamos? Form complete sentences by matching each clause with the most logical continuation.

1. Si Gabriel García Márquez no hubiera escrito *Cien años de soledad*... ______
2. Si Cristina Saralegui no hubiera tenido su programa en Univisión... ______
3. Si Carlos Santana no hubiera tocado la guitarra tan bien... ______
4. Si Alejandro Amenábar no hubiera filmado *Mar adentro*... ______
5. Si Felipe de Borbón no hubiera sido hijo de reyes... ______

a. no habría ganado el Premio Nobel de Literatura.
b. no habría ganado el Óscar.
c. no habría sido príncipe.
d. no habría ganado cuatro Grammys.
e. no habría sido tan famosa.

Nombre: ______________________________ Fecha: ______________________

EG-21 **Si yo hubiera sido...** Tell orally what you would have done in the following situations by completing the statements below using the conditional perfect.

1. Si yo hubiera sido modelo, ...
2. Si yo hubiera sido diseñador/a, ...
3. Si yo me hubiera disfrazado en Halloween, ...
4. Si yo hubiera sido una persona más extrovertida, ...
5. Si yo hubiera sido una persona más sofisticada, ...

5. The passive voice (Textbook p. A-32)

EG-22 **¡A cambiar!** Complete each statement using the passive voice to express the agent. Be sure to follow the model closely.

Modelo: El Senado promovió la ley.
La ley *fue promovida* por el Senado.

1. El dictador eliminó la democracia.

   La democracia ______________________________ por el dictador.

2. El presidente aumentó la tasa de empleo.

   La tasa de empleo ______________________________ por el presidente.

3. Los ciudadanos eligieron sus representantes.

   Los representantes ______________________________ por los ciudadanos.

4. Los candidatos de ese partido hicieron muchas promesas.

   Muchas promesas ______________________________ por los candidatos de ese partido.

5. Los representantes resolvieron el tema de los impuestos.

   El tema de los impuestos ______________________________ por los representantes.

6. El Congreso abolió el ejército y la compra de armas.

   El ejército y la compra de armas ______________________________ por el Congreso.

7. Los ministros controlaron la inflación.

   La inflación ______________________________ por los ministros.

8. La reina visitó Paraguay y Uruguay.

   Paraguay y Uruguay ______________________________ por la reina.

Nombre: ______________________ Fecha: ______________________

EG-23 **La campaña.** Complete the following sentences by changing the statements you hear to the passive voice.

Modelo: El Congreso aumentó los impuestos.
Los impuestos *fueron aumentados* por el Congreso.

1. Las cartas ______________________ por ti.
2. El Senado ______________________ por los republicanos.
3. El discurso______________________ por el secretario.
4. Los cheques ______________________ por el representante.
5. La presidenta ______________________ por la gente.
6. Los candidatos ______________________ por el gobernador.

EG-24 **¿Quién hizo qué?** The president wants to know who took care of the following tasks. Complete the answers to the questions affirmatively in the passive voice, using the agents in parentheses. Be sure to follow the model.

Modelo: ¿Se redujo la tasa de desempleo? (el ministro)
Sí, la tasa de desempleo *fue reducida* por el ministro.

1. ¿Se eliminó la drogadicción? (la campaña contra las drogas)

   Sí, la drogadicción ______________________ por la campaña contra las drogas.

2. ¿Se combatió la corrupción? (el senador)

   Sí, la corrupción ______________________ por el senador.

3. ¿Se cumplieron las promesas? (la alcaldesa)

   Sí, las promesas ______________________ por la alcaldesa.

4. ¿Se controló la inflación? (los asesores económicos)

   Sí, la inflación ______________________ por los asesores económicos.

5. ¿Se afrontó el problema del crimen en el estado? (la gobernadora)

   Sí, el problema del crimen en el estado ______________________ por la gobernadora.

6. ¿Se aumentaron los impuestos? (el Congreso)

   Sí, los impuestos ______________________ por el Congreso.

Nombre: ______________________ Fecha: ______________________

EG-25 Después de las elecciones. Change the sentences that you hear to the passive voice.

1. ______________________
2. ______________________
3. ______________________
4. ______________________
5. ______________________

EG-26 Ante la prensa. Imagine that you are a candidate for the presidency and that you are conducting a press conference. Answer the following questions in Spanish, using complete sentences.

1. ¿Cómo se combatirá el crimen durante su presidencia?

   ____

2. ¿Qué impuestos se eliminarán?

   ____

3. ¿Qué se hará con el ejército?

   ____

4. ¿Cómo se reducirá la tasa de desempleo?

   ____

5. ¿Cómo se podrán aumentar los programas de ayuda social?

   ____

Notas

Notas